U0443344

字烛文照未来
TopBook

神如何从混沌空洞中诞生
新的宇宙秩序如何建立

MESOPOTAMIAN MYTHOLOG

美索不达米亚神话

吉尔伽美什追寻永生之法
方舟在大洪水中拯救人类

席路德 著

陕西新华出版
陕西人民出版社

图书在版编目（CIP）数据

美索不达米亚神话 / 席路德著 . -- 西安 : 陕西人民出版社 , 2024.3

ISBN 978-7-224-14964-7

Ⅰ. ①美… Ⅱ. ①席… Ⅲ. ①神话—研究—美索不达米亚 Ⅳ. ① B932.377

中国国家版本馆 CIP 数据核字（2023）第 105480 号

出 品 人：赵小峰
总 策 划：关 宁
出版统筹：韩 琳
策划编辑：王 倩 王 凌
责任编辑：田 媛 张 现
装帧设计：哲 峰 杨亚强

美索不达米亚神话
MEISUOBUDAMIYA SHENHUA

作　　者	席路德
出版发行	陕西人民出版社
	（西安市北大街 147 号　邮编：710003）
印　　刷	陕西隆昌印刷有限公司
开　　本	787 毫米 ×1092 毫米　1/16
印　　张	16.25
插　　页	2
字　　数	220 千字
版　　次	2024 年 3 月第 1 版
印　　次	2024 年 3 月第 1 次印刷
书　　号	ISBN 978-7-224-14964-7
定　　价	69.80 元

如有印装质量问题，请与本社联系调换。电话：029-87205094

序

古代美索不达米亚的历史与神话

在干旱少雨，主要为山区、高原和沙漠的西亚，有一块得天独厚的肥沃之地，幼发拉底河与底格里斯河从这里缓缓流过。每年春季，两条大河因为雨水和来自扎格罗斯山脉的冰雪融水而泛滥，南部的平原地区被水淹没。经过数千年的泥沙沉积，终于，当洪水无法将土地淹没时，这里形成了适合农耕的沃野。因此，从极古时代起，人类就在这片古老的土地上进行开拓。

古希腊人称此地为"美索不达米亚"，意为"两河之间"，今天习惯上也称之为"两河流域"，按照地理范围说，约在现在的伊拉克。两河流域的东部是伊朗高原，西部与阿拉伯沙漠和叙利亚草原接壤，北近亚美尼亚山地，南临波斯湾。两河流域可分为南北两部分，北部为亚述，南部为巴比伦尼亚。巴比伦尼亚又可分为两个地区：西北部为阿卡德，东南部为苏美尔。

富饶的两河流域是世界已知最早进入文明社会的地区，它的历史比埃及还要悠久，成就也毫不逊色。它拥有人类最古老的文字、城市和文明，对周边的埃兰、腓尼基、迦南、犹太、赫梯以及地中海边的希腊均产生了深刻的影响，从而对世界历史发展做出了不可估量的贡献。法国学者让·波特罗无比钦佩地指出："西方文明直接发源于基督教，而后者处于两大文明的江流上，即《圣经》

与希腊化。我们文化的所有方面都是两河文明形成的。"

然而肥沃的土地，尤其是南方的巴比伦尼亚吸引了无数入侵者，主要是游牧民族，他们一次又一次成为这片土地的主人。阿摩利人、亚述人、迦勒底人、埃兰人、米底人、波斯人、马其顿人、帕提亚人、萨珊人、阿拉伯人……金戈铁马、狼烟四起，在这片多灾多难的土地上，诸多民族此消彼长地演绎着兴衰起落。但令人惊奇的是，在征服之后，征服者却最终为两河文明同化——虽然也不可避免地留下了自己民族文化的印记。两河古文明虽历经浩劫，却仍被传承下来。

我们今天所说的巴比伦，狭义上可分为古巴比伦王国和新巴比伦王国两个时期，中间隔着亚述帝国的统治。但巴比伦文明实际上是由许多民族共同创造的，可一直追溯到公元前4000多年人类文明的幼年时期。

巴比伦文明的源头：苏美尔

6000多年前，人类文明在一片新月形的土地上发展起来。最早的文明是公元前4300年的乌拜德文化，它是两河流域远古时代的原住民文化。当时还没有发明文字，传说大多停留在口头上。

大约在公元前3500年，苏美尔人进入两河流域南部。他们带来更为先进的文明，很快同化了当地原住民，创造出美索不达米亚的新文明。从公元前2900年起，两河历史进入城邦发展、争雄和衰落的早王朝时期。早王朝的前期(止于公元前2750年)即为苏美尔神话中的洪水时代。大洪水的故事最早记录于泥板史诗《洪水》上，考古学家发现的同一时期的淤泥层证实了史诗的内容。

苏美尔人创造了整个美索不达米亚——同时也是全世界——最早的城市文明。他们在农业、艺术、建筑、社会组织、宗教思想和宗教生活乃至文化教育等方面都取得了惊人的成就。现代生活中仍能看到苏美尔人对人类文明的贡献。例如我们把1小时分为60分钟，1分钟分为60秒；将一年分为12个月，一周分为7日；将圆周分为360°；甚至一些迷信，比如出门时看到黑猫会觉得不吉利；等等。这些都是苏美尔文明留下的印记。

苏美尔人还发明了人类历史上最早的文字，并创办了世界上最早的学校，学校成为其文明流传的有力工具。苏美尔文明留存了许多文字资料，特别是一些城邦编辑的王表、神话和史诗等。巴比伦时代的许多神话传说在苏美尔时代就产生了，后人将其译为阿卡德语后加以扩展润色，比如留存至今的最早的英雄史诗《吉尔伽美什》。

苏美尔的神话体系已相当完整。一般而言，每个城市都有一位保护神，最重要的三个神是天神安、风神恩利尔和智慧水神恩基，他们分别是乌鲁克、尼普尔和埃利都三座城邦的保护神，其中安为诸神之王。太阳神乌图和月神南那（又叫苏恩，阿卡德语中为"辛"）也普遍受到崇拜。随着后世城邦地位的变动，神明们在神谱中的地位也跟着波动起伏，所以安、恩利尔和恩基三个神都当过主神。

司掌爱情、丰饶与胜利的女神伊南娜是苏美尔神话中最重要的女神。她的地位无可替代，她是爱与美的象征、丰饶的代表。没有她，一切不生，一切不长。正是她用妙计灌醉智慧水神恩基，趁机从他那里骗取种种文明成果赠送给人类，才使人类摆脱了蒙昧无知的状态。关于她的最著名的传说是"伊南娜下冥界"。为争夺姐姐艾莉什基伽勒的地下世界统治权，伊南娜前往地狱与之一较高下，结果不幸失败身亡。后来在恩基的干预下，她得以重返人间，但必须有一个替身取代其位置，结果她选中了自己的丈夫杜牧兹。后来她有所悔悟，想办法让丈夫每隔半年能重返人间，这便是季节更替的由来。这则传说后来被巴比伦人吸收，改编成伊什塔尔（巴比伦神话中的爱神）下降地狱的故事。

诸神的重命名时代：阿卡德王国

和肥沃的苏美尔相比，巴比伦尼亚西北部的阿卡德地区迈进文明门槛较晚，但早在早王朝时期，阿卡德人就逐步接受了苏美尔人的文化、宗教和习俗。公元前2371年，阿卡德的萨尔贡称王后，率领军队南征北战，攻取了乌鲁克、乌尔、拉戈什等诸多城邦，统一了巴比伦尼亚。两河流域第一次处于一个统一的阿卡德王国统治之下。

阿卡德人原本的神系较为简单，最初的信仰似乎主要基于三个神祇：月亮、太阳和金星。在吸收了更为复杂的苏美尔神学体系后，阿卡德人依然保持了对这三个星体的崇拜，但将大多数苏美尔神祇纳入了阿卡德的神谱，神名以阿卡德语命名，其地位和神职则基本不变。天神安变成安努，水神改名埃阿，风神恩利尔发音变化不大，太阳神叫沙玛什，月神是辛，爱神伊南娜为伊什塔尔。

当时，乌尔城是最重要的城市之一，城市保护神月神辛也跃升为主神。萨尔贡自称"普天下之王"，同时也不忘把一个女儿献给月神作为新娘（实为月神庙的女祭司，此风俗起源于早王朝时期）。萨尔贡还宣称，他虽然出身低微，父亲是农民，自己当过园丁，可是月神之女——爱神伊什塔尔在他做园丁时爱恋他，于是他就成了国王。可见女神伊什塔尔的魅力和威力真是非比寻常，难怪后世国王登基和出征时往往都会宣称得到她的垂青。

不过萨尔贡的阿卡德王朝统治基础并不稳固，各城邦频繁发生暴动，北部的外来民族也对王国构成威胁。公元前2191年，来自波斯的游牧民库提人入侵巴比伦尼亚，敲响了阿卡德王国灭亡的丧钟。

苏美尔最后的辉煌：乌尔第三王朝

库提人的统治维持了约一个世纪，统治者们也接受了苏美尔的宗教。此时各城邦纷纷复兴，其中拉戈什最为强大，据称控制了尼普尔和乌鲁克。最后乌鲁克人恢复实力并击败了库提人。不过螳螂捕蝉，黄雀在后，乌鲁克城试图干预乌尔城和拉戈什城之间的冲突，反被乌尔国王乌尔那姆所灭，后者被称为第三王朝开创者（第二王朝存在于早王朝时期）。

乌尔第三王朝又称"苏美尔复兴"时期，苏美尔文明趋于极盛。此时出现了世界上迄今所知的第一部成文法典《乌尔那姆法典》。宗教上继续以月神辛为主神。国王的神化日益加深，在一年一度的庆祝新年仪式上，由国王饰演神灵杜牧兹，而由女祭祀扮演女神伊南娜。国王从女祭司手中接过象征王权的神器，并与女祭司完婚，借以祈求五谷丰登，这就是著名的"圣婚"仪式，常常伴以宴会、狂欢等活动。

但好景不长，到第五位国王伊比辛（约前2029—前2006）在位时期，国家日趋衰落。公元前2006年，阿摩利人从西北部入侵乌尔王国，埃兰人则从东南进攻，于公元前2006年俘虏伊比辛。乌尔第三王朝宣告灭亡。

灭亡了乌尔王国的埃兰人为以辛城的军队所逐，退回扎格罗斯山脉，而阿摩利人则逐渐定居于两河流域。他们接受当地文化，先后建立一些国家，如南方的拉尔萨、底格里斯河中游的埃什努那等，他们与其他独立王国如马里、亚述等为争夺霸权而展开长期战争。

马尔杜克与《汉穆拉比法典》：古巴比伦王国

在群雄逐鹿两河流域之时，古巴比伦王国悄然崛起。巴比伦城这座城市位于幼发拉底河中游，地扼贸易要冲，早在乌尔第三王朝时期已成为重要城市。约公元前1894年，阿摩利人苏穆阿布姆在此建国，即古巴比伦王国。汉穆拉比（前1792—前1750）继位初期，巴比伦仍依附于亚述和拉尔萨。公元前1787年，巴比伦开始向外扩张。汉穆拉比采取各个击破的战略，先后灭亡以辛、乌鲁克、拉尔萨、马里诸国，于公元前1758年完成对除北方的亚述和埃什努那外的整个两河流域的大统一。

巴比伦人在各方面均受惠于苏美尔人，神话上所受影响更是巨大。巴比伦的神系基本沿袭了苏美尔－阿卡德神系。巴比伦人从不间断地抄写苏美尔文献，往往附有阿卡德文译文，同时不断编纂新的苏美尔文献。

不过，统一国家的建立使神谱发生了重大变化。倒不是说旧神统统都被推翻，天神安努、水神埃阿、风神恩利尔还是主要神灵。月神辛、太阳神沙玛什和爱神伊什塔尔也很受重视。但由于巴比伦城成为王国首都，为表现王国的统一，巴比伦守护神马尔杜克取代天神安努跃居众神之首。

这时候出现了许多表现马尔杜克和反映帝王业绩的颂歌。被命名为《埃努玛·埃利什》的泥板上详细记述了创世神话史诗（埃努玛·埃利什为长诗的起首句），其中最重要的部分描绘了一场惊心动魄的斗争，这场斗争发生在世界之母提亚玛特和主神马尔杜克之间。

创世之前，天地间一片黑暗，除了海洋之外什么都没有。但正是在这一片空洞之中，悄然酝酿着巨大的变化。一股名叫提亚玛特的咸水和一股名叫阿普苏的淡水（一说是甜水）在汪洋中不断交汇，生出几个神祇。到安沙尔和基莎尔时，他们又生出天神安努、雨神安图等神，于是宇宙出现了最初的几代神灵。

随着神灵逐渐增多，提亚玛特和阿普苏日益感到自己的势力在缩减。阿普苏决心将众神赶尽杀绝。虽然提亚玛特不同意他的计划，但是阿普苏仍一意孤行。但消息不慎泄露，于是水神埃阿（前为地神）设计诱杀了阿普苏。埃阿因此成了众神之首，并在阿普苏的身体上建立起自己的宫殿。

阿普苏的儿子为报父仇向众神挑战，狂怒的提亚玛特也化身巨龙前来助阵。众神一时手足无措。这时新生代的战神——埃阿之子马尔杜克毛遂自荐，率领众神迎战带领怪物军团的提亚玛特。他不负众望，一举歼灭来犯者，并亲手切断提亚玛特的腰身，用她的身躯创造天地。尔后他又杀死了提亚玛特麾下一名叛神钦古，用他的血造出了人类，并规定人的天职便是侍奉众神。这样马尔杜克终于建立起巴比伦王国，成为地上的国王、天国之主、众神之王。

这则神话是巴比伦文学中较有代表性的作品，它表现了巴比伦人对创世、人类起源问题的关心，对自然的崇拜。每年春天，在为庆祝新年而举行的庆典的第四个夜晚，人们都会诵读这篇创世神话长诗。不过与其说它是在叙述创世的经过，毋宁说它在赞美马尔杜克的功绩，也反映了巴比伦王国在两河流域不断统一强大，宗教由多神崇拜向一神崇拜转变，以及巴比伦社会从母权制向父权制过渡，从原始社会向奴隶制社会转变的历史进程。

平静时代：加西特巴比伦

汉穆拉比去世后，古巴比伦王国的国力开始衰退。此时国内阶级矛盾重重，周边国家日趋兴起。约公元前1595年，小亚细亚的强国赫梯占领巴比伦城，古巴比伦亡国。此后，来自扎格罗斯山脉的加西特人进入巴比伦尼亚，建立加西特王朝的巴比伦国（约前1530—前1157年）。

加西特巴比伦时期国泰民安，战事不多。国王第一次使用了"巴比伦尼亚之王"的称号，这说明城邦制度进一步衰弱，王权致力于建立统一国家。为加强王朝的政治合法性，加西特王朝仍在全国推行巴比伦神系。据传说，国王阿加姆二世重塑马尔杜克神像，使后者成为两河流域的最高神。在王室的影响下，加西特贵族很快就巴比伦化了，王室铭文均用苏美尔文或阿卡德文，国王的名字和宫殿建筑也是巴比伦式的。一些历史名城和神庙得到重建，巴比伦文化继续兴盛。文学活动似乎具有"复古"和维护传统的倾向，表现出了继承和发扬苏美尔传统的双重性，是古代美索不达米亚文学的第三个繁荣期，也是巴比伦文学的第二个和最后一个繁荣期。

不幸的是，加西特王朝的四邻皆为强国，如亚述、赫梯和埃兰。由于双方力量的消长，加西特人和亚述人、埃兰人的关系历经多次反复。约公元前1157年，埃兰人掠走加西特末代国王，加西特王朝灭亡。

此后，巴比伦尼亚先后出现了一些地方王朝，其中最出名的是尼布甲尼撒一世统治时期的王朝，他曾率军攻入埃兰，夺回被抢走的马尔杜克神像。小王朝相继更迭之际，公元前11世纪，阿拉米人大批进入两河流域，至公元前8世纪中叶建立国家，直到公元前729年被亚述所灭，至此巴比伦成为亚述帝国的一部分。

战神的国度：亚述帝国兴亡录

亚述是古代西亚的好战民族，生活在底格里斯河上游的亚述高原上，从公元前13世纪到公元前7世纪在西亚横行一时，给各民族留下恐怖的记忆。

苏美尔人统治后期，闪米特人的一支来到亚述高原。亚述高原多山，西部连接叙利亚草原，南部濒临美索不达米亚平原。由于雨水并不丰沛，此地植被稀少。底格里斯河流经的河谷地带，每年河水定期泛滥，适于发展农业。但这个河谷比较狭小，耕地面积不超过1200平方公里，土地肥沃程度和灌溉条件也不如南部平原。遇到干旱的年份，植物一片枯萎，生存相对不易。生存环境恶劣，生活与邻近富裕民族形成鲜明对照，这刺激了亚述人对财富的占有欲，这种欲望只有通过掠夺和征服才能满足，因此亚述人变得极为好战。每一次对外掠夺都能获得甜头，更多的征服越发刺激了他们的野心，整个民族都产生了对武力的迷信，国家变成了一部庞大的战争机器。

毫不奇怪，战争民族的主神是战神。战神阿舒尔是亚述神话中的神王，地位相当于苏美尔神话中的恩利尔和巴比伦神话中的马尔杜克。阿舒尔同时也是亚述旧都阿苏尔（城市与神同名，故以不同写法区分）和新都尼尼微的守护神。

战神阿舒尔之妻是女神伊什塔尔，从中可以看出巴比伦神话对亚述的影响，因为亚述神话中战神的原配叫赛米拉米丝。看来亚述人想让爱神与原来的牧神丈夫杜牧兹离婚，改嫁勇猛的阿舒尔。亚述文化许多方面是建立在苏美尔和古巴比伦的基础上，楔形文字是从苏美尔输入的，宗教是受苏美尔人影响产生的。

神的名字、神的事迹、神庙的建筑风格取自苏美尔。文学、艺术和科学知识也是直接吸收苏美尔和古巴比伦的成就，只不过带有更强烈的亚述色彩即实用主义和尚武精神。在亚述神话中，连爱神伊什塔尔也经常披挂上阵。

一则神话描述了这位多情的女神帮助亚述王拔尼巴战胜埃兰王的故事。这位国王在出征前特意来到伊什塔尔的神庙向女神祈祷，女神让他不要担心。"我是仁慈的女神。我的仁慈与你所祈祷的手臂一样高，与你眼中的泪水一样多。你不要害怕，我不会遗弃崇拜我的人，我一定会使你所向披靡。"于是第二天的战场上，伊什塔尔全副武装出现在亚述王的阵营中，率领士兵大败埃兰军队，还活捉了埃兰国王特尤曼。

亚述人是从公元前19世纪开始向外扩张的，它从一个"不很发达"的小部落迅速扩张成版图庞大的帝国，历经三次崛起与衰落，横扫美索不达米亚平原，把巴比伦夷为平地，一度把版图推进到地中海沿岸，或许还真是因为战神青睐有加。

然而由于长期的战乱和统治集团内部的矛盾加剧，公元前7世纪，亚述最终走向衰落。从未真正屈服过的周边国家和民族趁机崛起。公元前605年，迦勒底王子尼布甲尼撒二世指挥的巴比伦军队在卡尔克米什与强大的埃及、亚述联军决战。这场大战以巴比伦人胜利而告终，它宣告了亚述帝国的灭亡。

空中花园与通天塔：新巴比伦王国的建立

新巴比伦王国的迦勒底王朝成为亚述帝国半壁江山的占有者，其版图包括巴比伦尼亚、叙利亚、巴勒斯坦和腓尼基。公元前604年，尼布甲尼撒二世登基为王，为避免后院失火，他迎娶米底国公主赛米拉米丝为妻，从而稳定了后方。

公元前597年，尼布甲尼撒二世进军巴勒斯坦，扶植了一个傀儡当犹太国王。公元前586年，他再次进军巴勒斯坦，于次年攻破耶路撒冷，并将大部分希伯来人掠至巴比伦，史称"巴比伦之囚"。希伯来人在定居巴比伦期间吸收改编诸多巴比伦神话，并将其记录到犹太典籍中。《圣经》学者考证，《旧约·创世记》中的伊甸园、亚当和夏娃、大洪水、诺亚方舟、通天塔等故事均与巴比伦神话有着千丝万缕的联系，对后世的文化和宗教产生了非常深远的影响。

尼布甲尼撒二世是一位极有作为的国王，他统治期间国内工商业相当繁荣，国力十分强盛。他在巩固巴比伦的势力后，将精力转向扩建巴比伦城。为了显示自己的威仪和荣耀，他要将巴比伦建成一座雄伟豪华的城市，在气势上要远远超过汉穆拉比时代的巴比伦和亚述人的尼尼微，同时又要固若金汤，永不陷落。巴比伦城进入第二个显赫时期。

传说中这一时期巴比伦城最著名的建筑有古代西方七大奇迹之一的空中花园（最新考古显示它不在巴比伦城，可能在亚述王城尼尼微）和《圣经》中臭名昭著的通天塔巴别塔，以及通往马尔杜克神庙的朝圣大街。但巴比伦城本身就是个奇迹。该城呈方形，占地500英亩左右。全城共有八座城门，均以神灵之名命名，其中西北门伊什塔尔女神之门最为壮观，至今保存得也最完整。

伊什塔尔女神之门坐落在巴比伦塔前面的广场上。广场两边的墙壁高达6.83米，每面墙上各装饰着60头狮子的彩釉浮雕，它们是伊什塔尔女神的化身。这两堵高墙与女神之门连接为一个整体，形成一条通往巴比伦塔的宽敞通道，从国王到平民，都是在进入广场以后，再通过伊什塔尔女神之门，最后到达主神庙。伊什塔尔女神之门如今保留下来的部分大约有15米高，而在当初，其上还有两座巨大的高塔作为门楼，上面装饰着巴比伦人的神话与宗教中的各种圣兽浮雕，如风神恩利尔的公牛或代表马尔杜克的西鲁什龙。根据考古学家的估计，其数量可能多达575幅，可以想见当年那种光彩夺目、震撼人心的样子。

城内有1179座规模不等的神庙，其中最著名的是通天塔上的马尔杜克神庙。马尔杜克是巴比伦的主神，所以他的神庙是其他神庙无法比拟的。据古希腊历史学家希罗多德说，通天塔上的马尔杜克神庙中有一座黄金制成的马尔杜克神像，神像端坐在同样用黄金制成的宝座上，旁边还有一张黄金制成的大桌子，这些共用去黄金800泰仑特。泰仑特是古代计量单位，1泰仑特等于29.68公斤。如果希罗多德的话属实，那马尔杜克神像及其附属品共用去23.7吨黄金，真是令人目瞪口呆的重量。

美索不达米亚的黄昏：新巴比伦王国的灭亡

新巴比伦的辉煌是古代两河文明的回光返照。在王国的东边，新兴的波斯帝国对巴比伦尼亚构成严重威胁。商业的衰弱导致国内经济困难，人民对统治者的不满日趋高涨，尤其是祭司集团与王室之间的矛盾更是埋下了日后灭亡的种子。公元前562年，尼布甲尼撒二世去世，此后王权日益衰落。

公元前556年，那波尼杜被推举为王。传统观点认为，这位国王实行了宗教改革，以月神辛代替了马尔杜克的主神地位，因此与祭司集团决裂。但新的材料证明，那波尼杜把女儿派到月神庙作为女祭司，这是古老的两河传统，意在证明王室的合法性。他并没进行宗教改革，这一神话是波斯征服者编造出来的。无论如何，王室与祭司集团的矛盾已经不可调和。公元前539年，波斯王居鲁士率大军进攻巴比伦，并得到祭司集团的内应，兵不血刃地占领了理论上固若金汤的巴比伦城，再一次验证了"堡垒易从内部攻破"的谚语。新巴比伦王国宣告灭亡。

新巴比伦王国的灭亡结束了两河流域独立国家和文明的历史，它作为近东其他大帝国的组成部分开始被其他文化同化。此前两河文明居于优势地位，对周边文明的影响大于所受影响。此后，异族的统治使两河文明与自身内涵不断丰富、深化的外来文明，特别是波斯、希腊、罗马和阿拉伯文明的交往更加直接，两河区域进入东西方文明交融的新时代。

目录

第一章
创世神话

第一节 \ 苏美尔创世神话 \ 003
第二节 \ 巴比伦创世神话 \ 009
·扩展阅读 \ 长眠在神秘古城杜恩努的众神 \ 031

第二章
美索不达米亚三大主神

第一节 \ 面目模糊的天堂之主安 \ 035
第二节 \ 性格暴躁的风神恩利尔 \ 037
第三节 \ 狡黠多谋的水神恩基 \ 045
·扩展阅读 \ 三位主神对希腊神话的影响 \ 052

第三章
备受尊崇的天界大神们

第一节 \ 天堂女王伊南娜 / 伊什塔尔 \ 057
第二节 \ 注定半死的牧神杜牧兹 \ 068

第三节 \ 太阳神乌图/沙玛什 \ 078

第四节 \ 月神南那/辛 \ 084

第五节 \ 武士国王尼努尔塔 \ 089

第六节 \ 医疗女神谷菈 \ 100

·扩展阅读/实用主义的美索不达米亚神庙 \ 104

第四章
令人畏惧的冥府诸神们

第一节 \ 美索不达米亚冥府漫游指南 \ 113

第二节 \ 冥府女王艾莉什基伽勒成婚记 \ 119

第三节 \ 死神厄拉毁灭巴比伦 \ 130

·扩展阅读\美索不达米亚冥府的常驻魔鬼 \ 135

第五章
大洪水神话

第一节 \ 祖苏德拉——最古老的苏美尔大洪水神话 \ 141

第二节 \ 阿特拉-哈西斯——巴比伦大洪水神话 \ 148

·扩展阅读/大洪水神话演化史 \ 156

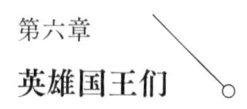

第六章
英雄国王们

第一节 \ 错失永生机会的阿达帕 \ 165

第二节 \ 上天求子的埃塔纳 \169

第三节 \ 天堂女王的首席宠儿恩麦卡尔 \175

第四节 \ 吉尔伽美什的父亲卢迦尔班达 \181

第五节 \ 追求永生的吉尔伽美什 \187

・扩展阅读 \ 吉尔伽美什进化记 \199

尾声

古代美索不达米亚文明的遗产 \206

附录Ⅰ \ 古代美索不达米亚年代简表 \214

附录Ⅱ \ 苏美尔与阿卡德神祇名称对照简表 \216

附录Ⅲ \ 苏美尔与阿卡德部分神祇谱系图 \219

附录Ⅳ \ 美索不达米亚的十二星座神话 \221

附录Ⅴ \ 对照简表 \234

参考书目 \242

第一章

创世神话

第一章　创世神话

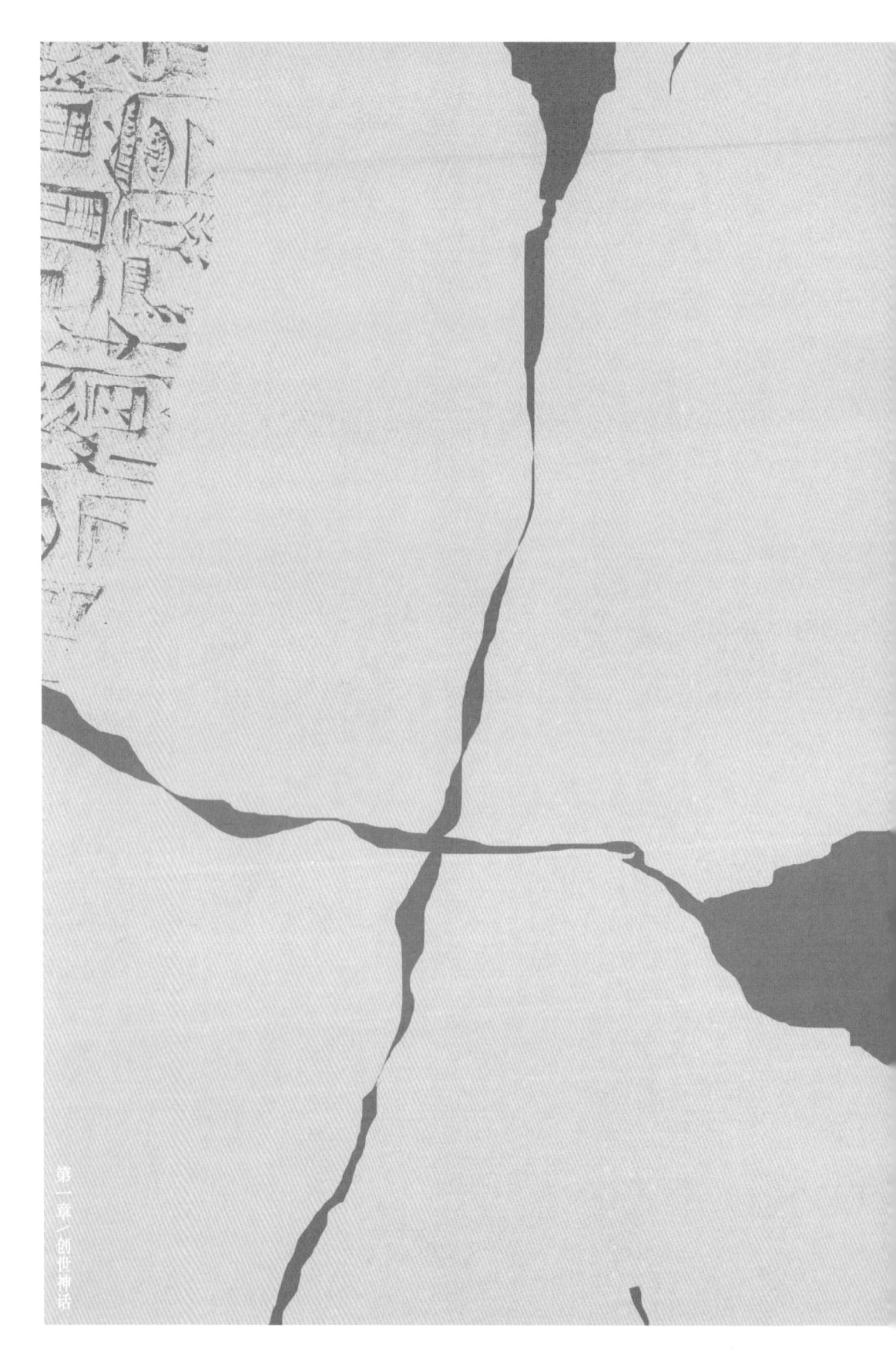

第一节

苏美尔创世神话

在苏美尔人的想象中，最初的宇宙由天涯与地极构成。神话没有提到天和地是如何产生的，或许如一对孪生子般自混沌中诞生，亦有可能自有时间起便已存在。此时的宇宙既无浩瀚大海，也无闪烁群星，更没有日升月落、昼夜更迭，只有一片雾蒙蒙的虚空。

虚空中首先产生了大母神，随后产生了天堂之主天神安（An），苏美尔人把他与天空中滚动的雷声联系在一起。每当暴风雨骤降，隆隆雷霆在云间翻滚的时候，人们会把安想象成一头在云层上吼叫的公牛，因此安被描绘为头上戴有角之冠的长者，象征他执掌天界的权力。不过大部分时间安都超然物外，很少理会凡间事务，因此他后来逐渐大权旁落，权力落在在人间事务中更为活跃的新生代神祇手上。

虚空中还诞生了广袤的大地基（Ki），她既是安的姐妹，也是他的配偶。他俩结合产生了握有统治权的阿努纳启（Anunnaki）诸神，他们经常在一起开会讨论万物的命运。诸神中最令人敬畏的是风神恩利尔（Enlil），他被尊为黑发苏美尔人的父神，既能创造生机，又能毁灭一切，他的怒气常令天堂战栗、大地震撼，他的眷宠令春天暴雨丰沛、草木繁茂。

安与埃利都的母神南穆（Nanmu）结合，生下诸神中最狡黠多谋的智者恩基（Enki）。他是通晓魔法和符咒的智慧之神，从海底淡水之渊阿布祖（Abzu）的居所释放甘露，让清新之水充满江河，让迪勒蒙的盐泽化为沃土。不过也有人说，恩基的父亲是恩利尔，安是他的祖父；此时大母神也生出众多女神，掌管世间许多方面的权力。

有人说，是恩利尔分开了天与地；也有人说，那是众神诞生后合力完成的第一件事。不管怎样，这件事或许并没有花费他们太多力气，因此泥板文书上并没有费多少笔墨提及这件事。不过泥板文书中提到了诸神如何在大地上创造了底格里斯河和幼发拉底河，还安排伊吉吉（Igigi）修筑堤坝，开凿河渠，在两条大河周围挖掘出许多条运河用于灌溉，把苏美尔的土地安排得整整齐齐。伊吉吉是一群天界神祇的总称，大约有300名，干着天地间一切辛苦活儿，可以说是大神的侍从神。伊吉吉全年无休地开凿河渠，修筑堤坝，掘地烧砖，耕种田地，苦不堪言，因此他们曾聚众起来抗议，说再不让他们休息，他们就要集体撂挑子了。为此阿努纳启诸神不止一次地聚在一起开会，但每次会议除了减少伊吉吉的繁衍时间，增加他们的额外工作之外，对他们似乎并无多少裨益。

大事确定后，阿努纳启诸神坐在一起开会，讨论接下去该做些什么。恩利尔代表安向阿努纳启诸神发问："天地已分，两河已定，堤坝和河渠也已修筑完毕；我们下一步计划如何？在座的各位准备再创造点什么？"

阿努纳启诸神随即提交了一份泥板文书，恩利尔定睛一看，只见上面的文字密密麻麻，总结起来大致是以下三点：

一、增加劳动力数量。

二、大力兴建水利。

三、提高物质产量。

对第二点和第三点恩利尔没有什么疑问，第一点却令他大感不解。"增

一块出土的楔形文字黏土板,年代不详。上面的文字有缺损。

加劳动力数量？诸位是指多生一些伊吉吉吗？"恩利尔问道。

"不，这次我们打算创造一种全新的劳动力。我们会以黏土为原料，并混合神的血液来增加其灵性，使他们既能像伊吉吉一样干活，又能在很短的时间内大量繁殖。我们准备把他们称作人类。"阿努纳启诸神中有两位回答恩利尔，"这样一来，伊吉吉所做的辛苦工作，以后就可以让人类去干了。"这则神话里没有提到这两位神祇是谁，不过我们猜测其中一位可能是恩基，另一位可能是大女神宁玛赫（Ninmah），因为在另一则神话里是他俩主持了创造人类的工程。

接着，这两位神向恩利尔详细报备了他们的计划，他们打算在天与地的连接点，也就是恩利尔的家乡尼普尔，安排两位能工巧匠之神拉姆伽（Lamga）抽取自己的血液创造第一批人类，再让人类去掘土烧砖，建造神邸，挖掘运河，浇灌土地，辟田农耕，供奉众神。如此一来，众神不劳自己动手，就能享用人类献上的美味佳肴了。

众神都觉得此计甚妙，纷纷称道，恩利尔也点头赞许，又问道："不过诸位又打算如何确保这批人类的后代也能像他们的始祖一样，正确完成我们交给他们的任务呢？"

众神低声商议了一会儿，回答道："这就要有劳主管创造的大女神阿露露（Aruru）出马监督了。"宁玛赫进一步提议："或许我们还可委任女神尼萨巴（Nisaba）为人类的专属指导，传授他们各种工匠的技能与书写的艺术？有了高水准的知识与工艺，就能极大地提高苏美尔大地的物质产量了。"

于是，两位工匠神拉姆伽用自己的血液创造出了最初的两个人，男人叫作安乌雷伽尔拉，女人叫作安内伽尔拉，人类便开始在世间繁衍生息，耕种众神的田地，浇灌众神的果园，为众神修筑神庙，还定期举行祭祀，供奉瓜果与粮食。能用黏土制造一切的大女神阿露露亲自制订庞大的工程计划，给人类传授农林牧渔方面的技能，还有如何正确地在神庙里举行祭祀的知识，"好让每一个贤人，每一个愚人，如大麦般从大地自然萌生"。

之后，安、恩利尔、恩基、宁玛赫等大神又委任女神尼萨巴担任人类的特别顾问。尼萨巴原是主管五谷丰登的女神，后来因为向人类提供芦苇，逐渐又成了掌管书写、计算、建筑和天文等学问的女神，她不仅能保佑人类丰衣足食，还能激发人类灵感，使人类富有创造力。就这样，苏美尔的土地上呈现出了一派生机勃勃的景象。

过了一段时日，众神开始验收成果，发现人类的数量有不小的增长。然而随着人口数量的增加，饮食和日用品逐渐成了问题。许多人住在河畔，以果子和鱼、兽果腹，既不知道面包和啤酒，也不知道牛乳和奶酪，更不知道穿衣和织布，生活质量委实不高。

经过一番考察，恩利尔和恩基决定向人类发放牛羊和谷麦。恩利尔发布重要指示：先创造羊赐给人类，条件允许的情况下还可以提供牛。于是畜牧女神拉哈尔（Lahar）教育人类如何驯养山羊和绵羊，如何建造栏舍把羊圈养起来作为家畜，如何让山羊产羔、绵羊产仔，如何收集羊奶饮用。随后拉哈尔又教会人类如何养牛，如何让牛多产小牛犊，还有如何用牛奶制造奶酪储存起来。

接着恩利尔和恩基又让谷物女神阿什南（Ashenan）给人类带去大麦和小麦，教会人类如何栽种和选育大小麦。为了提高谷物产量，女神阿什南还向人类发放了各种农具，谷物产量因此大幅提升。后来恩基又和宁玛赫生下了啤酒女神宁卡西（Ninkasi），由她指导人类用麦芽发酵酿酒，并把啤酒储存起来以便需要时畅饮，很快啤酒就成了这片土地上最受欢迎的饮料。谷物女神还给人类带来亚麻和各种植物，并委托纺织女神乌吐（Uttu）向人类传授了织布的技能，人类终于不用赤身裸体，还把布料漂洗后染上各种颜色，灰扑扑的人类终于变得花花绿绿起来，爱美之心得到了极大的满足。

能用黏土制造一切的大女神阿露露又研发出用黏土搭建泥屋，并在屋顶铺设芦苇和草叶保暖的建屋技能。后来，宁玛赫的儿子喀巴塔（Kabta）又在母亲的指导下研究起锄镐和砖块的制作工艺，他的兄弟穆什达马（Mushdamma）则苦心钻研打地基与造屋的技术，这些技能后来也传授给了人类，人类从此摆脱了居无定所的日子。

就这样，太阳给这片土地洒满热烈的光辉，使果蔬繁茂、五谷丰登、六畜兴旺。由于物质产量的增长，建筑与工艺水平的提高，人类变得更有活力，幸福指数也大幅提升，苏美尔的土地上出现了一片欣欣向荣和丰饶富裕的景象。

第二节

巴比伦创世神话

>世界诞生在很高的地方，
>天还没得到命名，
>在下面，坚固的大地还没有名字来称呼的时候，
>只有他们（众神）最初的父亲阿普苏，
>和造就一切的母亲提亚玛特，
>这两种水混合在一起……
>
>——《巴比伦创世神话》篇头

巴比伦的创世神话开篇叙述了两个不同的神——咸水女神提亚玛特（Tiamat）与淡水神阿普苏（Apusu）合作奠定世界雏形的故事。这一重大事件发生在黑暗寂静的海洋之中，当两股洋流交融在一起，世界便开始了。

随后发生的事件有许多是对苏美尔创世神话的翻版，但后续发展截然不同。新生代的天神为了争夺世界的统治权与古老的神祇展开激战。在这场血腥残酷的神战中，战神马尔杜克杀死世界之母提亚玛特，成为巴比伦城的守护神和至高神。

一块出土的泥板史诗残片，
上面的文字有缺损。

世界诞生与初代神王

世界沉睡不醒,在这宇宙的初始时刻,天地万物尚未成形,只有一片混沌无垠的海洋。黑暗与海洋浑然一体,没有光,也没有温暖。时间从那冰冷平静的海洋中孕育而生,千百年悄无声息地流淌而过。

起初海洋悄无声息,异常平静。渐渐地,经过一个迄今还未知的过程,混沌的海域凝聚了一些东西。这些东西大多数很快便消失了,它们的存在从未被提及,只有两个神被留存下来:地下淡水神阿普苏,生性宁静但缺乏生命活力;咸水女神提亚玛特,性格暴烈但孕育无限生机,她的身体被浩瀚无垠的海水包裹着。由于她的不朽,她几乎不去注意岁月坚定的步伐和时间有节奏的脉搏。两个神各据一端,在这黑暗的世界中安居,似乎无意合作。

然而,出于偶然,或是万物创生的必然,某一天,无边无涯的海洋动荡起来,咸水深渊缓慢地从深海中升起,强有力地向上肆意挤压。漆黑的海面奔腾喧嚣,汹涌澎湃,巨浪如山一般,不止息地猛烈撞击大地。在这宛若末日来临时的喧嚣躁动中,两股洋流汇合在一起:阿普苏的淡水流涌入大海,与提亚玛特的咸水流融合在一起。

在最初的结合中,诞生了两个神:男神拉赫穆(Lahmu)与女神拉哈穆(Lahamu)。这两个神形成海洋底部的淤泥层。又过了不知多长时间,两股洋流再次交融,又孕育了男神安沙尔(Anshar)与女神基莎尔(Kishar),他们形成天涯与地极。

自此,神界呈现出加速发展的趋势。经历最初分娩的镇痛,诸神的繁殖速率大大加快。又不知过了多久(但明显快于阿普苏和提亚玛特的结合),天涯男神安沙尔与地极女神基莎尔也结合在一起,孕育了天空之神安努(Anu)。安努与天雨女神安图(Antu)结合,又孕育了风神恩利尔、水神埃阿(Ea

等。他们又各自生育了许多子孙辈的神。安沙尔与基莎尔成了一对祖神。这样，宇宙中最初几代神灵形成了。

神越来越多，互相之间少不了矛盾和摩擦，大如神职领域的纠纷，小如宴会时的座位顺序，后出生的诸天神和较年长的海神之间更是纷争不断。神祇之间需要一个调解仲裁矛盾和纠纷的领袖，也就是众神之王。但是，选谁呢？此时，两位创世神阿普苏和提亚玛特因为长期辛劳，疲乏不堪，早已回深渊休息去了。海底淤泥双神拉赫穆与拉哈穆一向不问世事。安沙尔资格最老，威望较高，经过神明大会和投票选举，诸神一致推选安沙尔审核和最终确定神王候选人名单——却不是推选他当神王。由此看来，这时的巴比伦诸神可能还处在原始社会时期，公投比较流行，不像后来"胜者为王"风靡一时。

选举名单上到底列着哪些神至今不得而知，不过更重要的是结果。经过严肃认真的考虑，安沙尔决定推选安努为神界之王，不仅是因为安努是长子，有优先权，而且安沙尔认为他的个性和自己比较相近，意气相投。

根据选举的结果，安努便成了神王，他聘请安沙尔担当顾问，又任命水神埃阿为自己的传令官，开始在神界建立秩序。大小神灵都需服从安努的指挥，遵从他的命令。为了便于指挥，他住进天界金碧辉煌的神殿，传令官埃阿则住在地上，这便是天界的第一代王朝。

创世神阿普苏之死

神王安努从天宫俯瞰他统治的世界：到处都是一片漆黑，由于没有一丝光亮，尽管天与地之间的界线早已明确划分，平原和山峦的轮廓仍在阴影中显得模糊不清。这景象令他颇为苦恼。

"这叫我们怎么做事？"一段时间来，天界圣殿似乎成了诸神投诉抱怨的场所。每逢天界盛宴，酒酣耳热之际就会有神在大叹黑暗的种种不便。身居河流山川的众神也会时不时提出请求，期待神王安努能改变现状，创造一个与阿普苏时代截然不同的世界。

尽管居于至高无上之位，对诞生于黑暗的安努来说，光明仍是种难以想象的东西。他考虑向阿普苏和提亚玛特请教，但两位创世神在完成创世和造神的基础工作后，就心满意足地待在温暖幽暗的深渊里补充睡眠，打扰他们的好梦必会招来一顿痛斥。看来在他们醒来之前，他是不能指望他们帮忙了。

失望的安努把目光转向众神，风神恩利尔和女神宁莉尔（Ninlil）的长子辛（Sin）引起他的注意。当年，恩利尔为追求美丽的宁莉尔而疯狂，两人竟干出未婚先孕的事，恩利尔被众神判处下地下世界受罚。宁莉尔不顾一切地跟随他前往地狱，辛就是在冥府出生的。尽管如此，辛的外表丝毫没有地狱诸神的痕迹，他相貌堂堂，目光炯炯，银白色的皮肤好像纯净的浪花，在黑暗中微微发光。

恩利尔曾预言辛是未来的夜空之主，用皎洁无比的光芒照亮大地，安努决定利用这个预言。跟恩利尔商量之后，安努任命辛在夜空巡逻。安努还把辛漂亮的银发制成光线，投向人间。就这样，世间第一次有了光明。众神纷纷赞美神王的睿智，安努得意扬扬。

此时，深渊中的阿普苏和提亚玛特却在温暖的水床上辗转难眠。众神在月光下嬉戏，喧闹声随着海浪，透过重重水幕，直钻入幽深的水域，干扰两人的睡梦，最后终于把他俩吵醒了。

"莫非末日提前来临，大地开裂，海水倒灌，抑或天空崩裂，山脊坍塌？"睡眠不足的阿普苏抱怨道，"不，即便如此噪声也不会令人心烦。难道在我们休息期间，发生了意想不到的变故？不，我们是世界的缔造者，一切应该在我们的掌握之中。"

"你先休息，待我去看看。也许只是我们的子孙在嬉戏，因为他们都已长大成人。"提亚玛特一边安抚着烦躁的阿普苏，一边从深渊探出头向天空望去。光线立刻刺痛了她的眼睛，吵闹声更是令习惯安静的提亚玛特心神不宁。"那银色的东西是什么？它无形，却能刺痛眼睛。在它的威力下，大地初显形状。"她暗自思忖，急忙前往海底寻找拉赫穆与拉哈穆打听消息。

"空中兴起一座宫殿，金碧辉煌，令我眼花缭乱，依稀只见安沙尔住在里面。他身边有位神，头戴冠冕，神态威严，气宇不凡，看相貌应是我的子孙。"提亚玛特道，"但他们却使你的父亲阿普苏无比懊恼。拉赫穆，我的头生子，诸神中我最看重之人，赶快告诉我事情的究竟。"

于是，提亚玛特，接着是阿普苏，从拉赫穆夫妇处知道了安努的种种改革措施。阿普苏本来是个脾气温和的神，眼下却十分恼火。睡眠被打扰是一方面原因，同时他也感到自己的权威受到挑战，地位受到威胁。"这么重要的事，居然不跟我商量！事先也不征求我的意见！"他从深渊探出头，向天界大声呵斥，以曾祖父的权威勒令安努收回光线，恢复无序黑暗的世界。

小道消息迅速在众神间传播，所到之处一片哗然，整个天界都处于激荡不安中。无论是在天宫神殿还是在群山峻岭，无论是在家中还是在街头巷尾，众神都在议论："世界之祖要取缔光线，我们能答应吗？可不答应又该怎么办？"

部分身居高位的天神如安努、安沙尔和水神埃阿经常聚集商量折中方案，比如一半白天一半黑夜，减少众神外出活动，采取一些降低噪声的措施，采购一些阻隔噪声的建筑材料，等等，因为他们不想得罪阿普苏。脾气比较暴躁的神如恩利尔，以及众多曾孙辈的神却不买账，一是他们没见过阿普苏，觉得没必要听老头子的话，二是他的命令实在让大家难以接受。"我们要光明！"他们联名向安努申述，提议不要理会阿普苏的无理要求。这场争论持续了好久，双方扯开嗓门，各持己见，争论不休，安努多次明令大家肃静也无济于事。

深渊中的阿普苏等了一段时间，不见天空暗淡沉寂下来，嘈杂声反而愈

提亚玛特与阿普苏被想象成咸水女神与地下深渊的淡水男神，这个概念大致上沿袭了苏美尔人的宇宙观，但后续发展截然不同。

来愈响，他不由勃然大怒。"这群不肖子孙，连安沙尔也与他们混在一起了吗？"他在深渊里踱来踱去，脸色阴沉地念叨，"当初创造他们真是个错误，要是能再来一次……是的，第二次再来，我绝不会犯这种低级错误……"阿普苏的力量在创造世界时损失了很大一部分，现在他已远不如最初时那般强大。因此，他认定天神的争执是对他的蔑视，是对他地位的公然挑衅。这种念头也许不对，但阿普苏的头脑因缺乏睡眠昏昏沉沉，所以越发固执己见。他决定消灭不听话的后辈，于是找到提亚玛特商议灭神大计。

"老头子，你疯啦？他们总归是我们的子孙，你怎么忍心下手？我不同意。小孩子爱瞎闹，我们劝劝他们，说点好听的，就行了。"提亚玛特虽然也讨厌吵闹和天光，但这些神都是自己的后代，老祖母怎么舍得毁掉自己的孙子孙女们呢？这样想着，她的心就软了，鼻子里哼哼着，对阿普苏的念头很是不满。

两人发生了矛盾，不欢而散。阿普苏一看得不到老伴的支持，只好暂时放弃大举进攻、赶尽杀绝的念头，转而采取各个击破的方法。他招来心腹——浪涛之神穆穆（Mummu）商量行动计划。

直接攻击安努的宫殿是最方便的手段，可惜风险也大，不易成功。先杀掉其他神又恐打草惊蛇。最后，他们决定先偷袭水神埃阿的居住地，因为埃阿是诸神中的智者，通晓一切阴谋诡计，留着他势必对行动不利。为防夜长梦多，阿普苏准备当晚就走访埃阿的住所，之后与穆穆里应外合，杀死毫无防备的水神，作为灭神行动的开始。

是夜，阿普苏带着一些美酒佳肴，来到埃阿住所串门。"真是见鬼，老爷子来我这里干什么？"水神一边接待，一边心里犯嘀咕。"要发火要骂人，怎么着也得从安努开始，哪里轮得到我？我又不是神王和长孙。"话虽如此，埃阿也不好直接问来意，只得装傻。两神开始喝酒聊天。

酒酣耳热之际，有侍神向埃阿来报，说一名忠于他的小神有要紧事要汇报。

"他说事情关系到我们的生死，乃至天界安危。"侍神对埃阿耳语道。埃阿心存疑惑，毕竟不敢轻视，于是从酒席告退，到前厅接见。原来，阿普苏和穆穆自以为此计甚妙，却不料隔墙有耳，他们的密谋全被忠于埃阿的小神听去，他赶紧来向埃阿汇报。幸好为时未晚，不然埃阿之命休矣。

埃阿一听，阿普苏竟然如此心狠手辣，不由大怒。"你对我不仁，也别怪我不义！"正准备带领手下侍神杀进去，突然想到自己不是阿普苏的对手，要是局面弄僵，最好的结果也是两败俱伤，更何况还有穆穆在外虎视眈眈……

埃阿毕竟是老奸巨猾的智慧之神，转眼间就有了主意。他巧妙地编织出催眠咒，趁着阿普苏不备向他施展，阿普苏只顾想着自己的计划，自以为胜券在握，反而被埃阿注入了瞌睡虫。

渐渐地，阿普苏的眼皮沉重起来，他竭力抵抗沉睡的诱惑，可惜瞌睡虫的威力强大无比，世上无神能够逃脱，更何况本来就精力不足的阿普苏。最后，他连打几个哈欠，昏昏沉沉睡着了。埃阿赶紧将锁链套在他脖子上，将他锁在巨石之下。阿普苏睡得不省人事，埃阿抽出长剑将他杀死。穆穆不知其中变故，按时率领随从神灵杀了进去，却掉进埃阿的陷阱，一行神全部成了瓮中之鳖。埃阿给穆穆鼻子里穿上绳子，将他绑在石柱上示众，又杀死了他的随从。

创世之神阿普苏就这样死了，他的身躯化作一潭清水。安努十分高兴，允许埃阿在潭上建立神圣的正义大厅。这片建筑和这座城市被命名为"阿普苏"，安努让埃阿定居于此，以表彰他的功绩。

世界之父死了，天神开始共同享有宇宙的统治权。世界在神王安努的治理下，呈现出明亮喧闹的景象。诸神分担了不同的职务，过着舒心惬意的日子。埃阿统治的阿普苏城和庄严宏伟的正义大厅更是神灵们心驰神往的安居乐业之处。埃阿杀敌有功，在诸神中享有很高威望，颇得诸多女神的芳心。不久，他与女神达姆基娜（Damkina）结合，这位女神为埃阿生下儿子马尔杜克（Marduk）。

巴比伦黏土板

提亚玛特率众复仇

此时，提亚玛特却在深渊悲恸怒号，痛苦地捶击自己的胸膛，乱扯自己的头发：

"我的老伴啊，你创造了世界，你生育了诸多子孙，如今却死在小辈的诡计下。我宁可你死于战场，也好过不名誉的死法。我这是在说什么？我发疯了吗？我现在才后悔当时没有同意你的建议。要是我当时答应你一起动手就好了，那现在就该他们痛哭流涕了。不幸的提亚玛特！埃阿在阿普苏的躯体上建起他的宫殿，他住在那里得意扬扬。天神们正在高空欢呼盛宴，胜利者就是这样羞辱失败者。可我，阿普苏的妻子和姐妹，难道就这样袖手旁观吗？"说到这里，提亚玛特狂怒地捶击大地，"我要报仇！我要报仇！"

"对，我们必须报仇！"海神钦古（Qingu）在一旁附和道，尖厉的声音在深渊中回荡。阿普苏和提亚玛特回到深渊休息后，又陆续生了不少神。有些是两人合力创造，有些则是提亚玛特独自所生。钦古便是提亚玛特独自生育的诸海神中的老大。好长一段时间里，这群海神日子过得惬意滋润，因为海域广阔而平静。惜乎，天空之神安努被确立为众神之王后，神界的统治中心从海洋转移到天上，诸海神风光大不如前。这就引发了危机。

于是，这帮海神聚集在深海召开秘密会议。钦古，提亚玛特的长子，率先抱怨道："我们的日子真是一日不如一日，没了昔日权柄风光不说，安努还创造了光线与四重风。这四重风猛烈地搅扰亮晃晃的海面，害得我们一刻也得不到安宁。我看到大家的眼睛因为睡眠不足，都长出黑眼圈了。为了保全自己，我们必须想办法，来惩罚那些侵害我们利益的天神。"

其他海神听到钦古这番话，心里都燃烧起愤恨的烈火，从四面八方飞来这样的话："不错……是得给他们点颜色看看……让他们知道我们的厉害。"也有神这么说:"快想个办法为我们报仇吧……埃阿杀害了我们的父亲阿普苏,这账得一次算清。"

"阿普苏可不是我的父亲。"钦古叫道,但他念着创世之父的名字沉思起来,好一阵子没说话。"天神们在数量上占优势,我们得小心行事。不过,我倒有个计划,"待重新开口时,他脸上露出狡猾的神情,"听着,虽说我们的母亲提亚玛特目前还没什么动静,光顾着在深渊中哭号,可只要我们向她诉诉苦,鼓鼓气,新仇旧恨加在一起,她必定会怒不可遏。到时我们便可借助她的力量,组建大军,一举消灭所有天神。"

于是,在钦古的带领下,这群利益受到损害的海神来到深渊向提亚玛特"进谏"。"我们的母亲啊,"总代表钦古边说边走入提亚玛特的咸水渊,"当初安努创造出光线,你听任他们行事。现在,他又造出四重狂风,猛烈搅扰你的咸水海域,搅扰你的躯体,害得我们不能入睡,你对他们还是听之任之。现在你看一看,我们的眼睛由于缺乏睡眠都肿了。显而易见,你不爱我们,因为你对这些事不闻不问。你竟然毫无行动!你难道不清楚父亲是如何惨死在埃阿手下的?你难道不懊悔当时没有听从父亲的建议参与灭神行动?为什么不起来攻打那些天神?我们定会全力支持你。"

提亚玛特虽说悲恸万分,却还没被愤怒冲昏头脑。"我是后悔当时没一起动手。但复仇绝不能凭一时冲动,头脑发热莽撞草率等于去送死。听我说,我的儿子,你要冷静一点,当时若你们的父亲制订完善的计划,集结强大的实力,岂会招致杀身之祸?我们这次一定要从长计议,等待时机,才能保证复仇行动万无一失。"

"等待时机?我们还要等到什么时候!"钦古不耐烦地叫道,"我的母亲,常言道,'杀父之仇不共戴天'。况且我们的力量越来越受到天神削弱。再不动手,只怕来日我们的下场更加凄惨!你别再无所作为,快带领大家一起报共同的深仇大恨!"

"阿普苏血淋淋的例子就在眼前，我不想再重蹈覆辙。让我们先侦察敌情，招募一切可为我们所用的神，再发兵举事。"

"你也太小看我们的力量，太高估安努那群靠诡计取胜的小人了。难道你就只会以泪洗面？万物之母的威力在哪儿？"钦古怒气冲冲地说完，头也不回地走了。其他子女见提亚玛特迟迟不肯发兵，以为她懦弱无能，对阿普苏的死无动于衷，纷纷埋怨提亚玛特无情无义。钦古甚至送来最后通告，说："我来只是想通知你，我和其他兄弟已经商量过，复仇一事刻不容缓，绝对不能再拖。今天如果你不听我的劝告，就证明你不敢去惹安努一伙，那我们就自发行动，杀入天界。"

诸海神推举钦古为首领，自组军队，准备向安努和众天神讨还血债，夺回神权。提亚玛特见儿子们决意兴兵，加之老一辈海神不断抱怨——指责她冷血无情，丝毫没有替丈夫和子女出头之意，便赶到钦古的军队中。她见到诸神个个摩拳擦掌，情绪激愤，觉得自己再也不能袖手旁观，于是亲自出马出任总指挥。诸海神一听深渊之母也加入他们的阵营，个个精神抖擞，纷纷聚集在提亚玛特身边，高调筹划反叛之事。

深渊之母提亚玛特积极备战，不分日夜打造无数犀利的武器，更创造了诸如口喷毒涎的龙、丑陋狰狞的蝎人、锯齿锋利的鱼人、凶恶残忍的风暴巨人等十一头骇人巨兽。这些恐怖而无名的怪物不便详细描述，但只肖想想提亚玛特的形象是狮头狮身、鹰翅蛇尾的雌龙，便不难想象她用暴烈和恶毒为原料造出来的怪物有多恐怖，简直可以说是噩梦中的生物。提亚玛特还赋予它们强大的战斗力，使这些冷酷无情六亲不认的怪兽对战斗和死亡毫不畏惧。

接下去是选择一名可独当一面的副手。根据长子优先的原则，提亚玛特提拔钦古为全军主帅，指挥全军与天界对垒。授命之时，提亚玛特把"命运之匾额"赐予钦古，使他有决定诸神和万物命运的权力。同时，她在诸海神前高声宣布，将钦古选为她的第二任丈夫，使他的名字永存史册——请勿讶异，母子婚在古代世界很常见。她在摩拳擦掌的军队前宣布:"钦古,领导众神进军天界,这就是你的使命!我已给你念诵咒语,我赋予你召集众神议事的权力。现在你是最高的统帅,是唯一能和我平起平坐的神。你的统治将永恒,你的言语将不朽!"接着她高声叫道:"愿你们的威力一举征服可恶的天神!"

"诸位兄弟!"接着,煽动者钦古在大军前号召,"我们曾经掌握世界,但现在领地正在被蚕食、被鲸吞!我们曾经威风凛凛,现在却被后起的天神们嘲笑!我们能忍受这些无耻卑劣的小人吗?看,他们用诡计杀死我们的父亲阿普苏,甚至在他的躯体上建起宫殿!我们怎能忍受这样的侮辱!是时候了,该是我们起来为自己争取利益的时候了!让我们杀入天界,消灭天神,摧毁他们制造的光明和秩序,回归原初的黑暗混沌时代!兄弟们,深渊之母是站在我们一边的!她就是我的妻子提亚玛特!有了她的支持,胜利就会属于我们!"

"消灭光明,回归混沌!"诸神齐应道。

"出发!恢复威名的时刻到了!"钦古高喊。

"进军天界!"诸神回应,整个军队迅速向前冲去。这是黑暗与光明、混沌与秩序之间的决战。被怒火和欲望驱使的海神军团率领十一头巨型怪兽杀向天界,刀剑与盾牌的撞击声震撼宇宙,所到之处山崩地裂,浊浪滔天。天界外围的守军毫无准备,一见铺天盖地、气势汹汹的怪物军团冲过来,吓得魂不附体,很快一败涂地,向远处逃去。

埃阿中计溃败,天界告急

大敌当前,神殿里往日欢愉安详的气氛荡然无存。安努招来顾问神安沙尔、水神埃阿这几个亲信神灵召开紧急军事会议,讨论退敌之事。安努深知深渊之母的威力,心中不由忐忑不安,半响才对埃阿说:

"埃阿,你曾杀死阿普苏,现在我把除掉钦古的任务也交给你。此刻,他正在提亚玛特大军的最前方。杀死先锋，军队士气便会锐减，深渊之母也会失掉臂膀。"

"拔掉雌龙爪子的苦差事我推得脱吗？"埃阿道，"好吧，钦古是不好对付，不过我也不是容易对付的。"安努见埃阿踌躇满志，就把主帅的令牌挂到他胸前，派他率众迎战提亚玛特大军。此时，钦古的大军正迅速朝埃阿的大本营逼近，这座城市正是建立在深渊之父阿普苏的身躯之上。提亚玛特视此为奇耻大辱，发誓要把它夷为平地。

先头部队朝阿普苏城发起猛烈进攻时，埃阿的守卫已有防备。广阔的水面上响起警号，深不可测的峡谷中发出重复的回响时，卫士们已做好战斗准备。战斗的呼号在钦古的先锋中轰然重复，一会儿就变成最凶恶的吼声，好像汹涌的大海发出的怒号一样。但他们刚冲进阿普苏城，站在城墙石垒后的守卫就用冰雹一样的石块向他们砸去。钦古的先锋试图冲破武器的暴风雨，竭力攻击未受石垒保护的守卫。呼喊更加激烈，双方展开了残酷的流血战斗。

埃阿的爱子马尔杜克此时正站在高处观察战情，他发现由于阿普苏城入口地势险要，加上防御工作充分，钦古的队伍不得不在狭长的水湾中以密集的队形作战。因此，这支先锋队伍就完全处在阿普苏守卫的打击范围内了。马尔杜克看出敌人的错误，就竭力利用这点，在环境允许的范围内让守军向前移动，命令他们全力反攻。这就像风暴遇到海港一样，尽管狂风怒不可遏，竭力想把船只抛向空中，船却在港湾的庇护下安然无恙，直到风暴偃旗息鼓。

很快，进攻的一方支持不住了。他们的首领徒然地用已经喊哑的喉咙喊叫，绝望地向自己的队伍发号施令，叫他们顶着这可怕的石块的暴风雨冲破石垒，冲入城门。但由于防守一方的攻击越来越猛烈，他们急切地想向后撤退。混乱的拥挤踩踏开始了，溃败的兵士们踏着倒下的人跳上船舱拼命逃窜，从远处看去，活像一条大蛇在水城上蜿蜒。

首战告捷，埃阿得意扬扬。

几日后，形势急转直下。提亚玛特见出征不利，便派出巨龙大军出征并亲自压阵。阿普苏城的防御能力受到严重考验。这些恐怖的怪兽不知疼痛，更不知畏惧。丑陋厚钝的皮能抵御最猛烈的攻击，喷吐的毒液更造成严重伤亡。钦古－提亚玛特联军源源不断，城中守卫开始疲于奔命。虽说阿普苏城易守难攻，但城中的兵力和粮食毕竟有限。钦古大军围堵在阿普苏城前方，他强迫埃阿要么出来交战，要么在七八天之后，在饥饿的驱策下向他投降。

埃阿陷入困难的境地之中。为脱离这一困境，他必须寻找一个突破口，但他没有一点消息和希望，也不愿意放弃这座美丽的城市从城后开溜。焦急又悲哀的埃阿日夜考虑对付的办法，可始终没找到摆脱这种危险局势的出路。他手下的士兵开始垂头丧气，城中有胆怯的声音传出。起先他们只是低声抱怨，但接着，窃窃私语声渐渐变大，越来越多的神灵想要投降。这局面令埃阿头痛不已。

但埃阿毕竟是智慧之神，他考虑要巧妙利用目前的形势。他先是惩处了一批胆小鬼，并告诫士兵，坚守阵地的最坏结果不过是英勇战死，投降却有可能变成巨龙的美餐。稳定军心后，他让手下放出消息说阿普苏城的大门不堪重负，即将崩塌，埃阿大军人心涣散、不堪一击等。同时他在城门处布下重重陷阱，连一阵清风都飘不过去。之后，他令大军守在城门口陷阱后，专等鲁莽的钦古自投罗网。

陷阱布成之日，埃阿佯装溃败。在他的幻术魔法下，严阵以待的阿普苏城在钦古大军眼中却是一片混乱的景象。城门不一会儿就被攻破，钦古的军队长驱直入，没过多久，便如埃阿所料坠入陷阱。埃阿大军趁势全部杀出，准备将敌军一举歼灭。

埃阿正以为得计，不料军队后方传来惨呼声。只见怪物军团从阿普苏城后方涌入，趁守卫毫无防备之际从后翼绞杀。埃阿很快腹背受敌，被提亚玛特的怪物杀得落花流水。

原来提亚玛特早有防范，早与钦古兵分两路。钦古佯装要攻入城门，却

这块出土的铭牌上显示马尔杜克杀死了化身巨龙的提亚玛特。

用一批弱势兵力作为伪装先进去。提亚玛特则从城后翻越过去，偷袭埃阿军队的后方。等送死的先锋军落入陷阱，埃阿以为敌人中计，便率众杀出，于是就中了调虎离山之计。埃阿虽对形势做出正确估计，也考虑到钦古的头脑和提亚玛特的战斗力，却忘了提亚玛特是个心思缜密的老祖母，于是智慧之神自食其果。

这已经不能算是战斗了，而是残酷的大流血和大屠杀。阿普苏城的守卫几乎全被敌人包围了，他们已经失去了任何获救的希望，也不再为战胜的幻想所鼓舞。他们只留下一个念头，那就是勇敢地战死好过被当作食物吃掉。现在，他们的战斗只是绝望的人的拼死挣扎。埃阿用尽他所有的法术，耗尽所有的谋略，牺牲掉每一个守卫的士兵，才撕开一条小口子逃回了天界。他身边只剩下妻子达姆基娜和儿子马尔杜克，以及几个最亲信的神。

壮丽的阿普苏城被死亡的阴云笼罩。血水如小河般流淌在通往水域的道路上，清澈的湖水被染成一片血海。空气中残留着火花的爆裂声、垂死者和受伤者的呻吟声以及尖叫声。硝烟死灵般观望着战场，在破损残缺的尸体上盘旋。出于愤怒和报复心理，提亚玛特和钦古摧毁了每一处建筑。往日的正义大厅成为一堆瓦砾，阿普苏城彻底成为一摊泥涂上的废墟。在他们的头顶上，太阳像往常一样抛出灼热的光线，不祥的阴云飘荡在安努的神殿上空。

天界危在旦夕。

马尔杜克自荐，逆袭成王

天界笼罩在一片愁云惨雾中，安沙尔和安努召集诸神，问有谁能够率军抵挡叛军。诸神面面相觑，黯然不语，提亚玛特是万神之母、强大的龙后，谁能从她的愤怒中生还？谁敢接下这等有去无回的差事？

这时候，马尔杜克登场了。在此之前，他那智慧出众的父亲埃阿曾把他

这张图显示一名武士神正在与一头怪兽交战,一般被认为是提亚玛特(左)与马尔杜克(右),也有认为是提亚玛特与巴力,或是鸟怪安祖与战神尼努尔塔。

新巴比伦王国的城墙上装饰着巴比伦人的神话与宗教中的各种圣兽浮雕，如马尔杜克的圣兽西鲁什龙，也称作姆修素龙（Mushussu）。

拖出神殿，劝他向安沙尔毛遂自荐，马尔杜克本来蠢蠢欲动，受到父亲的鼓励更是按捺不住。此刻他主动请缨，向安沙尔允诺自己必定能打倒提亚玛特，令众神永无后患。

但是，马尔杜克同时也提出，为了更好更快地完成屠龙重任，他需要众神的全力支持，也就是说，神王必须召开众神会议，在所有神灵面前赋予马尔杜克神王的地位与权力。"众神之王啊，我将会为你们的命运决一死战，请召开诸神大会，把天命授给我。"马尔杜克说，"在众神的集会上我将占有最高的位置，我所说的便是现实，我的意愿不可更改！"

"这个我需要考虑考虑。"安努唉声叹气地说，其实就当时的情境而言他委实没啥好考虑的。安努答应了马尔杜克，派出使臣卡卡邀请包括提亚玛特头生子女拉赫穆与拉哈穆在内的天界神灵共商大事。

"哎哎，提亚玛特怎么能做出这种事呢，真是太遗憾了。"那些为利害所系的大神看上去好像刚刚得知提亚玛特兵变，接二连三地来到天界神殿，在议事厅中彼此问候，一边琢磨着稍后该如何措辞。尽管烽火已逼近天界，却并未妨碍安努设宴招待高贵的神祇们饱餐美食、痛饮佳酿。喝到酒酣耳热时，神灵忘了心中的恐惧，一想到可以把战事都交给马尔杜克处理，溢美之词就铺天盖地朝马尔杜克涌来。

"你是诸神中最荣耀的勇士！"那些大人物冲着马尔杜克叫道，"你的地位无与伦比！你的命令犹如安努，不，比安努的更有力量！你的武器将永远战胜敌人！你令天地万物都俯首听命！我们的荣誉就全拜托你了……"诸神的甜言蜜语直似天花乱坠。"那就把你们的力量都交给我吧！"马尔杜克叫道。被美酒冲昏头脑的众神不疑有他，纷纷把神力贡献给马尔杜克。

"向我们展示你的力量吧。"众神叫道。马尔杜克一思忖，张开双臂念诵咒语，天空中顿时出现一个符号，接着，他命令符号消失，顷刻间它就在众神眼前消失了。就这样，受命于危难之际的马尔杜克初步奠定了地位，带着诸神相赠的各式武器前往征讨提亚玛特。他的战车是四方暴风，他手持铁弩利箭，威风凛凛地出现在提亚玛特大军之前。

"别再用你的嘴唇支撑这场叛逆之事了。"马尔杜克向提亚玛特喊道。他指责深渊之母骄傲、暴戾，不安分守己，竟与自己的儿子钦古成婚，神圣的力量已经离她远去。最后，他向她挑衅，问她可有勇气与他单独较量。

提亚玛特被马尔杜克的激将法气得暴跳如雷，理智全失，不顾一切地张开巨嘴，要把他一口吞下去。马尔杜克趁机挥出用风编织的巨网把她团团笼罩。提亚玛特进退两难之际，凶暴的风突然袭到她的腹部，她的身体被吹得像气球一样鼓胀起来。马尔杜克立刻抓紧机会放出利箭，那支箭撕裂了提亚玛特的腹部，穿透她的内脏，劈开她的心房，直截了当地结束了一切。而马尔杜克就像他先前说过的那样，把脚踏在了深渊之母的脖子上。

一场气势汹汹的造反顷刻间土崩瓦解。失去了提亚玛特，海神大军土崩瓦解，众神仓皇地四下逃散，马尔杜克抓获了提亚玛特的所有人马，一把抓过钦古胸前的那块天命书简，系到自己胸前，然后开始创造新秩序。他把提亚玛特的尸体像干鱼片那样撕成两半，一半悬在天空，一半留在地上，这就是天地的创造。为了"让众神得到侍候并得以休息"，马尔杜克将叛神钦古作为牺牲，以他的血为原料，通过埃阿的魔力造出了人类。

马尔杜克的大胜让天界诸神心服口服，他们站在他面前高声呐喊："这才是我们的王。只有马尔杜克才是天与地的诸神之王，你是圣地的保护者。你要做什么，就给我们下命令吧！"

马尔杜克开口说道："诸神居住在天界神殿，我也想在人间建造漂亮的殿堂，在那里修建举行祭祀仪式的场所，让我的王权永世相继。诸神来聚会时，那里将成为无忧无虑的安乐之所。我将称那里为巴比伦，也就是神之门。"

「扩展阅读

长眠在神秘古城杜恩努的众神

美索不达米亚的众神或源于自然力,或是城镇的拟人化象征,但都被描绘为有七情六欲、有个性的人物,他们是人类最早的祖先,人类出自夺权失败的叛神,而神与人一样,也苦于家庭纠纷和代际冲突。

按照巴比伦创世神话《埃努玛·埃利什》,众神为了创造和统治世界,不惜采用乱伦和弑父的手段。这个神话是巴比伦文学中较有代表性的作品,它表现了巴比伦人对创世、人类起源问题的关心和对自然的崇拜,在世界文学史上具有开创先河和启迪后人的意义。希腊神话中的混沌巨人卡俄斯,大地与天交合生出众神,乌拉诺斯、克罗诺斯和宙斯三代神的斗争,都可以在这一神话中找到原型。《圣经》中的创世顺序也同这个神话一样,先造天地,接着把水陆分开,然后造人。

同一主题在美索不达米亚其他城市的创世神话中也有出现,尤其是在一个名为"杜恩努神谱"(Theogony of Dunnu)的神话中。该神话的成形时间至少可以追溯到公元前20世纪早期,故事发生在一个叫作"杜恩努"的小城。

根据"杜恩努神谱",世界和众神的来历是这样的:创世之初唯有"犁"和"大地",他们的结合产生了"海洋",不久又产生了家牛之神,他们一起建造了永恒的城市杜恩努,"犁"将家安在杜恩努。随后家牛之神与母亲"大地"秘密结合,杀了父亲"犁",占据了杜恩努,并与姐姐"海洋"结了婚,生下了家禽之神。下一代也仿效上一代行事,家牛之神的儿子家禽之神也杀了父亲,与母亲"海洋"结合。随后"海洋"杀死了"大地",并与家禽之神生下了女儿"河流"和儿子牧人之神。之后牧人之神又杀死了父亲家禽之神,与"河流"结婚。就这样一代又一代,一系列男神杀死他们的父亲,娶了他们的姐妹或母亲。其中一些男神以地上游荡的家禽或家畜为名,他们的姐妹或母亲则常常代表大地上的各种景物,如河、树或草地。虽然许多细节还不清楚,但这种故事或许可以解释为一年四季的变迁：每一个季节"杀死"或取代了前一个季节。

终于有一天，这种模式产生了重大变化：有一位男神不是杀死他的父亲来接管他的领地和王权，而是把父亲囚禁起来，这一重大事件发生在新年。巴比伦人的新年是在4月，这说明这首诗有可能是在4月的新年祭典上朗诵的，与新年历法有关。但由于记录此事的部分泥板散失，只能依稀看到后文中提到了风神恩利尔、恩利尔的近臣努斯库、战神尼努尔塔等神祇，因此这一弑父模式的中断对后世和人类文明有什么影响，目前还不是很清楚。

按照这一版本的创世神话，每一个被杀死的神祇都长眠在杜恩努这座为每一个死去的神所钟爱的城市，而世界的诞生与城市这一重要的社会与政治机构的建立密不可分。不过，人们并不清楚杜恩努在今日的哪个位置，或许它的存在和兴盛只是昙花一现，旋即它就被更强大的城市所吞并，也有可能它只是一座传说中的城市，因为居住在这座城市里的都是死去的神祇。

这则神话进一步加强了巴比伦创世神话《埃努玛·埃利什》及此类众神世代更新给人带来的普遍感想，即有关创世的神话往往带有很强的政治性，通过突出某一城市或某一神祇在故事中的关键性来提高该城市及其保护神的地位，或是反映不同社会群体内部的斗争和冲突。比如《埃努玛·埃利什》是伴随着古巴比伦王国在两河流域统治地位的确立而产生的，巴比伦的城邦守护神必然要凌驾于其他城邦的守护神之上，成为国度的主神。在马尔杜克之前，安（安努）、恩利尔（厄勒利尔）、恩基（埃阿）都曾担任过主神的角色。巴比伦的统一是通过马尔杜克对提亚玛特的胜利及其有效的安抚政策实现的，并由于这种有效的安抚政策，马尔杜克在胜利之后永久地统一着这片土地。

第二章

美索不达米亚三大主神

第二章 / 美索不达米亚三大主神

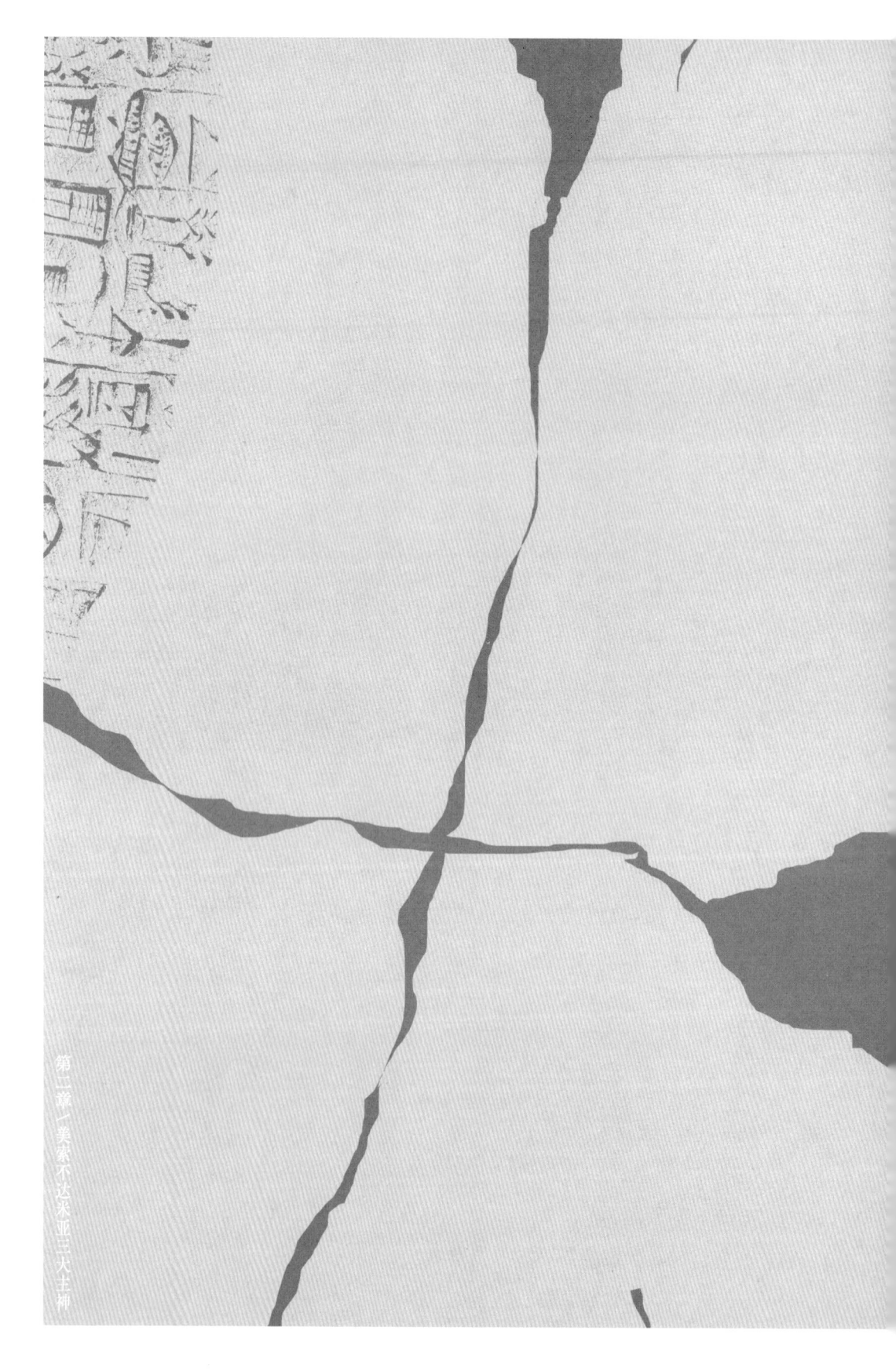

第一节

面目模糊的天堂之主安

神王"安"的名字在苏美尔语中是"天"的意思。他是天空的神圣化身，是一位超然物外的长者，他将统治权赋予诸神和国王，掌管决定个人命运的宇宙法则。最早的苏美尔神话没有提安来自哪里，或是他是如何成为众神之父的。不过后来的神话逐渐把安说成是男神乌拉斯的后裔，或是天涯之神安沙尔男神与地极女神基莎尔的长子，始祖双神提亚玛特和阿普苏的孙子。

早期的苏美尔神话中称安的配偶是女神乌拉斯（Uras），不过后来人们逐渐把大地女神基说成是天神配偶。苏美尔人把天界想象成由三层圆形穹顶构成的天穹，包裹着平坦的大地，每一层天穹由不同的宝石制成，安代表这些苍穹中最高、最外层的至高天，至高天之外是被称作南穆的原始水域。当天空与大地分离时，安接管了天界，创造了我们所知的世界。随后安将滋润万物的雨露洒向大地，使大地草木兴盛。说阿卡德语的巴比伦人称天空之主为安努，称他的配偶为安图——她可能是安努的女性化身，而雨是她用云化成的天空的乳汁。

安或安努在古代神话中的面目和个性非常模糊，常作为背景人物出现。有一则神话说，凡人国王阿达帕因为折断了南风的翅膀，被安传唤到天界，并被安赐予可让他永生的食物和水。但阿达帕却拒绝了，因为恩基事先欺骗他，说安给他的是会导致死亡的食物和水。阿达帕就这样失去了永生的机会，而安努虽然感到一丝遗憾，却没有再说什么。

安努也曾短暂地出现在史诗《吉尔伽美什》中。由于流传至今的版本主要是巴比伦版，因此下面出场的神祇使用的是他们在巴比伦神话中的名字。当时安的女儿伊什塔尔（Ishtar）[相当于苏美尔神话中的伊南娜（Inanna）]因为向吉尔伽美什（Gilgamesh）求爱不成反遭嫌弃，冲到父亲天神安努那里哭诉吉尔伽美什对她无礼。安努温和地指出，如果伊什塔尔对吉尔伽美什有气，应该亲自去对付他。于是伊什塔尔要求安努给她一头天界公牛去攻击吉尔伽美什。作为交换条件，她会准备好应付七个歉年的粮食。不料公牛竟然被吉尔伽美什和他的伙伴恩基杜（Enkidu）杀了。天神安努由于痛失强大的公牛，坚持两人中间必须死掉一个，恩利尔决定让恩基杜去死，安努也未加反对。

安神有很多强大的子女，尤其是风神恩利尔和水神恩基，他们构成最早的神圣三神组。有些神话说，太阳神乌图（Utu）、暴风雨之神阿达德（Adad）、月神南那（Nanna）、战争之神纳戈尔（Nergal）、天堂女王伊南娜、冥府女王艾莉什基伽勒（Ereshkigal）、医药女神芭乌（Bau）、谷物与书写女神尼萨巴等神都是安的孩子，他还创造了女魔拉玛什图（Lamashtu）、石怪阿扎格（Azag）等妖魔鬼怪，可谓名副其实的众神之父。

不过，纵观美索不达米亚历史，人们对安甚少崇拜，大部分的崇敬给了他的儿子恩利尔，另一些时候是水神恩基——在不同的年代，他俩都曾当过主神，并被安赋予了"天上的力量"。安的主要崇拜中心是在乌鲁克的埃安纳（Eanna）神庙，不过后来他把在乌鲁克的权威让渡给了他的女儿伊南娜。最终，安的地位先是被恩利尔，后又被巴比伦的主神马尔杜克取代。

第二节

性格暴躁的风神恩利尔

恩利尔是美索不达米亚神话中的风、大地与暴风雨之神,有时也被称作厄勒利尔(Ellil)或努南尼尔(Nunamnir),他在苏美尔创世神话中扮演着重要的角色,据说是他把天与地分了开来,使世界变得适合人类居住。恩利尔是一名强悍的武士,掌管春天的暴风雨,同时也掌管着地里的收成,他的管理职能还延伸到批准各种社会机构。在他的圣城尼普尔,有一首颂歌是这么唱的:"恩利尔坐在白色的高台上,在那巍峨的高台上,他完善了王权与律法,地神在他面前敬畏跪拜,天神在他面前卑躬屈膝……没有恩利尔的批准,没有一个城市能建立,没有一个牛厩和羊圈能建成,没有一个国王能得到任命,没有一个男祭司或女祭司能被神迹所选拔。"

恩利尔的个性较为复杂,暴躁易怒是他的主要特点,这一点在巴比伦大洪水神话《阿特拉-哈西斯》中尤为明显:在很久之前,高阶天神整天过着悠闲的日子,年轻的天神则被迫承担天地间所有的工作,而且全年无休。终于有一天,年轻一代的天神集体不干了。为了替代他们,恩基提议制造一种全新的劳动力,也就是人类,获得了恩利尔的批准。这些新生的劳动力被安置在大地上,起初,他们完全按照众神所希望的那样行事,做所有维护土地的工作，还敬拜和祭祀神明以感谢让他们诞生。

然而，人类不断繁衍生息，数量越来越多，喧哗声也越来越大，恩利尔终于无法忍受噪声，决定减少人口。他让干旱、瘟疫与饥荒接二连三地降临到人类身上，但每一次恩基都提前通风报信，秘密地告诉人类如何拯救自己。恩利尔无法理解究竟是怎么回事，因为不知怎么的，他降给人类的一切惩罚似乎只是帮助他们繁衍得更兴旺。最后，他决定降下一场滔天洪水来摧毁人类，还严禁一切神祇向人类透露消息。

恩基虽然不同意，但他无权也无法反对恩利尔的法令，于是他向一排芦苇墙发出警告，因为他知道阿特拉－哈西斯（Atra-hasis）正在墙后面琢磨自己最近刚做过的一个梦。"草屋，砖墙，注意听；草屋，砖墙，注意注意。"阿特拉－哈西斯仔细收听芦苇墙电台转播的消息，"拆掉房子，造一条大船，扔掉财产，在船上装满各种生物的种子。"

阿特拉－哈西斯照做了，七天后，大洪水如期而至，他的船在洪水肆虐的江上漂流了很久。最后洪水终于退去，他立刻登岸向众神献祭了牺牲。祭品的香味引得众神像苍蝇般围拢过来，众神纷纷表示还是有人类比较好，唯一的例外是恩利尔。他看到自己伟大的计划又失败了，恩基又一次骗过了他，顿时暴跳如雷："怎么会有人逃过了这场灾难！"恩基坦白是他悄悄地传递了消息，但同时他也解释说，如果人类灭绝了，就只能依靠悠闲惯了的年轻天神干活，那估计大家又要吃不上饭啦。他还提出了一个新的计划，制造一批新的人类，不那么多产，寿命也更短。恩利尔同意了。此后，众神制定了措施，人类被改造成需要经历死亡、不孕和日常生存威胁的新人类，确保未来人口不会变得过于稠密。

一首古代哀歌《亚加底城的诅咒》（The fall of Agade）也提到了恩利尔的冷酷。这个故事是这样的：此前，恩利尔已对两座古老的城市不满，皱眉将它们摧毁，就好像杀死强壮的公牛；然后他把恩宠赐给了亚加底的国王纳拉姆-辛（Naram-Sin），让他的王权从肥沃的平原一直延伸到崎岖的高山。

那时，天堂女王伊南娜也把家安在亚加底，她让老妇睿智，让老翁雄辩，让年轻女子欢欣，让年轻男子英武，让孩子们快乐。她像年轻人第一次盖房子一样欣喜，不把城里的仓库装满绝不休息。她让城墙巍峨高耸，让港口忙碌兴盛，异邦人争先恐后地从四方进贡。于是，亚加底的粮仓里装满了小麦，亚加底的牧场挤满了牛羊，亚加底的金库装满了黄金，亚加底的银库装满白银，还有铜、锡和天青石源源不断，伊南娜感到贡品多得城里都摆不下，连亚加底的城门都因为开关太多次而感到疲惫，因此她准备在城里修筑一座神庙。

然而，不知何故，恩利尔突然不再青睐亚加底，他从阿卡德王朝的王都亚加底城撤回了恩赐，也不准其他神祇进入和祝福这座城。因为恩利尔的皱眉，整个亚加底都陷入恐慌。伊南娜放弃了她的圣所，匆匆返回了她在天界的家，还带走了城市的战斗力；战神尼努尔塔（Ninurta）带着权杖、王冠和王座回到了他的神域；太阳神乌图夺去了亚加底的魅力；智慧水神恩基夺去了亚加底的智慧……短短数日，众神纷纷离去，亚加底就像一头濒死挣扎的大象、一条奄奄一息的巨龙，而其他的城市都在虎视眈眈，就像强壮的公牛喷着鼻息，刨着蹄子，准备攻击。

来自埃库尔神庙的声明令人不安，亚加底的末代王纳拉姆-辛感到王国前景不妙，但又不知道自己做了什么招致神的不快，便向恩利尔祈祷，请求神的回答。那天晚上，焦虑中的纳拉姆-辛做了个梦，他看到亚加底前途黯淡，因为恩利尔不会让它的荣耀持续下去，它注定社稷动摇，王权不保。醒来后，他没有向任何一人透露梦境的内容，只是穿上丧服，用苇垫遮住王家马车，扯下巡礼船上的苇篷，把随身用品分发给他人。

纳拉姆-辛坚持苦修了七年，然而，始终没有任何征兆，他为此陷入极度沮丧。于是他献上了一个孩子，但没有得到任何预兆或启示；他又献上了第二个，恩利尔还是毫无反馈，国运始终毫无起色。天灾人祸噩兆一个接一

恩利尔的典型形象是一位强悍的长须武士，同时也是神界的高层管理者，不仅掌管春天的暴风雨和地里的收成，管理职能还延伸到对各种社会机构的批准。

个地袭来，民心开始涣散，人们一群接一群地离开城镇。最后，纳拉姆厌倦了等待，又因没有得到神的回答而愤怒，便集结军队，试图用武力改变恩利尔的意志。

纳拉姆－辛向恩利尔所在的尼普尔城进发，攻打那里的埃库尔神庙。他派出军队拆掉了大殿的门楣，敲开了圣所的大门，打开了宝库。虽然他们没有亵渎神灵，但矗立在神庙巨大壁柱上的天界守护神兽拉苏的雕像被扔进火里，宝库中海量的金银珠宝都被运回亚加底回炉重塑。

这一举动没给他带来任何好处，反而激起了恩利尔的愤怒。恩利尔在天堂的宫殿里暴跳如雷，思忖着该降下什么惩罚来"回报"他心爱殿堂的毁灭。其他神祇也不再支持纳拉姆－辛了。他们也向恩利尔祈祷，说："愿毁灭你神庙的那个城市也遭受同样的浩劫。"于是，恩利尔派出库提人去侵略纳拉姆－辛的城市。库提人是有人类的智能，却有犬类本能和猴子天性的蛮族。他们像狗一样成群结队，像猴子一样在平原上四处打家劫舍，所到之处的人因为饥饿而挣扎。

亚加底在库提人入侵后发生了大范围的饥荒，街道上和房屋里到处都是尸体，整个城市都成了废墟。"那原来生长着青草的牧场，现在长出了哀悼的芦苇。原本流淌着淡水的河流，现在水咸得无法饮用。若有人决定要住在那城里，他绝不能享受住城的乐趣。若有人决定我要在那城里休息，他绝不能享受休息的乐趣！"亚加底城和阿卡德王朝就这样终结了，而在众神面前狂妄自大的纳拉姆－辛也死于非命。《亚加底城的诅咒》结尾就是这么说的。

其实，历史上的纳拉姆－辛对神很虔诚，没有犯下毁坏神庙的罪行，而且他是自然死亡。王国覆灭的原因是他儿子继位后缺乏管理能力，却对埃兰人、阿摩利人和入侵的库提人持续发动战争，加上重修尼普尔的恩利尔神庙耗费太大，又恰逢气候恶化导致一场大饥荒。这些不幸叠加在一起，导致了阿卡德王朝崩溃。最终就有了流传数千年的寓言《亚加底城的诅咒》，旨在提醒人们要敬畏恩利尔和众神。

不过，恩利尔的日常工作并非只是主持神界事务和发怒降罪。早些年，在还没有取代安成为主持神界日常事务的神王前，他也曾闹出过风流韵事。当年他为追求美丽的宁莉尔而疯狂，因行为不检被众神判处进入地下世界受罚。宁莉尔也随他前往地狱，他们的儿子月神南那（Nanna）就是在冥府出生的。

有一则神话描述了恩利尔娶了女神宁莉尔为妻，生下儿子南那，也就是"明亮、神圣而孤独的旅行者"月亮的故事，这则神话旨在解释恩利尔是如何成为南那的父亲的。不幸的是，月亮一生下来就注定要永远留在地下世界，除非他的双亲能想出办法为他向众神求情。幸运的是，恩利尔最终想出了一个狡猾的办法，让他的儿子能在夜间的天空中航行。

宁莉尔的母亲警告女儿不要在河中沐浴，因为恩利尔有可能会看到并诱惑她，使她怀孕，但是宁莉尔没有听母亲的话。果然，恩利尔惊喜地看到宁莉尔年轻娇媚的身体，便从河对岸向她求爱。起初宁莉尔表示拒绝，说自己还太年轻，还不习惯于接吻，父母也会生气，再说也很难不让她的女朋友们知道这段韵事。

恩利尔悻悻地回去了，然而宁莉尔的倩影印在他心中，令他辗转反侧，不得安宁。思忖再三，他吩咐自己的贴身总管努斯库（Nusku）安排一条小船，使他能渡过河与宁莉尔在一起。在河的另一边，宁莉尔也改变了主意，因为年轻的恩利尔身形矫健，风姿颇佳，令她心神荡漾。于是在恩利尔驱舟渡河之后，宁莉尔接受了恩利尔的求爱，与他在船上交媾。宁莉尔怀孕了，怀的就是月神南那。

但一等返回他的圣城尼普尔，恩利尔就遭到了指控，罪名是侵犯女神宁莉尔，因为他没有事先向宁莉尔的母亲提出求娶她女儿的请求，这大大冒犯了女神。50名阿努纳启大神和7名冥府判官都认为他有罪，便把他逐出了城市。为了服刑，恩利尔必须长途跋涉前往通向地下世界的冥河。

但是宁莉尔不愿意与恩利尔分开，便前去追赶他。恩利尔走到城门的时候对守门人说："女神宁莉尔正紧跟着我。如果她向你询问我去了何方，请不要告诉她。"

过了一会儿，宁莉尔来到城门前问守门人："恩利尔去了何处？"守门人回答："我从没有过和恩利尔说话的幸运。"宁莉尔自豪地宣称："我已怀了恩利尔的孩子，眼下我的肚子里正怀着月亮呢！"

守门人不知为什么知道必须拯救尚未出生的月亮，不能使他永远被禁锢在地下世界，便建议由他来让宁莉尔怀上第二个孩子。他说："也许我的后代能代替月亮去地下世界，而月亮可以前往天国。"

宁莉尔同意了，于是两人便在守门人的小屋里交媾。宁莉尔不知道的是，恩利尔之前就已经乔装打扮成守门人，同守门人互换了身份。就这样，她怀上了恩利尔的第二个孩子，叫作纳戈尔（Nergal），他果然命中注定要留在地下世界，成为冥王统治地下世界。

恩利尔继续前进，宁莉尔还是紧跟在后。几天之后，恩利尔来到山脚下，这里有条河流守护着地下世界的入口。和上次一样，恩利尔又命令河的守护神不要把他的行踪告诉宁莉尔。宁莉尔不久后又来到河边，询问守护神恩利尔在哪儿，并得到了与上次同样的回答。她告诉守护神，她肚子里怀着月亮，于是那守护神又提出使她怀上第二个替身，代替月亮去地下世界。

同样，这次同宁莉尔结合的还是伪装后的恩利尔，宁莉尔又怀孕了，这次她肚子里怀的是地下世界的神，叫尼那祖（Ninazu）。在地下旅程的最后一站，恩利尔再度进行伪装，这回宁莉尔以为自己是和冥河的摆渡人同床。她又怀上了恩比鲁鲁（Enbilulu），日后成了冥河的河神。

就这样，在恩利尔下冥府的每一个阶段，恩利尔和宁莉尔都会相遇，并创造了三个月亮的替身，今天我们才能看到月亮在天上航行。而月亮本身就是恩利尔的替身，它使得恩利尔能从冥府返回天界，作为"天堂和人间的主宰"

以及"丰产之神"受到人们的崇拜。恩利尔和宁莉尔的故事最后以一首赞美恩利尔的颂歌结束：

"你是主！你是伟大的主，粮仓的主！你是那使大麦发芽的主！你是那使亚麻生长的主！"

第三节

狡黠多谋的水神恩基

另一位经常露脸的大神恩基是淡水与智慧之神，也是手工艺与创造之神。恩基名字的含义可能是大地之主。因为苏美尔语中"恩"（En）的意思类似于"主"（Lord），最初是授予大祭司的头衔；"基"的意思可能是"大地"，也有可能来自 kig，意为"山丘"。

恩基在亚述—巴比伦神话中被称作埃阿，有人说埃阿（Ea）这个名字来自别的语系，意思是"生命"，指代"泉水"或"流水"，也有人说，组成埃阿名字的两个字母 E-A 在苏美尔语中是"水房子"的缩写，指的是恩基在埃利都的神庙。这座用金银、玉髓和天青石装点的巍峨的神庙建在河岸上，地基深入地下，直达恩基的神域阿普苏。神庙整日热闹非凡，好比洪水期河水上涨那样喧闹，那是因为恩基在神庙里安排了各种乐师和鼓手，神庙外布置了鲜花缤纷、果木茂盛、鸟兽成群的花果园，神庙附近的河流里还有许多肥美的鲤鱼在水中嬉戏。神庙还具有各种魔力：它的石砖能给恩基提出各种忠告，神庙四周的芦苇栅篱会像牛一样哞哞叫，神庙屋顶的梁形状像天界神牛，神庙的大门是一头扑人的狮子，整座神庙的气势就像公牛一样生气蓬勃。

一首赞美恩基的颂歌提到，神庙竣工之日，恩基为了确保众神对神庙给予充分祝福，曾特意乘坐平底船前往尼普尔，在那里大摆筵席款待众神。恩基为了准备即将举行的盛宴，杀死了无数的公牛和山羊，然后命人击鼓宣告自己已泛舟前往尼普尔，去接受其他神祇的祝福。鱼在他面前逐浪跳舞，幼发拉底河的水涨了起来，船周围水声哗哗，声浪绵延不绝。

在尼普尔上岸后，恩基来到恩利尔的神庙，开始在大铜鼎里准备啤酒，为恩利尔等大神摆下宴席。他请安坐上首，恩利尔坐在安旁边，几位大女神也坐在安旁边的上座。恩利尔非常高兴，当着众位大天神的面为恩基的新神庙致祝词道："恩基已经建成了他的神庙……像山一样从地上崛起。"

恩基的神域位于深埋在地下的淡水海洋阿普苏，这是在恩基杀死祖神阿普苏后，在他尸体上建造的领域。阿普苏被视作地上生命所必不可少的渊源，万物生长都离不开从阿普苏渗出的淡水。美索不达米亚文明依靠的是一大套为了灌溉底格里斯河和幼发拉底河之间的土地而精心设计的水渠系统。春天定期发生的洪水会冲毁水渠和田野，因而需要一套复杂的测量制度。为了开挖和维护这些水渠，需要有统一的组织来管理大规模的劳动。因此，国王制、法律和书写系统的形成与水源和水渠的管理密不可分。据说，谁控制了水源和水渠，谁就控制了土地。这也是掌管淡水和水渠的恩基非常受人崇拜的原因。起初恩基可能只是埃利都城的守护神，但后来对他的崇拜传遍了美索不达米亚，还影响了迦南人、赫梯人和胡里安人等周边的民族。

恩基的形象也与水密切相关。在一个留存至今的古代印章中，恩基被刻画成这样的形象：头戴尖帽，身着一条带荷叶边的裙袍，右臂伸展，准备接一只从上方落下的老鹰。他的身体两侧有两条水流注入肩膀，一条代表底格里斯河，另一条代表幼发拉底河。他身边不远处还有两棵树，象征男人和女人。这些都象征他是淡水、生命与创造之神。

恩基个性狡黠，足智多谋，在美索不达米亚神话中出场频率极高，时常忙于四处修补其他神，尤其是神王恩利尔或女神伊南娜的漏洞，不过有时他

图中能清楚地看到有两条水流注入恩基的肩膀，一条代表底格里斯河，另一条代表幼发拉底河，象征他是淡水、生命与创造之神。

也会因为精力过于充沛而陷入窘境。

有一则神话讲述恩基让太阳神乌图从大地上取来新鲜泉水，造出一个绿荫缤纷、硕果累累的乐园迪勒蒙（Dilmun），然后在乐园中与母神宁胡尔萨格（Ninhursaga）经过一系列的结合，成为若干男神和女神的父亲。宁胡尔萨格是美索不达米亚主要的女神之一，她在苏美尔语和阿卡德语中有许多别的名字，如宁玛赫或玛米（Mami），随着她的神职不同而异。有些神话中她和恩基是夫妻，在另一些神话里她和恩基是同事，两人时常展开竞争或合作，相互挖坑或填补漏洞。

在苏美尔史诗《恩基与宁胡尔萨格》中，恩基是宁胡尔萨格的配偶。在世界的初始，恩基向宁胡尔萨格描绘迪勒蒙的种种好处：

> 迪勒蒙是一个纯净之地，
> 迪勒蒙是一个纯净之地，
> 迪勒蒙是一处洁净之所，
> 迪勒蒙是一处洁净之所，
> 迪勒蒙是一个明亮的地方，
> 是他独自躺在迪勒蒙，
> ……
> 在迪勒蒙，寒鸦不会啼叫，狮子不会嗜血，恶狼不会猎取羔羊，
> 病人不喊头疼，老妇不说"我是老妇"，老头不说"我是老头"
> ……

恩基请求宁胡尔萨格与他共枕，女神同意了。在两人结合后的第九天，她生下了女神宁萨尔（Ninsar）。宁萨尔长大之后，同她母亲一样住在河边。恩基从淡水深渊仰望她，见女孩如此美貌，便起了占有之心。他问自己的随

身总管伊西穆（Isimud）："我能否亲吻这个叫宁萨尔的美丽女孩？"在伊西穆的怂恿下，他亲吻了宁萨尔，并和她交媾。同样也是九天之后，宁萨尔就生下一个女儿，叫宁库拉（Ninkurra，意为山脉的女主人）。

宁库拉长大后，恩基又对她色心大起，与她交媾，于是又过了九天，宁库拉生下女儿宁宁玛（Ninimma，意为司掌外阴部的夫人）。等宁宁玛长大后，恩基如法炮制，又和自己的曾外孙女交媾。

九天后，宁宁玛生下了恩基的女儿兼玄外孙女乌吐（Uttu，意为蜘蛛女神），她是掌管服饰与缝纫的女神，比恩基之前见过的任何一个女人都要漂亮。乌吐的高外祖母宁胡尔萨格警告她不要顺从恩基，除非他给她带来经过浇灌的果园中出产的八种水果。乌吐依言行事，拒绝了恩基。于是恩基赶紧去找来一位园丁，并把他果园附近的灌溉渠都填满了。那位园丁一直为干旱苦恼，现在恩基替他解决了多年的烦恼。为了感谢恩基，园丁就把恩基需要的八种水果，包括黄瓜和葡萄交给了他。恩基飞快地赶到乌吐身边，把礼物送给了她。他俩开始交媾。当恩基把精子撒在乌吐身上时，乌吐哭了起来。宁胡尔萨格听到哭声，飞快赶来帮助自己的玄外孙女。她把恩基的精子从乌吐身上擦掉，种在旁边的地上。

这一次，恩基的精子没有生出女儿，却生出了八种植物。于是，当恩基从河里往上看的时候，他看见的不是一个美丽的女孩，而是这些不同寻常的新植物。他并不知道这些是他的后代。出于好奇，他命令他的总管把它们摘下来洗干净，好来研究它们的性质。而研究的结果是，恩基决定把它们统统吃掉。

吃完之后恩基就生了大病，而且不知道为什么，宁胡尔萨格也发誓不再同恩基交媾。众神坐在地上一筹莫展。这时，有一只聪明的狐狸乔装打扮一番，设法说服女神回心转意。于是，宁胡尔萨格同意继续与恩基交媾。这时，恩基的病已经扩散到身体的其他部位。在善良的母亲神宁胡尔萨格的帮助下，疾病转移到宁胡尔萨格身上，使她生下了八位神祇，他们的名字与恩基身上有病的地方一一对应。苏美尔史诗《恩基与宁胡尔萨格》说：

……

宁胡尔萨格："让我为你生产小家伙们。"

恩基："让阿布（Abu）做植物之王，

让宁图拉（Nintulla）做玛甘之主，

让宁西图（Ninsitu）嫁给尼那祖，

让宁卡西做内心满足的啤酒女神，

让南舍（Nanshe）嫁给宁达（Ninda），

让阿兹玛（Azimua）嫁给宁基什兹达（Ningishida），

让宁提（Ninti）做月之女王，

让恩沙迦格（Emshag）做迪勒蒙之主。"

就这样，通过宁胡尔萨格的治疗，恩基终于解决了因为无节制情欲而得的怪病，然后给他的八个儿女分配神职或许配妻子/丈夫，他的病就这样治好了。

另一个神话中，恩基和宁胡尔萨格的关系没那么亲密，更像是相互竞争的同事。那是在第一届苏美尔天神代表大会，也就是阿努纳启众大神决议创造一批人类来取代年轻的伊吉吉神们干活之后，恩利尔批准了众神的提议，委派几位大神主持人类制造工程。不过，唯有恩基与大女神宁玛赫联手合作才有可能创造出人类，而这时恩基还在淡水深渊里补充睡眠。于是他的母亲，埃利都的母神南穆便下潜到深渊将儿子唤醒，让他赶紧浮上岸找宁玛赫（也就是宁胡尔萨格），二神一起设计一种能替代众神服劳役的生物。恩基使用他的才智，利用给大地带来生机的淡水，使宁玛赫手中的泥板变成有生命之物。随后宁玛赫指挥这些泥人去搬运土筐、修筑河渠，南穆还为每个泥人都安排了相应的命运。

首批人类投入生产后运行效率良好，出错率也很低，一切都很顺利，众神终于有了闲暇，可以饮酒作乐，享受生活了。为了庆祝新的劳动力投入生产，恩基决定举办一个庆祝宴会。宴会上，众神纷纷赞美恩基和宁玛赫的功劳，恩基和宁玛赫更是眉飞色舞，不断地介绍这个创造性项目的完成情况。他们在酒会上喝啊喝啊，越喝越多，有的神开始大肆吹捧恩基："无所不知的恩基，谁能像你一样睿智，谁能像你一样行事？"还有的神开始争执，一些认为恩基比较厉害，一些觉得宁玛赫功劳比较大，双方相持不下，就有神开始拱火，怂恿恩基向宁玛赫发出挑战。宁玛赫表示："我自己就能制造出人类来，还能随心所欲地给予他们好运或厄运。"恩基说："不管你创造什么样的人，给他什么样的命运，我都能给他安排合适的位置。"

于是宁玛赫着手创造出她的一批测试人，也许是她有意向恩基挑战，或者是因为她喝多了，还有可能是在创造人类命运方面她的技术不如南穆熟练，她捏出来的泥人有一些这样那样的小毛病：她首先造出一个不会伸手的人，恩基就任命这人当国王的仆人，因为不会伸手就意味着不会偷盗；接着她又创造出一个盲人，恩基就给他音乐的天赋，安排他成为国王的乐师；第三个人是什么样的，泥板上看不清；第四个人是一个控制不了自己精子的人，恩基让他洗了一次净身浴，让他侍奉国王；第五个人是一个不孕的妇女，恩基让她在女眷的房中工作，照顾孩子。宁玛赫还制造出一些有各种缺陷的人，恩基都安排了相应的位置。最后，恩基得意扬扬地说："你创造的每一个人我都安排了合适的职位，使他们有饭可吃。现在轮到我来挑战你了。"

恩基制造的这批测试人就比较不幸了，似乎是为了考验宁玛赫的能力，他先是创造出一个难产的妇女，宁玛赫没能挽回她的命运。恩基的第二个造物是一个老人，他的五脏六腑都因为老迈而衰竭，奄奄一息，甚至没力气回答宁玛赫的问题。宁玛赫泄气地说，她无法改善他的处境。就这样，恩基为宁玛赫制造的每一个人都提供了职位，恩基的造物却过于衰弱，以致宁玛赫无法做出同样的安排。从此人类有了衰老、死亡和种种不幸，这全都是因为喝醉了酒的恩基要和宁玛赫打赌造成的。

「扩展阅读

三位主神对
希腊神话的影响

　　古代两河流域与其他地区文明的交流，使三位主神的故事对其他地区的神话产生了影响。比如生活在今土耳其安纳托利亚高原的古代赫梯人有这么一则神话：在很久很久以前的原始时代，阿拉鲁是天上的主宰。他坐在王位上，由他的近臣安努（就是美索不达米亚神话里的安努）率领众神顺从地臣服，小心翼翼地伺候他，为他斟酒。但这种待遇阿拉鲁只享用了九年，随后众神发动了叛乱。阿拉鲁为了躲避反叛者，逃到了地下深处，众神推举安努取而代之。现在率领众神跪在新王面前百依百顺的是安努的儿子库马尔比。

　　九年后，众神第二次发动政变，这一回的领头人是安努的儿子库马尔比。安努知道自己不是库马尔比的对手，就准备逃走。但库马尔比抓住安努的双脚把他从天上拽下来，握住他的腰部，把他的生殖器咬下来整个吞掉了。库马尔比得意扬扬地认为他已经安全了，不会再受到安努或他的后裔威胁了。但被推翻的安努警告他说："胜利只是虚假的。"因为库马尔比在吞下安努生殖器时也不小心吞下了他的精子，因而怀上了暴风雨之神特舒卜、他的近侍塔斯米苏和伟大的底格里斯河。

　　有一种说法是库马尔比把安努的精子吐在地上，不料却从大地上诞生了一群神祇；另一种说法称，那些可怕的精子在库马尔比的肚子里长大，到了约定的时间才分娩。不管哪一种说法对，反正特舒卜就这样出世了，并很快篡夺了父亲的所有权力，成了神王。

　　不过他的父亲库马尔比并没有放弃夺权。他深知自己不是特舒卜的对手，于是呼唤智慧之神埃阿（就是美索不达米亚神话里的埃阿）来帮忙，并安排一系列觊觎王位的年轻神祇来对抗特舒卜。但库马尔比翻来覆去地攻击神王，给天界带来了不稳定的局面，也使他的老盟友埃阿的利益受到影响。最后埃阿出面进行调解，使特舒卜终于可以高枕无忧地坐在他的神王宝座上了。

　　赫梯人创世神话中描述的一系列神的政变，后来成为赫西奥德的《神谱》中描述的希腊创世故事的基础。这首长诗由诗人赫西奥德于公元前7世纪创作。在赫西奥德的诗中,天神乌拉诺斯被他的儿子克罗诺斯推翻并阉割,就像赫梯人的故事中安努被库马尔比推翻并阉割一样;之后克罗诺斯又被自己的儿子宙斯推翻,就像库马尔比被他的儿子特舒卜推翻一样。赫西奥德是古希腊的卡德墨亚人,而卡德墨亚人来自小亚细亚,可能赫梯帝国崩溃后迁徙至卡德墨亚时带来了乌拉诺斯被阉割的故事。后来乌拉诺斯的父系神话受到了奥林匹亚信仰体系的官方认可。

根据一些学者的说法,安努与希腊神话中的神王宙斯也存在相似之处。在《吉尔伽美什》中,伊什塔尔被吉尔伽美什拒绝后来到安努跟前抱怨,但被安努温和地斥责,这与《伊利亚特》第五卷中的一幕有些相似:当时阿芙洛蒂忒试图救出她的儿子埃涅阿斯(Aeneas),反被希腊联军的英雄狄俄墨得斯(Diomedes)所伤。阿芙洛蒂忒狼狈逃回奥林匹斯山,向她的母亲狄俄涅(Dione)哭诉,并被她的父亲宙斯温和地斥责——这里的狄俄涅是宙斯的女性化身,正如安图是安努的女性化身一样。不过阿芙洛蒂忒哭诉时还受到了她的同事雅典娜的嘲笑,这就是希腊神话的原创情节了。

美索不达米亚神话中创造人类和大洪水的故事对希腊神话也产生了影响。一则希腊神话提到,某日,普罗米修斯(Prometheus)和雅典娜在河边合力塑造人类。普罗米修斯用泥土塑造出众神一般的形象,但这些泥塑缺乏灵性,只会像野兽一样嚎叫爬动。于是雅典娜拿起泥塑,往他们体内吹入灵性,人类就这样诞生了。随后,普罗米修斯又充当了人类导师的角色,传授给人类种种技能。在这个神话里,雅典娜扮演人类创造者宁玛赫的角色,而普罗米修斯扮演人类护佑者及智慧神的角色,凡是对人类有用的、能给人类带来幸福的,他都教给了人类,这就引起了神王宙斯的不满。宙斯在这个神话里扮演恩利尔的角色,他反对人类,总想毁灭人类,以至降下大洪水,给人类带来灭顶之灾。

美索不达米亚的洪水神话是希腊神话中丢卡利翁(Deucalion)洪水故事的源头,但希腊神话的洪水故事多了一些道德审判的成分。宙斯因为对人类的罪行万分厌恶,就在地上大放洪水,意图消灭全人类。但丢卡利翁事先得到了父亲普罗米修斯的警告,建造了一艘方舟并装满食物,和妻子皮拉(Pyrrha)一起登上方舟。接着天上刮起南风,下起暴雨,河水咆哮着流入大海,海水以惊人的速度上涨,冲走了沿岸和平原上的每一座城市,直到整个世界被洪水淹没,除了几座山峰。所有的生灵似乎都消失了,除了丢卡利翁和皮拉。方舟漂浮了九天，最后，水退了，方舟停靠在帕耳那索斯山，也有人说是停在了埃特纳山（Mount Etna）或阿陀斯山（Mount Athos），要么就是帖撒利（Thessalia）的俄特律斯山（Mount Othrys）。据说，丢卡利翁派一只鸽子进行飞行考察，随后上岸。

安全上岸后，丢卡利翁和皮拉向逃亡者的保护者宙斯之父献上祭品，然后来到忒弥斯（Themis）位于刻菲苏斯（Cephissus）河边的神庙祈祷，神庙屋顶上还残留着海草，祭坛里也都是冰凉的水。他们谦卑地恳求让人类重生，宙斯从远处听到他们的声音，就派出赫耳墨斯（Hermes）以确保无论他们提出什么要求都会立即得到满足。忒弥斯现身道："把你们的头裹起来，把你们母亲的骸骨抛在身后！"由于丢卡利翁和皮拉的母亲不同，而且都已经去世了，所以他们认为提坦女神（Titaness）指的是地母，她的骸骨就是河岸上的石块。因此，他们裹上头巾，弯腰捡起石头丢到身后；丢卡利翁丢的石块变成了男人，皮拉丢的石头变成了女人，人类就这样重新繁衍起来。

第三章

备受尊崇的天界大神们

第三章 | 备受尊崇的天界大神们

第一节

天堂女王伊南娜/伊什塔尔

伊南娜是美索不达米亚所有女神中情况最复杂的一位,在美索不达米亚神话中出现的次数比任何其他神祇都要多。她的名字在苏美尔语中大概的意思是"天堂女王"(Queen of Heaven)。她的阿卡德语名叫伊什塔尔,她与叙利亚女神阿司塔特、迦南人的女神亚斯塔禄以及希腊的阿芙洛蒂忒也有千丝万缕的联系。伊南娜最主要的神庙在乌鲁克城,不过后来其他城邦的地方女神也融入她的形象之中,这是为何伊南娜的性格中集合了好几个似乎彼此不兼容的角色。

伊南娜最初可能是个独立的城邦神,后来逐渐成为主神之女。不同城邦关于伊南娜是谁的女儿说法不一,有人说是天神安,有人说是月神南那,有人说是水神恩基,也有人说是风神恩利尔,这与不同时期这些神祇所在城邦的实力与地位有关。不过不论哪种说法,她都被认为是该城邦最高天神的女儿。

金星被认为是女天神伊南娜的星宿,八角星是她最常见的象征。伊南娜的圣兽是狮子。古代美索不达米亚人认为狮子是权力的象征。女神与狮子的联系始于苏美尔时代,在尼普尔的伊南娜神庙遗址中曾出土过一只绿泥石碗,上面描绘了正在搏斗的一只大猫与一条巨蟒,碗上的楔形文字写着"伊南娜与蛇",意味着大猫代表着女神。在阿卡德时期,伊什塔尔常被描绘成一个全副武装的战争女神,在发动战事前国王和将领们会向她献祭,召唤她来为己方增加士气,碾压并消灭敌军。

伊南娜也是丰产、性爱和神妓的保护神。她最重要的任务之一就是一年一度的与城邦国王的神婚,这可能是由国王同伊南娜神庙里的神妓一起举行的一种仪式。乌鲁克最伟大的三位超级英雄——恩麦卡尔、卢迦尔班达和吉尔伽美什——都曾被描述为"伊南娜的新郎"。他们同这位女神的婚礼是各自故事中具有决定性意义的部分。事实上,当吉尔伽美什拒绝了伊南娜的求爱时,他的密友恩基杜之死和他痴迷于追求永生的命运就已确定,恩基杜往伊南娜脸上砸牛腿反而在其次了。

但这种新郎的身份是三位超级英雄同每一位苏美尔城邦的国王所共有的。每年新年,统治者都需与伊南娜举行婚礼以确认他的统治地位,并保证来年继续获得女神的眷宠。当然,这也是大肆宴请公众的好时机。在举行婚礼仪式期间,国王通过与伊南娜的婚礼暂时取得了神的身份,人们用诗歌来歌颂象征性的婚礼,伊南娜的女祭司扮演女神,而国王们则扮演伊南娜的丈夫。

这些神话综合起来创造了一位具有多面性格的苏美尔女神。她受人敬畏、热爱权力、恣意任性、嗜血好战,对男人则是危险的尤物。无论安静还是放荡,伊南娜总是一名未婚少女,不像苏美尔其他高级女神如恩利尔的配偶宁莉尔、恩基的配偶宁胡尔萨格一样需要承担妻子和母亲的责任。

从恩基和安处夺取权力

伊南娜有时被说成是宇宙法典"梅"(me)的维护者。现存最完整的宇宙法典列出了大约100种权力,有的已难以解释。它们包括各种职务如国王、祭司、神祇、长者,以及各种职业如书记员、牧羊人、铁匠、皮匠等。还有重要的人类活动、品格、道德、价值观和情绪。此外,法律、音乐和艺术,判断、

在阿卡德时期，伊什塔尔常被描绘成一名战争女神，驾驭着她的圣兽狮子。

智慧、真理、虚伪、性爱、神妓、毁灭城市、哀悼与欢乐，等等，都包括在内。这些东西被认为是行为和意识的基本元素，它们决定了人类的存在。有些抽象概念被认为包含于物质之内，比如鼓包含着节奏，王座体现了王权。

拥有宇宙法典就意味着拥有极大的权力，同时也要承担起重大的责任。有一种说法是宇宙法典由高级男神如天神安或风神恩利尔赐予；不过也有一种说法是由水神恩基掌握，他将其保管在埃利都的水神庙里，当他需要委托某个神履行某一职责时，他就把相应的法典移交给该神。不过，宇宙法典本身并不具备自卫能力，这就给人以可乘之机。

在史诗《恩基与宁胡尔萨格》结尾，恩基病好后，将谷物、家禽、贵金属等财物赐给了玛甘、迪勒蒙、美路哈等地，接着又创造了许多良田、牛羊、谷物，还发明了建筑和纺织的技术。恩基每创造一方面的东西，就指定一位神来监管。

但在恩基分配完后，伊南娜来埃利都城找他（在这个版本里伊南娜是他的女儿），抱怨自己的权力不够大，说他一个方面的神职也没给她。她说子宫女神宁图（Nintu）、谷物与测量女神尼萨巴和渔业女神南舍（Nanshe）各有自己的领域，自己却啥都没有。"我可是神圣的伊南娜，我的神职和领域在哪儿呢？"

伊南娜受到了父神的热情款待，恩基用大量美酒招待女儿，还逐一列举了伊南娜已经拥有的各种神职和领域，提醒她她的领域已不只是放牧，还有流血的凶猛战争、死亡、葬礼和丧葬仪式，每说一个神职嘛，恩基还不忘加上一句："年轻的伊南娜，我们还能给你增添什么呢？"言下之意是，伊南娜的权力已经很大了。恩基最后说："伊南娜，那不可摧毁的，你有能力摧毁。那不可建立的，你有能力建立。"

伊南娜还是不服气，试图偷走宇宙法典带回自己守护的乌鲁克。她开始和恩基饮酒作乐，不时吹捧父亲海量，并旁敲侧击要求父亲把宇宙法典交给自己保管。恩基越喝越醉，竟然自己提出把宇宙法典交给伊南娜。恩基吩咐自己的总管把宇宙法典一件件交给她，她收全之后便装进自己的天国之舟，出发回乌鲁克去了。

清醒之后，恩基意识到宇宙法典已经丢失，便问自己的总管，后者回答他说，恩基自己刚刚把法典交给伊南娜。恩基盛怒之下命令他的手下追赶伊南娜，索回宇宙法典。

女神回家的路上共需经过六站，每次恩基的总管追上来，便有属于恩基水下领域的不同动物向伊南娜挑战。第一次跳上来一只小青蛙，接着陆陆续续跳出其他水生动物。伊南娜不为所动，指出是恩基亲自把法典交给她的。伊南娜召唤自己的信使兼侍女宁舒布（Ninshubur）来帮助她。宁舒布从伊南娜在乌鲁克城的神庙急急赶到路上，吟诵了一段咒语抵御来自阿普苏的水。在她的帮助下，伊南娜保住了船上的货物，回到了乌鲁克，胜利地卸下宇宙法典，成了最有权力的女神。在宴会和庆祝活动上，她预言了乌鲁克城辉煌的未来。这个神话没有谈到恩基后来怎么样了，但从残留的部分来看，恩基和伊南娜最后似乎和好如初了。

伊南娜还从天神安那里接管了乌鲁克的大神庙埃安纳（Eanna），与她的孪生兄弟太阳神乌图一起成为神圣正义的执法者。她驾驭着七头巨兽——更准确地说，是七头狮子——升入天堂，阿努纳启诸神面对着她低下头，匍匐在地，天神安也心生畏惧。经过一轮讨价还价，安交出了乌鲁克的王室保护神一职以及神圣的大神庙，并令正在亲吻大地的众神今后要服侍伊南娜。

伊南娜/伊什塔尔下冥府

有一则早期的苏美尔神话讲述了女神伊南娜最著名的一个故事，即女神冒险前往由她的姐姐艾莉什基伽勒统治的地下世界，想要给自己的神职领域中增加一块"地狱"版图。她万万没想到，她竟然被姐姐打败并狠狠羞辱了一番。

伊南娜有个姐姐叫艾莉什基伽勒,是地下世界的女王,两人彼此嫉妒。为了争夺地下世界的统治权,伊南娜冒险去拜访姐姐,结果死在冥府,后来是恩基出面摆平了这件窘事。这个神话的开头是这样的:

在获得宇宙法典后,伊南娜盛装打扮一番,系上她从恩基那里夺取的七块宇宙法典,戴上她最精美的珠宝首饰,准备前往地下世界与姐姐艾莉什基伽勒争夺地下世界的统治权。临行之前,出于安全考虑,她特地嘱咐她的侍女宁舒布:"如果我三天之内没有回来,你就为我的死击丧鼓、唱悼歌,并去向神主恩利尔求情。如果恩利尔不愿意帮助你,就去找月神南那;如果南那不愿意帮你,就去找水神恩基,他知道用什么草药和水使死者复生。"

说完这些,她就出发了。很快,伊南娜就来到了地下世界的大门,威胁守门人放她通行:

啊!守门人,打开你的门,
开门让我进去!
如果你不开门让我进入,
我将打碎门、粉碎门闩,
我将砸烂门柱,我将搬走门,
我将提升死者,让他们吃活着的人,
让死者将在数量上超过活人。

艾莉什基伽勒的总管纳穆塔(Namtar)感到情况不妙,可又不敢得罪强大的女神伊南娜,便客气地问伊南娜来冥府有何贵干。伊南娜声称自己是来参加姐夫古伽安纳的葬礼。纳穆塔把她的话汇报给艾莉什基伽勒,艾莉什基伽勒极为不安,咬着嘴唇,说:"让她进来,但不要忘了把不归路上的七座大门在她身后一一紧紧关上,取走她的护身符。"

每过一重大门，纳穆塔就从伊南娜身上取走一件饰品或衣物，并告诉她，这是地下世界法典的规矩，它与伊南娜掌握的地上世界的法典截然不同。于是，过了最后一重大门后，伊南娜身上所有的物品都被剥去，她就那么赤身裸体地站到了艾莉什基伽勒面前。艾莉什基伽勒刚从她的王座上走下来，伊南娜便去抢夺她的王座。但她鲁莽的夺权尝试马上就失败了，因为地下世界的七名判官用目光盯住她，把她变成了一具尸体，艾莉什基伽勒接着吩咐把尸体挂在一只钩子上。

此时，在地上世界已经过去了三天，伊南娜的仆人宁舒布心中不安，便根据伊南娜给她的指示，去找恩利尔在尼普尔的神庙，请求他拯救她的女主人。这位暴躁的大神大发雷霆，喊道："伊南娜的权力那么大，她还不满足，居然还想贪图地下世界的权力！既然她已经接受了地下世界的法典，那就让她留在那里好了！"

对伊南娜忠心耿耿的侍女接着来到月神南那在乌尔城的神庙，也遭到了拒绝。最后她设法来到恩基在埃利都的神庙。恩基抱怨说他已受够了伊南娜愚蠢的胡闹，但他还是出面设法摆平了这件事。他从自己的指甲缝里刮出一些泥来，制造出两个能进入地下世界而不受惩罚归来的无性生物。恩基给了他们可以起死回生的草药和水，又吩咐他们：

> 悄悄地潜入地下世界，像苍蝇一样利用门轴处的缺口通过各扇大门，你们会发现分娩中的艾莉什基伽勒，每次她喊痛时你们就响应她的叫声。她会感谢你们的同情心，愿意满足你们的任何要求。但哪怕她让你们喝整条河流的水，吃一整块田地的谷物，你们也不要接受。只要求得到伊南娜的尸体。

于是，两名无性特工带着恩基提供的复活之水和食物潜入冥府，依照吩咐复活了伊南娜，然后三人一起往回赶。但就在三个逃亡者即将踏上安全的土地时，地下世界的七名判官追上了伊南娜，说："有谁曾从地下世界活着上去呢？"他们坚持说，如果她要逃走，必须提供一个替身，代替她留在冥府。为了保证她不食言，他们派出一队冥府魔鬼随她来到人间。

他们在人间碰到的第一个人就是伊南娜的侍女宁舒布，她穿着丧服在地上痛哭。伊南娜没有勇气把自己的忠仆送到地下世界，就继续前行寻找下一个替身。他们遇到了乌玛城的神舍拉，他也在痛哭，伊南娜不愿让他死去，因为他是她的歌者、发型师兼美甲师。

他们继续前进。在库拉巴平原，伊南娜发现她的丈夫——牧人之神杜牧兹没有为了她的死悲伤，而是正盛装出席一个宴会。伊南娜大为恼火："我在地下世界吃尽苦头，权威受到了挑战，美貌遭到了摧残，连身体都瘦得不成形了，我的丈夫竟然还在吃喝玩乐！"于是她立刻决定让杜牧兹来当替身。杜牧兹惊恐万分，向伊南娜的哥哥太阳神乌图哀求，请求太阳神把他变成蛇，好从魔鬼手中挣脱，但这变形只能维持半年，他最后还是被抓走了。后来伊南娜对杜牧兹的死似乎也有悔意，设法让杜牧兹的姐姐吉什亭安娜留在地下世界半年，作为他的替身。

巴比伦人吸收了苏美尔的这个神话传说。在他们的阿卡德语版本中，故事变得比较简短，伊南娜被称为伊什塔尔。如之前苏美尔语版本所记叙的，伊什塔尔下冥府的动机就是夺取姐姐的领地。她在门口的行为也一样咄咄逼人，而且还加上了一些令人毛骨悚然的威胁。这个版本还描述了艾莉什基伽勒对伊什塔尔的恐惧："她的脸变得一点血色也没有，就像砍倒的桎柳。她的嘴唇变得漆黑，就像发黑的库尼努芦苇。"

如同苏美尔语的版本一样，伊什塔尔逐一经过七重门，并被逐一剥去身上的饰物，守门人也是一直对她说这是地下世界的惯例。这回不是地下判官的目光，而是艾莉什基伽勒派出的60种疾病夺取了伊什塔尔的生命，艾莉什

《伊南娜下冥府》神话中伊南娜与丈夫杜牧兹的关系被认为对后世希腊神话中爱神阿芙洛蒂忒和美少年阿多尼斯的故事影响深远。图为众神发现美少年阿多尼斯死于非命。

在阿芙洛蒂忒的强烈要求下，宙斯将阿多尼斯复活。

基伽勒还把妹妹的尸体挂在钩子上，作为一只装水的皮囊投入使用。

与此同时，在地上世界，众神正在安排一场对伊什塔尔的救援行动。而众神之所以不得不投入救援，是因为身负爱神职责的伊什塔尔死后，一个咒语降临到世上，所有的动物和植物，包括人类，都失去了生育的功能，繁殖活动陷入停滞。

于是智慧水神埃阿设计了这场救援。他创造一个年轻英俊的帅哥，派他去地下世界取悦艾莉什基伽勒。帅哥极为出色地完成了这项任务，大悦的艾莉什基伽勒允诺他可以得到任何他想要的东西。于是帅哥根据指示要那个盛水的皮囊。艾莉什基伽勒很生气，回答道："你要了你不该要的东西！"然而话既出口，她不能食言，便对那个年轻人施加诅咒，使他终身贫穷、卑贱。同时她不得不释放了伊什塔尔，让她经过七重门的同时，收回了所有原属于她的服饰。这个故事里对出场人物进行了精简，删去了七名冥府判官，也没有提到太阳神帮塔穆兹（相当于苏美尔语中的杜牧兹）变成蛇的故事，但在塔穆兹成了替身这点上是一致的。

对伊什塔尔的崇拜也传播到叙利亚和塞浦路斯，希腊人去掉她个性中好战的成分，把她视作他们的阿芙洛蒂忒。

神话在流传的过程中，故事的调性也逐渐变得温情脉脉。有一个版本提到，塔穆兹死于冥府魔鬼之劫，他们像土匪一样冲进他的帐篷，砸坏了家具，踢翻了牛奶桶，杀死了塔穆兹。伊什塔尔在追踪并杀死了强盗后，为了追回死去的爱人前往冥府进行救援。传说女神从上天下到地狱时，每降下一重天、进一重门，便脱去一层纱巾，依次渐渐失去她的神性。接着，在冥后严厉的盯视下，伊什塔尔也走向死亡之路。

自从失去爱神后，万物衰谢，濒临灭绝。迫于神王的压力，冥后才使伊什塔尔苏醒，赠予她生命之水。伊什塔尔将生命之水洒遍恋人身上。这个故事是这样结束的：ّ"愿寂静都将苏醒，共赏这新生的香气。"

第二节

注定半死的牧神杜牧兹

在上一节中我们提到，在《伊南娜下冥府》的神话中，牧神杜牧兹是被天堂女王伊南娜当作替身交给冥府魔鬼，被拉下冥府身亡的。不过在另一个版本中，杜牧兹的死另有缘故，他是做了一个预示自己死去的噩梦后，被冥府魔鬼追杀身亡的。

杜牧兹之死

牧神杜牧兹一连几天都做着同样的噩梦，梦到自己被冥府吞噬。他坐卧不宁，预感自己死期将近。他眼里含满泪水，在熟悉的平原上漫无目的地游荡，郁积在心头的忧愁无法排解，心爱的牧笛挂在他脖子上，他无心吹奏。他面对荒野呼喊，呼唤他喜爱的牧群为他哀悼：

> 成群的牛羊啊，可爱的羊羔啊，为我哀号吧！涓涓的溪流啊，呱呱的青蛙啊，为我哭泣吧！万一我死了，谁来照顾我那只剩几张面饼的母亲，谁来安抚我孤苦无依的姐姐呢！原野啊，鸟兽啊，为我哭泣吧，

就像我的母亲一样为我哭泣吧，就像我的姐姐一样为我哭泣吧！

不祥的预感始终笼罩着他，他的心中沉甸甸的。他强打精神想要保持清醒，但强烈的睡意还是将他征服了。他做了个可怕的梦：无数萤火虫围着他上下纷飞，一点一点晶莹碧绿的萤火在朦胧中不住游移，映衬着他的皮肤也好像在流动，仿佛他的灵魂要流出他的身体。萤火虫越长越大，眼看要长到鹰隼大小，忽然散裂消失。随后他梦到一片芦苇荡，一根芦苇向他低头垂倒，另有两根并排直立的芦苇，其中一根突然折断。然后场景又切换到阴郁幽深的屋内，他的圣火被冷水浇灭，他的瓦锅被抽掉支架摔碎。最后场景变成了他姐姐家的羊圈，他神圣的牧羊鞭不翼而飞，一群凶神恶煞般的夜枭冲进羊舍，踢翻他的羊奶桶，扯下他挂在墙上的水囊，还有几只鹰隼俯冲下来抓走羊羔，惊得羊圈里的羊咩咩直叫。他心惊肉跳地躲在羊舍角落发抖，最后被夜枭和老鹰抓住拖走了。

杜牧兹再也无法忍受，他找到他擅长解梦的姐姐吉什亭安娜讲述他的梦。吉什亭安娜惊恐地告诉他，那个是最为不吉的梦，"它预告了你的死亡！"她告诉弟弟，那些不吉利的萤火虫，还有鹰隼和夜枭，都代表冥府魔鬼开始进攻，两根并排直立的芦苇好比姐弟二人，一根突然折断，说明他们中有一人即将遭到不测，而向他垂倒的芦苇就是他们的母亲，她因为孩子的不幸而哀号恸哭。

吉什亭安娜又补充说，那些被叫作伽拉魔鬼的冥府判官是一群可怖的幽影，他们既不会碰清水和面包，也不会碰啤酒和烤肉，他们既不懂得接受男女的爱抚，也不懂得人间的天伦之乐。他们是一群难以对付的鬼魅，要特别小心他们的搜捕。

于是杜牧兹听从姐姐的劝告躲避起来。他祈求姐姐去高台上瞭望，一有风吹草动就立刻通知他："我将藏身芳草之中，躲在沟渠之下，你务必保守

对杜牧兹的崇拜被亚述人和巴比伦人承袭了下来，这位不幸的神祇被称作塔穆兹（Tammuz），信徒们尊称他为"阿多恩"（Adon），即"我的主"或"我的统治者"的意思。大约在公元前7世纪，塔穆兹的神话被引入了希腊，在传播过程中希腊人误解了阿多恩这个称号，把它变成了塔穆兹的名字，并以希腊语的拼写称呼他，于是就产生了阿多尼斯（Adonis）这个红颜薄命的美少年。

秘密，不要告诉任何人我在哪里。"他还嘱咐姐姐："撕开你的衣襟，乱抓你的头发，乱捶你的胸膛，把你身上的饰物都扯下来，把地上的尘土撒到你头上，装出悲痛万分的模样，让伽拉魔鬼们以为我已经死了。"吉什亭安娜照做了，发誓永远不会向魔鬼透露弟弟的消息。

伽拉魔鬼们很快从阴森的地下世界冲到人间，找到吉什亭安娜，许诺给她一整片良田，见她不松口，他们进一步加码，说还会附赠一条充满甘甜淡水的大河，以及配套的河坝和水渠，让麦浪滚滚，年年丰产。但吉什亭安娜意志坚定，坚决不受他们贿赂。伽拉魔鬼们放弃了，叹气道："太阳底下有谁见过姐姐出卖弟弟的事？"于是他们改变了策略，去找杜牧兹的一个朋友打探他的消息，这个朋友说出几个杜牧兹的可能藏身地，伽拉魔鬼们飞快地找到了他。

绝望中的杜牧兹伸手向天，祈求大舅子太阳神乌图把他变成一只羚羊，帮他逃脱。乌图答应了他的祈求，杜牧兹连蹦带跳地逃走了，但伽拉魔鬼们很快追了上来。于是杜牧兹再次请乌图出手相助，把他送到他信赖的一个老妇人贝利利家里。老妇人拿出一个水囊和一些面包，让杜牧兹先吃点东西，因为他已经饥肠辘辘，精疲力竭。但还没等他吃完，伽拉魔鬼们就冲进贝利利家。贝利利想把杜牧兹藏起来，但她无法掩饰家里来了客人的迹象，很快伽拉魔鬼们就发现了杜牧兹的踪迹。杜牧兹只好再次祈求乌图帮他躲进姐姐家的羊圈。

吉什亭安娜看到弟弟过来，马上开始大声哀号，撕扯自己的衣襟，乱抓自己的头发，敲打自己的胸膛，把身上的饰物都扯了下来，从地上抓起沙土撒到头上，以欺骗伽拉魔鬼们。但狡猾的伽拉魔鬼们还是从她的举止中发现了破绽，怀疑她藏起了弟弟，就到处乱搜，最后冲进了羊舍。第一个伽拉魔鬼扯下了牧羊鞭；第二个踢翻了羊奶桶；第三个扯下了挂在墙上的水囊，浇灭了正在煮羊奶的火炉；第四个把架着瓦锅的支架踢翻，瓦锅摔得粉碎；第五个在羊群中搜寻,惊得羊咩咩叫;其余的魔鬼向杜牧兹扑来,杀死了他。这一切跟他梦到的一模一样。

吉什亭安娜为杜牧兹的死哀悼,她哭喊着说,她唯一的弟弟不能就这样死去。吉什亭安娜自愿代替杜牧兹死去,于是冥府女王同意他俩轮流待在冥府。每年秋天,杜牧兹都会死去,到第二年春天他会接受生命之水的清洗和涂油礼,从冥府返回大地,使得牲畜繁殖。此时吉什亭安娜会代替他在冥府度过半年,直到秋天再度来临。

达木之死

神在秋天死亡,第二年春天复活的理念在两河流域植根深广,传说中另一个神达木(Damu,意为孩子)也是如此。达木是女神杜图尔(Duttur)的儿子,也是乌尔以东的南方果园密布的吉尔苏(Girsu)城的保护神。他的父亲可能是智慧水神恩基。达木是植物神,是庇佑春季草树茎秆中汁液流动的神祇。秋天,当达木消失于他的圣树雪松下时,信徒们就会开始哀悼和寻找他。春季达木会再次出现,信徒们的搜索才告一段落。

后来,对达木的崇拜与对杜牧兹的崇拜相融合。有一首颂诗是从伊南娜对丈夫杜牧兹的哀悼开始的:

> 牧羊人,杜牧兹神,伊南娜的新郎,
> 阿拉里神,牧羊山的神啊,
> 我的怪柳,从不汲取果园的水,
> 它的树冠在沙漠中没有叶子。

神母杜图尔准备了一餐饭,酿了啤酒,呼唤年轻的神回来吃饭(似乎当时啤酒被认为具有让神起死回生的神奇效果）。杜牧兹／达木为此痛哭，因为他已经死去，变成了鬼魂，无法对母亲的呼唤做出回应。神母来到儿子被杀害的地方，发现地上有一些儿子的血迹（或是象征他血迹的一些植物），有人鼓励她把那些血迹挖出来，切成小丁，用来酿造啤酒，从而使她的儿子感到快乐和温暖。杜牧兹／达木长吁短叹，抱怨命运的不公，因为他从未有过仇敌却惨遭横死。

在女神哀悼并准备下降到冥府寻找儿子的时候，她死去的儿子不停地插话，试图阻止母亲跟着他，还提醒母亲既不能喝冥河的水，也不能吃冥府的食物，不然她也会被留在地下世界。但母亲显然听不到他的声音。女神向着死亡国度的入口玛舒（Mashu）山脚下进发，太阳每天晚上都会从山口的大门进入冥府。日落时分，她唱着给死去的儿子的哀歌准备踏入冥府：

如果需要，孩子，让我与你同行，走上那不曾有人归来的路，
啊，孩子，我的达木！
我走啊走啊，走向山中。
白昼就要结束，白昼就要结束，走向山中，这里依然明亮。

但杜牧兹／达木的鬼魂就像风一样飘忽，她怎样才能追上呢？杜牧兹／达木又是一阵哭喊，说她就不该跟着他。他在路上与其他鬼魂相遇，希望有谁能帮他给母亲捎个信儿，但他遇到的都只是没有躯体的幽影，谁都无能为力。

后来不知发生了什么事，我们只知道他的姐姐也加入了去地下世界寻找亲人的行列。杜牧兹／达木似乎在哀悼自己再也无法回到人间，这可能会导致人间水源断绝、颗粒无收。后来他还是被成功复活了，他的母亲高兴地说，她的孩子会从灌木中、草地上、怪柳树中、江河涨起的波涛中归来，使果蔬生长、森林茂密、河沼复苏、动物繁衍，给人类带来丰产和富饶。

阿多尼斯被一头野猪撞到要害而死,他的鲜血滴落在地,不久地上长出一种颜色如血的鲜花秋牡丹,也叫作风之花。

美少年阿多尼斯

对杜牧兹/达木的崇拜被亚述人和巴比伦人承袭下来，在亚述人和巴比伦人的神话中，这位不幸的神祇被称作塔穆兹，信徒们尊称他为"阿多恩"，即"我的主"或"我的统治者"之意。他的身世和死法也有更多的说法，诸如他诞生于一棵没药树或别的什么树中，他被一头野猪撞到要害而死。他被獠牙撕裂的伤口像石榴一样鲜红，他的鲜血滴落在地，不久地上长出一种颜色如血的鲜花。据说风把花吹开后，立即又把花瓣吹落。这种花就是秋牡丹，也叫风之花。

这些神话还指明了塔穆兹的葬礼和复活仪式应该如何进行。每年仲夏以塔穆兹命名的月份都会举行祭奠他的节会，妇女会号啕大哭，哀悼这位神的死亡。塔穆兹的姐姐为他的死唱了哀歌，宣称过半年，待塔穆兹从地下世界回来之后将举行复活仪式。年轻的神祇会用净水洗沐，用香膏抹体，穿上红色的衣服。他应当吹起长笛，神妓应当引起他的欲望，为大地带来春天的新生。

对塔穆兹的崇拜仪式先是在两河流域，后又在腓尼基、迦南等地流传开来。英国学者弗雷泽说，大约在公元前7世纪，塔穆兹的神话被引入了希腊，在传播过程中希腊人误解了阿多恩这个称号，把它变成了塔穆兹的名字，并以希腊语的拼写称呼他，于是就产生了阿多尼斯这个红颜薄命的美少年。

据说，阿多尼斯是从一棵没药树里生出来的，他的母亲是一位叫作密耳拉（Myrrha）的塞浦路斯公主。密耳拉既是他的母亲，又是他的姐姐。因为阿芙洛蒂忒的诅咒，密耳拉与父亲辛尼拉斯（Cinyras）乱伦。辛尼拉斯发现女儿怀孕后，便持剑追杀密耳拉，阿芙洛蒂忒此时已经后悔对少女的诅咒，便把密耳拉变成了一棵没药树。

十个月后，树皮破裂，一个可爱的婴儿出世，后来长成了一名令人赞

阿芙洛蒂忒后悔对少女密耳拉的诅咒,但为时
已晚,便把密耳拉变成了一棵没药树。

据说妇女为祭祀阿多尼斯还会养护一种"阿多
尼斯园圃"。

叹的美少年。众神都来抢夺阿多尼斯，最后阿芙洛蒂忒和冥后珀耳塞福涅（Persephone）将他据为己有。爱与死亡两位女神的争斗惊动了神王宙斯，他出面调停这桩纠纷，判决阿多尼斯每年一半时间属于珀耳塞福涅，另一半时间属于阿芙洛蒂忒。

但阿多尼斯与阿芙洛蒂忒产生了恋情，嫉妒的珀耳塞福涅便将两人的恋情告诉阿芙洛蒂忒的首席情人阿瑞斯。妒火中烧的阿瑞斯放出一头野猪将打猎的阿多尼斯杀死，他流出的鲜血染红了山谷，不久地上长出了血红的秋牡丹。阿芙洛蒂忒急忙往受伤的爱人那里跑去，不慎踩到一丛白玫瑰，尖利的花刺扎伤了她的脚，她神圣的血把白玫瑰永久地染成了红色。后来在阿芙洛蒂忒的要求下，宙斯将阿多尼斯复活，从此阿多尼斯每年秋天都会在山谷中死去，但第二年春天，他又会复活，和阿芙洛蒂忒在一起。

因为爱与死亡两位女神的关系，阿多尼斯与他的前辈达木一样成为植物凋零和复苏的象征，他被认为是一位植物神。在西亚和希腊，每年仲夏都会举行祭奠他的节会，妇女会号啕大哭，哀悼这位神的死亡。为祭祀阿多尼斯，妇女还会在一种"阿多尼斯园圃"里面放上小麦、大麦、莴苣以及各种花，并照管八天。所谓的阿多尼斯园圃是指填满土的篮子或花盆。植物接受太阳的热能，生长很快，但它们没有根，也会很快枯萎。八天结束后就把植物及阿多尼斯偶像一起拿出去，扔到海里或溪流里。据说，这样做能够促进植物生长和丰产。

第三节

太阳神乌图 / 沙玛什

太阳神乌图是美索不达米亚神系中最重要的神之一,早在公元前 3500 年左右就受到崇拜,有关乌图的赞美诗、碑文、符号与画像也数量最多。乌图通常被描绘成留着长须的仁慈长者,脑后的光晕表明他的太阳神身份。起初人们认为他得步行跨越天空,随着骡马的驯化,他终于有了一架由骏马拉动的太阳车。有时乌图也会被描绘成日轮,外面有一层四角星,四个角之间有三条波浪线向外延伸,代表着太阳的光、热、温暖和力量。

每天清晨,太阳神乌图都会从他在遥远东方的一座瑰丽宫殿起身,等两位侍神为他打开天堂之门后,他便驾驭着熠熠生辉的太阳车穿越天穹,前往位于遥远西方的玛舒山下的地下世界入口。那些遥远西方的大门每晚同样由两位侍神打开,以便接纳依然灼热耀眼的太阳车。之后,乌图会乘船渡过一片可怕的海域——任何生物一触及海水就会死去——并在一个舒适的船舱里整夜熟睡,直到黎明时分回到东方宫殿。他的妻子黎明与丰产女神瑟里达(Sherida)会将他唤醒,随后他再次登上太阳车启程。

太阳的光芒能给大地带来光明和温暖,让草木和庄稼生长,还能照亮人类的心灵。当太阳照亮整个天空时,乌图监督着发生的一切,甚至是地下冥府发生的事，他因此成为真理、审判和公正之神，与他的两名子女——公正女神基图姆（Kittum）和秩序男神米沙鲁（Misharu）一起帮助那些身处困境的人。那些讲阿卡德语的巴比伦人称乌图为沙玛什，称瑟里达为阿雅（Aya），强调沙玛什能为人类带来法律与正义。著名的《汉穆拉比法典》石柱上就雕刻着汉穆拉比王站在沙玛什面前，接受象征王权的权标的浮雕。汉穆拉比是一位明智谨慎的国王，他很清楚以沙玛什的名义来展现君权神授、王权不可侵犯会让法典更有分量。他本也可以选择巴比伦的保护神马尔杜克，或众所周知的智慧之神埃阿，不过沙玛什显然是非常明智的选择，因为他的存在是如此明显，每天都会通过阳光显现。

乌图善良又慷慨，经常帮助那些向他祈祷的人类和鸟兽。基什（Kish）城国王埃塔纳（Etna）由于没有孩子，便天天向太阳神祈祷，祈求他能告诉自己哪里有能让人生育的药草。此时，有只鹰在和它的朋友蛇争夺一棵白杨树的时候，吞吃了蛇的孩子，因此遭到惩罚，坠入陷阱，身受重伤，也在请求太阳神施以援手。太阳神于是指示埃塔纳越过高山去寻找那只鹰，让鹰带他上天堂去询问生育女神。埃塔纳找到老鹰后悉心照料，帮它恢复了健康，心怀感激的鹰答应把埃塔纳带上天界。历经许多波折，埃塔纳终于达成心愿。

乌图有一个孪生妹妹女神伊南娜，他俩的关系十分亲密，伊南娜的丈夫杜牧兹就是乌图介绍给伊南娜的。当时伊南娜正值婚龄，求婚者众多，其中有两位男神最有竞争力。有一个由四人对唱的小诗剧描写了这个神话。

伊南娜已长成美丽的少女，乌图亲切地对妹妹说："天之女王啊，栽种的亚麻已经成熟，垄上的大麦已经飘香；妹妹啊，你也该考虑婚事了。喜悦正从最好的亚麻和大麦上飘过，让我把亚麻和大麦拿来给你，让我把牧人之王领来给你吧。"

伊南娜没有直接回应，她问哥哥，谁来为她收割亚麻，谁来为她梳理麻筋，谁来为她纺成线团，谁来为她织成布匹，谁来为布染上颜色呢？乌图也没有

《汉穆拉比法典》上的石雕刻画着汉穆拉比王站在沙玛什面前,接受象征王权的权标

《汉穆拉比法典》文字

直接回应，只是每次都说，他会为她领个人来。于是伊南娜直接问，染好的亚麻布剪裁做成床单后，又是谁来与她同床共枕呢？乌图便不隐瞒了，直接说他的推荐人选是牧神杜牧兹。

伊南娜不以为然，因为她更倾心于农神恩基木都（Enkimdu）。她抗议说她的心上人是持锄勤耕的农神恩基木都，她还列举了恩基木都令她爱慕的种种优点："他能把麦子捆得齐齐整整，他能在打麦场堆起麦山，他能在仓内积满金黄色的麦粒。"相比之下，"那个牧神只能把羊圈满羊栏。"

乌图眼见话风不对，急忙为他的好兄弟杜牧兹说好话，赞美杜牧兹的秀美风姿和充足资产，称他"能用灵巧的手吹奏美妙的牧笛，令大地生机盎然；能天天准备香甜的黄油和奶酪、美味的牛奶和烤肉；能让国王强大，让牧民富足"。乌图问道："妹子，我不明白，你为何讨厌他？"

伊南娜反驳道，她绝不会穿牧神粗糙的衣料，他上好的羊毛再多与她何干。"我只要嫁给农神，一起播种大麦和豆子。"

乌图无计可施，只得向杜牧兹转达了妹妹的拒绝之意。杜牧兹不服气，认为这是因为伊南娜对自己的优点了解不够。于是杜牧兹找到伊南娜，列举了自己的种种优势，说明自己比农神恩基木都更富有，因为他的奶酪黄油比农夫的面包麦饼好吃得多，他的牛奶酸奶也不比农夫的枣酒啤酒差，用上好羊毛做的毛毡更要比亚麻纺成的布柔软保暖；再说，他还很有生活情调，因为他很会吹牧笛，悠扬悦耳，草甸上的牛羊都爱听。

在乌图和杜牧兹的劝说下，加上看到杜牧兹本人确实也风姿俊秀，伊南娜改变了主意，答应嫁给牧神杜牧兹。后来，当杜牧兹和伊南娜关系破裂，杜牧兹被伊南娜交给伽拉恶魔，也就是冥府判官时，也是乌图帮助杜牧兹逃离了危险。乌图把杜牧兹变成了一条蛇，帮他逃到杜牧兹的姐姐那里，暂时逃脱了恶魔们的追杀。

伊南娜对哥哥乌图十分信任，乌图对妹妹却非有求必应。有一回，伊南娜把一棵生命之树胡卢普（Hulupu）的幼苗移植到受她保护的城市乌鲁克，打算等树长大成材后就用它制作宝座和躺椅——胡卢普可能是一种怪柳，有助于求雨。伊南娜每天晚上都会去给生命之树浇水，然而在生命之树快要成材的时候，她发现有条大蛇盘踞在树根中，一只鹫鸟在树枝上筑巢，更糟糕的是，树干中还住着一个叫莉莉图（Lilitu）的女妖。发现这些不请自来的家伙后，伊南娜心神不宁，却又不知如何一下子驱走这些可怕的怪物，忧虑令她一整夜都没合眼。

黎明时分，伊南娜的孪生兄长乌图从东方升起，开始穿越天空的旅程。伊南娜喊住他，告诉哥哥自己的烦恼，请哥哥帮自己消灭那些侵占生命之树的妖魔。乌图拒绝了妹妹的请求，一方面是因为他不能停止每日的跋涉，另一方面，他觉得也没那个必要。他对妹妹说，他不能为了这点小事而停留。

伊南娜只好求助于乌鲁克当时的国王吉尔伽美什。听说女神苦恼不安，吉尔伽美什急忙赶来觐见。他穿上沉重的盔甲，手抡坚实的巨斧，一斧就劈死了树下的大蛇。鹫鸟眼见势头不妙，连忙带着自己的一窝小鹫逃回山里。女妖莉莉图见自己没有助力，立刻决定好妖不吃眼前亏，一溜烟逃到荒漠去了。

吉尔伽美什驱走怪物后就砍下生命之树，把树干运到乌鲁克城市献给伊南娜，供她制造宝座和躺椅；伊南娜没有辜负吉尔伽美什的好意，她用生命之树创造了神圣的鼓和鼓槌，派人送给了吉尔伽美什作为答谢。

吉尔伽美什本想用鼓和鼓槌来做好事，但后来却将其误用在战争中，还无意中把它们掉落到地下世界。为了替他取回鼓和鼓槌，吉尔伽美什的友人恩基杜自愿潜入冥府去捡，却因为触犯了冥府的许多禁忌，有去无回。

吉尔伽美什等了很久还不见恩基杜回来，预感到事情不妙，于是赶到尼普尔，祈求住在尼普尔的神王恩利尔出手搭救恩基杜，但恩利尔拒绝相助。吉尔伽美什又赶到埃利都，向智慧水神恩基祈求帮助。恩基同情吉尔伽美什的遭遇，让太阳神从地上往下打了个洞，好让恩基杜的灵魂能像清风一样从洞口飘出。多亏太阳神揭开了生死之间的那层薄纱，才让这两个好朋友可以做最后一次交谈。

这个神话说明乌图／沙玛什有能到达冥府，触摸逝者灵魂的能力。就像他的父亲月神南那一样，乌图／沙玛什后来充当了生者和已离开人世的灵魂之间的桥梁。到晚一些的年代，灵魂审判概念兴起，人们还相信乌图／沙玛什会在黄昏时分进入地下世界审判灵魂，如果裁决对灵魂有利，那么灵魂就会永远过着幸福美满的生活。

第四节

月神南那 / 辛

每年春天，当河水变得适合航行时，都会有一艘平底船，满载着当年的第一批奶制品，从南方的乌尔城起航前往北方的尼普尔城，用乌尔城周围南方牧民的奶酪交换尼普尔周围北方农民的农货。

据说，第一位从乌尔城驱舟前往尼普尔的是古老的月神南那，他是乌尔城的保护神，也是最早为人崇拜的苏美尔神祇之一。早在公元前 3500 年左右文字初具雏形时，南那之名就已出现在楔形文字泥板上。后世说阿卡德语的巴比伦人和亚述人称他为辛。在美索不达米亚漫长的历史上，月神南那曾一度是众神之王、智慧之主、时间的守护者、未来的守护者（预言家）、秘密的持有者，也是人类的保护人。那时乌尔城很强大，乌尔的守护神南那也在众神中享有极高的威望。

确实，对于早期以狩猎和采集为生的人类来说，月亮比太阳更重要，因为它照亮漆黑的夜空，让黑夜不那么恐怖。月相周期基本固定，因此最初的历法是根据月相来计算的，每一个重要的仪式都与某一个特定月相对应；夏至和冬至、春分和秋分的日期虽然没法明确，但大致会落在与节气最近的新月或满月时分。后来，当人们定居下来开始农耕生活时，太阳和太阳历才变得重要起来。

因此，在美索不达米亚的大部分年代，月亮都被认为是太阳之父。有人说，风神恩利尔与女神宁莉尔结合，生下令夜空生辉的月神南那，南那又与女神宁伽尔（Ningal）结合，生下令白昼耀眼的太阳神乌图；不过后来也有人把南那和乌图说成都是天神安的儿子，或都是恩利尔的儿子。

南那通常被描绘成一位蓄有长须的长者，胡须上装点着天青石，端坐或骑在有翼公牛的背上，头上有一弯新月，他以这弯新月为舟在夜空航行。牛是南那的圣兽，因为牛角与新月天然相像，因此南那是牧群和乳制品的保护神，他的神庙也是当时的奶酪加工中心。有一首献给月神的颂诗《南那去尼普尔的旅程》赞美了月神驱舟向父神恩利尔进贡，使恩利尔保佑乌尔的人民获得丰收。这首诗内容大概是这样的：

> 南那决定去拜见他的父母恩利尔和宁莉尔，他差人到大地各处收集优质的木材以便建造一艘坚实的平底船。他的手下个个都带着珍贵的木材回来，令南那大为喜悦。他满载珍奇鸟兽、花果树木、美味佳肴出发了。

南那逆流而上，一路上在五个不同的城市停泊获得补给。每到一处，南那都会受到当地人的热情欢迎，每个城市的守护女神见到他丰富的货品都极力挽留，希望他能留下来，而他总是拒绝，说："不，我要到尼普尔去。"最后平底船在尼普尔的码头靠岸，南那对恩利尔神庙的看门人宣读了自己带来的一系列珍贵礼物的名单，让他去向父亲通报。守门人欣喜地为他打开大门，把他带到恩利尔跟前。恩利尔见到儿子也格外高兴，命人设酒摆宴，为南那接风洗尘。南那献上了牧民们准备的各式乳制品，请求恩利尔让河水涨满甘甜的水，让田地获得丰收，让人们酿出甘甜的蜜酒，让南那能永远享用

这个出土的浮雕残片显示了女神伊南娜、月神南那和太阳神乌图。

这些恩赐。恩利尔答应了南那的请求，南那满怀喜悦地带着祝福回到了乌尔城。由于恩利尔是众神之王，他掌管着预示众神和凡人命运的命运石板，他的旨意是不可撤销的。他慷慨地把象征丰产的礼物送给南那，再由南那传递给人类，为人类带来丰收的喜悦。

另一首苏美尔史诗《南那的牧群》赞美月神南那像"正午的太阳一样照亮夜空"。诗中他被赞为父神恩利尔的密友，恩利尔"日夜与他交谈"，商讨人类的命运。然后书记员的保护女神尼萨巴统计南那的牧群数量，并记在泥板上。南那在诗中被称为富饶之神，除了牛乳奶酪外，他还能保佑啤酒供给充足（一般来说宁卡西才是啤酒女神，不过这首诗为了突出南那的重要性，把酿啤酒归功于南那）。

大约在公元前2006年，乌尔第三王朝内有叛乱，外有强敌，加上天灾（暴雨和大火），风雨飘摇中乌尔城宣告覆灭。在现存最古老的哀歌《乌尔覆灭哀歌》中，乌尔的保护女神宁伽尔（南那的配偶）在城市毁灭之前做最后一次努力，试图拯救它，她向安和恩利尔屈膝跪下，伸出手流泪哀求："不要毁掉我的城镇，不要毁掉乌尔。"虽然她一遍又一遍地向主神哭诉，一遍又一遍历数以前的安宁和幸福，安和恩利尔却并未改变主意。

于是，前所未见、令人目眩的暴风呼啸着穿过天空，在大地上嘶吼，暴雨就像冲破堤坝、吞噬城市的洪流。神祇还招来火神吉比尔（Gibil），在暴风面前放起火来，令荒漠也发出灼热之光，就像正午的烈焰，令白昼辉耀的阳光黯然失色。这席卷乌尔的风暴令大地颤抖，万物陷入恐惧之中。

到处都是死亡。人们在呻吟，城镇成为废墟。尸体像瓦砾一样堆满荒郊野外，往昔人们穿行的宏伟大门下满是横卧的尸体，平日举行节日庆典的大路上陈尸成堆，曾经有许多舞者跳舞的广场上人们躺成一堆。污血横流，填满了大大小小的沟渠洼地，尸体融化了，就像太阳下的黄油。乌尔的弱者和强者都饥饿而死，离不了家的老翁、老妪命丧火中，母亲膝头的睡婴像鱼一样被大水冲走，被战斧结果了的人没有头盔，被标枪杀死的人手无寸铁。那些入侵者根本不把宁伽尔和南那的子民放在眼里，将那美好的家园看得分文不值。失却了城邦和家园的女神望着满地的遗迹和满眼的荒凉，眼里噙满泪水："暴风已然毁了我的城镇！我的家已变成了别人的家！"

南那也在向父亲恩利尔求助："生我的父啊！我的城市对你做了什么，你为什么离开它？装着初熟果实的新月之舟不能再为父神带来初熟的果实，不能再把麦饼和乳酪带进尼普尔。"恩利尔却回答：安和恩利尔的决定无法更改。乌尔确实被授予了王权——但并没有被授予长期的王位，它的王权已然结束。

随着乌尔城的灭亡，南那在神系中的地位也逐渐下降，后期有些神话甚至说他是后起之秀、新生代神王马尔杜克的儿子。在更古老的年代，人们相信，月食是恶魔正在试图偷走月光，南那不得不与恶魔争斗以恢复自然秩序；但随着月神地位下降，战胜月食恶魔，保护月亮的职责也转由马尔杜克承担了。

第五节

武士国王尼努尔塔

尼努尔塔是美索不达米亚神话谱系中非常重要的一位神祇，有关他的神话传说数量仅次于女神伊南娜。

起初他的神职繁多，掌管农业、灌溉、狩猎、律法、抄写和战争等，不过随着两河流域诸王朝的战事日繁，尼努尔塔作为战神的面貌逐渐被强化。崇尚武力的亚述人对尼努尔塔尤为推崇，亚述国王阿舒尔纳西尔帕二世还为这位战神建造了一座巨大的神庙，把他的崇拜中心从早期的苏美尔尼普尔城搬到了卡尔胡（Kalhu）（即现在的尼姆鲁德）。

尼努尔塔常被描绘为一位身负弓箭的英武勇士，有时还会长有一对翅膀，他站立在一头狮身蝎尾的猛兽背上，紧握着他的魔法武器狼牙棒，随时准备进攻。那柄狼牙棒名叫沙鲁尔（Sharur），字面上的意思是"粉碎千军万马"，它会说话，能自己活动，与众神交谈，还能侦察敌情，传递消息。有一回就是这柄狼牙棒传回消息，说高山上的巨石和草木起来攻打平原了。

这个故事被记录在一首名叫《卢伽尔－埃》（Lugal-e）的史诗中，那是一部称颂尼努尔塔如何与东部群山里的怪兽交战，并打败怪兽背后巨石家族的武功歌。

打败石怪阿扎格

这部史诗的开头是这样的：尼努尔塔正在尼普尔城的埃库尔神庙里与众神欢宴畅饮，他忠实的狼牙棒沙鲁尔突然报来一个坏消息："高山上的石头和植物推选一个叫阿扎格的可怕武士做头领，起来造平原的反了。"这个阿扎格据说是由天父安和地母基所生，生来就坚硬无比，一般的刀枪矛斧对它毫无作用。他为了让子孙遍布整个美索不达米亚平原，便不断地与群山交媾，繁衍出形形色色的石头。现在这些石头在阿扎格的鼓动下开始不断地滚下山来，压垮了平原上的城市。沙鲁尔还提醒尼努尔塔，这次的对手可不像他从前的那些敌人那么好对付："阿扎格已经控制了埃兰群山东北部一带的城市，还扬言要夺取尼努尔塔的权力和王位！"

这一消息破坏了欢宴的气氛，众神大惊失色，顿时觉得连杯子里的酒都不香了。尼努尔塔整装出发前去迎战，由暴风和火焰在前开路，一路铲平山丘，烧毁山林，射死天上的鸟，煮沸河里的鱼，把叛军的先头部队像虫子一样碾死了。

去前方侦察的狼牙棒沙鲁尔这时回报，尼努尔塔的大军即将遭遇阿扎格，忠诚又聪明的狼牙棒还警告他说，尽管尼努尔塔曾经打败过许多怪物，但阿扎格和以往任何一个敌人都不同，"不要贸然带着你的勇士冲进群山，没有同伴，这次你将无法与阿扎格为敌！"

但尼努尔塔没有听狼牙棒的告诫，轻率地带着大军冲入群山。在接下来的战斗中，阿扎格果然展现了前所未有的破坏力，"他像疯狗一样猖狺咆哮，他像毒蛇一样嘶嘶作响，他的头像巨蟒一样在地上滑动，他把巨石如暴雨般倾泻，他像倒塌的城墙一样砸到尼努尔塔身上；他让山涧的溪水干涸，他把林中的大树拔起，他撕裂了地母的血肉，挖出了深深的地沟；他点燃了芦苇丛，把天空染成血色。就在那一天，就在那一刻，田野上到处都是草木的灰烬，覆盖了整个地平线！"面对如此强大的敌人，尼努尔塔退却了，"他溜得比鸟飞得还快"。

看到骄傲的儿子大败，带兵溃逃，恩利尔呻吟着，躲在神庙的角落里，阿努纳启诸神蜷缩在壁角处瑟瑟发抖，畏惧地叹息，就像一群受惊的鸽子紧贴在一起咕咕叫。就在安、恩利尔和许多神祇惊慌失措的时候，沙鲁尔飞向智慧水神恩基那里求教（也有版本说是向恩利尔求教），恩基建议尼努尔塔不断地用暴雨袭击阿扎格，然后抓住他的肩膀，把长矛插到他的肝里。

得到这一消息，尼努尔塔精神大振，驱使沙鲁尔暴风骤雨般连续击打阿扎格，像延绵的巨浪一样把阿扎格拍扁。然后尼努尔塔把长矛插入阿扎格的肝脏，还狡狯地向下破坏了他的繁殖能力，这样以后他就再也不能为害乡里了。做完这一切，尼努尔塔把腰带和狼牙棒浸在水里，洗去衣服上的血迹，擦了擦额头，在阿扎格的尸体上唱起了胜利的赞歌，光荣地返回了苏美尔。

随后，尼努尔塔开始改造各类山石供人类使用。泥板上说："从前山里的好水并不会流向平原，而是毫无控制地四处乱淌，田野经常被毁坏，人们经常陷入饥荒。"当时的人们还不会修筑沟渠引导底格里斯河的河水，尼努尔塔决定用被他征服的石头来改变这种情况。他组织人们用石块修筑成石坝，堵住汹涌的洪流，砌起水渠，把群山中四散的湖泊之水引向平原，用来灌溉田地里的大麦和果园里的蔬果。

这项伟大的水利工程旷日持久，使尼努尔塔久久不得回家看望母亲宁玛赫，他的母亲很想他，为无法逾越的群山而哀叹，还说儿子忙于公事，都没空回家看自己一眼，还要自己去找他。听说了母亲的哀叹，尼努尔塔用敬爱的目光遥望着她说，他要把被征服的群山献给母亲："从今往后，我要让草甸为你提供药草，让山坡为你产出蜂蜜美酒，让山林长满雪松、丝柏、杜松和菖蒲；让山丘为你带来甜美的果实、神圣的香水、丰产的牛羊；让山岩为你熔炼铜锡、筛拣金银，向你进贡。"尼努尔塔还请母亲把名字改为宁胡尔萨格，意为"群山女王"。

接着尼努尔塔开始第二步工作，他分析了每一种石头，逐一安排了它们的用途，对于那些参与山石叛乱，与尼努尔塔为敌的石头，他给它们降下严厉的惩罚。比如：对于在深山里与他为敌、拦阻他前进道路的金刚砂，尼努尔塔让它成为碾压的工具，用来破碎其他石头；花岗岩和玄武岩曾构成反对尼努尔塔的防御工事，尼努尔塔让它们被做成金匠的模子；孔雀石曾攻击尼努尔塔的刀剑，被判处遭受烈火焚烧；石灰岩曾密谋夺取尼努尔塔的王位，尼努尔塔就指定它成为泥地上的地基，而且命中注定在水里会很快溶解；对于奸诈的燧石，尼努尔塔惩罚它只要被野牛的角碰到就会破碎，还要忍受铁匠的凿子，会被撕成块状。还有许多石头都受到各种处罚。

对于那些在战斗中转而支持尼努尔塔，或是没有攻击他的石头，尼努尔塔则给予相应的奖励。比如：对倒向自己一方的雪花石膏，他奖励它可以成为印章；对支持自己的辉绿岩，尼努尔塔奖励它成为自己神庙中的巨型雕像；对没有冒犯自己的天青石和其他珍贵的石头，他也给予了相应的奖励，让它们成为受欢迎的宝石。就这样，通过尼努尔塔的帮助，人类了解了各种石头的用途，还将它们从深山中运到美索不达米亚各城市，在日常生活中发挥作用。

尼努尔塔与龟

尼努尔塔在众神中的超高人气和威望不仅来自与阿扎格的战斗，还在于他曾去深山寻找并战胜了可怕的鸟怪安祖（Anzud），夺回了众神命运所系的命运石板，神力和权威因此提升。这个神话出自用苏美尔语写就的长篇故事，但只有一些零星的片段流传下来。里面的主要角色除了安祖鸟、尼努尔塔和智慧水神恩基外，还有一只巨大的龟。

对苏美尔的众神来说，命运石板与他们的权力和命运息息相关，拥有命运石板就意味着拥有极大的权力，同时也要承担起重大的责任。命运石板通常由高级男神恩利尔掌管，不过也有一种说法是交给了水神恩基，由他保管在埃利都的水神庙里。命运石板本身并不具备自卫能力，这就给了鸟怪安祖以可乘之机。安祖鸟可不是普通的鸟，他头似雄狮，身躯庞大，一叫起来能令地动山摇，能吓得公牛躲进小山，公马逃进大山，是一种威力无比的怪兽。这一回，他趁恩基不备，偷走了命运石板。记载这个神话的泥板缺失了很大一段，我们无从得知恩基为了夺回命运石板做出过哪些努力，我们只知道后来尼努尔塔出场，击中了安祖鸟。

然而，安祖鸟告诉尼努尔塔，当他击中自己时，命运石板的神力就重返恩基居住的深渊阿普苏了。尼努尔塔悲叹神力及其所代表的权力的丧失，他也为自己不能像恩基一样树立威望而悲叹。安祖鸟趁机唆使尼努尔塔去阿普苏找恩基夺权。

恩基盛赞尼努尔塔从安祖鸟那里夺回石板的功绩，并谈到尼努尔塔将会在众神集会上获得权力和席位。听闻此言，尼努尔塔的脸上一阵青一阵白，因为他并不满足于恩基的赞美，也不满足于只是在众神集会上获得较好的席位，他想由自己来掌管命运石板，于是密谋反叛恩基。

然而，老谋深算的水神早已猜到尼努尔塔的心思，他命令阿普苏掀起滔天巨浪以示警告，还让自己的使臣伊西穆（Isimud）去见尼努尔塔。但尼努尔塔气焰嚣张，在与伊西穆一言不合后竟伸手打了他一记耳光。这大大超出了恩基的容忍度，盛怒的水神用阿普苏的软泥捏了一只大龟，赋予龟生命，还命令龟用前肢刨出一个深坑。接着，在尼努尔塔咄咄逼人地向恩基进攻时，恩基佯装不敌，逐渐向这个陷阱退去，快到泥坑边缘时，这只大龟突然从恩基身后跳出，一把抓住尼努尔塔，恩基顺势把尼努尔塔推下了陷阱。

尼努尔塔在深坑里挣扎了很久，怎么也爬不出来。这期间恩基就站在坑边，看着下面被大龟不断攻击的尼努尔塔讥笑不已："你这个飞扬跋扈、野心勃勃的家伙，竟然还打算杀我？你是征服过高山，征服过岩石，可是你现在连一只大龟挖出的坑都爬不出来，你还算什么英雄？"尼努尔塔的母亲听到儿子的呼喊赶来相救，看到恩基正在折磨自己的儿子，她怒斥恩基忘恩负义，并提醒他，在他过去吃下八棵植物生了大病的时候，是她救了他的命。"你这个吃草的东西，过去是我救了你，现在你也要救我的儿子！"恩基这才出手相救，把倒霉的尼努尔塔从大坑里捞了出来。

打败鸟怪安祖

在后世的阿卡德语版本中，这个神话有了进一步的发展，故事情节也有了许多变化，强化了安祖鸟的战斗力，突出了众神对他的恐惧，好让尼努尔塔打败安祖鸟的功绩显得更加伟大。流传至今的完整版本主要是两种巴比伦版本，因此下面出场的神祇使用的是他们在巴比伦神话中的名字。

风神恩利尔和水神埃阿（相当于苏美尔的恩基）在一次外出旅行时遇到了幼年时期的鸟怪安祖。埃阿说，安祖鸟出生在阿普苏神圣纯洁的圣水、广袤大地的土壤和巍巍群山的岩石中，长大之后会很有力量。他建议恩利尔收安祖鸟为仆从，将其养在恩利尔在尼普尔的神庙埃库尔内做守卫。

安祖鸟在神庙内殿里逐渐长成了一只身形庞大的鹫鸟。每天他都会看到恩利尔在净水里沐浴，随后穿上神圣长袍，戴上王冠，拿起象征神权的命运石板，走上王座处理天界人间的种种事务。他经常凝视着命运石板，随后又凝视着恩利尔耀眼的长袍王冠，羡慕和嫉妒在他心里暗暗滋长。

终于有一天，趁着恩利尔摘掉王冠，脱下长袍，把命运石板放在王座上，去清净水中沐浴时，安祖一把抓过命运石板，逃往遥远故乡的深山中。神庙埃库尔立刻陷入一片死寂，神庙不再光彩熠熠，众神的祭祀之事无法举行，

这个出土的浮雕残片描绘了尼努尔塔用弓箭杀死鸟怪安祖。

恩利尔也"静止如水"。

众神被召集到神庙埃库尔，天神安努（相当于苏美尔神话中的安）主持了会议，要求众神推举最勇敢、最有能力的那位出马把安祖除掉，夺回命运石板。安努还承诺："谁能杀死安祖，谁的名字就能传唱千年，流芳百世！"

第一个被众神推举出来的是风暴之神阿达德（Adad）。安努对阿达德说："阿达德啊，你力拔千钧，你所向披靡，用你那闪耀的雷霆武器把安祖鸟干掉吧！只要你能战胜他，你将成为我们之中最优秀、最伟大的。你能让我们的圣所得以存在，得以建立，让奉献给你的城镇向四方拓展，领土遍及大地！"但阿达德却为难地回答道："父神，那安祖鸟的老家，可是陡峭到谁也无法走近，连插足都难的高山！那安祖鸟可是夺得命运石板在手，任何敢反抗他的人，怕是都会被他变成黏土一样的东西！"

听了这话，众神吓得不寒而栗。安努呵斥阿达德道："像你这种人，还是别去啦！"接着诸神又推选安努的爱女伊什塔尔，安努对女儿说："强大的伊什塔尔啊，你力大超群，你攻无不克！这件事，就只有交给你才行！"安努也许诺给伊什塔尔种种名誉与实际的好处，但伊什塔尔也像她的兄弟阿达德一样推辞了。随后众神又找了伊什塔尔的长子舍拉，但舍拉也因同样的原因坚决拒绝了。

众神静默了，恐惧令他们个个面色惨白。他们怀着沉重的心情又商量了一会儿，决定把居住在深渊阿普苏里的智慧水神埃阿请来，听取他的意见。埃阿从深渊升起，来到诸神的集会上，向大伙儿保证道："让我来确定安祖的末日！放心，我定能找出一位消灭安祖的人！"

听了这话，天神们个个如释重负，眉开眼笑，差点要跪下来吻埃阿的脚。埃阿琢磨着该如何说服众神之母宁玛赫，让宁玛赫答应让她的儿子尼努尔塔出战。思忖片刻，他向宁玛赫大力夸奖她的儿子道："你心爱的儿子强大无比，有目共睹，唯有他能用七种恶风作武器，唯有他能克敌制胜！神母宁玛赫啊，请让你魁梧矫健的尼努尔塔出征吧！"

宁玛赫同意了，她说服爱子去夺回命运石板，并给了他这次行动的详细指示，还命令他一得到命运石板就马上返程交还恩利尔，最后宁玛赫还鼓励他："为了我，为了我所生的诸神，你定要使用七种恶风将安祖鸟抓住，斩断他的咽喉，将命运石板取回。无数的城市都将为你献上祭品，你的名字将会在诸神中传诵。"

尼努尔塔不需要更多的鼓励了，他径直朝安祖鸟所在的山峰进发，不等进入山腹就远远望见了他的敌手，因为大权在握的安祖鸟脸上放出了光，使阴暗的群山亮如白昼。安祖鸟轻蔑地表示，他夺得了众神的一切，连大名鼎鼎的神都不是自己的对手，黄口小儿尼努尔塔应该想想清楚他来这儿能干吗。两位神祇展开了激烈的交战，诸神也都在帮忙，尤其是风暴神阿达德使雷声隆隆，让安祖感到心惊胆战。尼努尔塔趁机挽起弓箭对准安祖连射数箭，但安祖手中有命运石板，他念着咒语将箭矢击得粉碎。尼努尔塔在第一回合大败，十分狼狈。

得知消息，埃阿赶紧让信使给尼努尔塔捎话，让他用强风专吹安祖鸟的翅膀，再用长矛砍掉安祖鸟的翅膀，"让安祖的羽毛如蝴蝶般飘摇落下，让他的翅膀被风吹得七零八落。抓住他的脖子，砍掉他的脑袋！"尼努尔塔精神大振，反复默念母亲宁玛赫的指示，遵照埃阿的建议将七种恶风加了缰绳，拴在战车上冲向安祖。顿时只见天昏地暗，大地震动，狂暴的烈风聚成一股击中了安祖，把它吹得像掉毛秃鹫，它巨大的双翼也被风掀掉，吹得不知所终了。尼努尔塔毁灭了安祖的老巢，取回了命运石板，带着安祖的羽毛凯旋。农神达甘（Dagan）向诸神汇报了这个好消息，并详细叙述了尼努尔塔的功绩。之后尼努尔塔被召见，恩利尔根据之前的承诺，授予尼努尔塔在众神大会上应有的席位和权力。

这个神话的另一个版本说，恩利尔派遣信使比尔杜（Birdu）去召见尼努

尼努尔塔最后还是把命运石板还给了恩利尔，获得了
尊贵的地位和良好的声誉。

尔塔来众神会议，但尼努尔塔拒绝把命运石板还给恩利尔，因为他想要自己拥有至高的权力。不过后来不知怎么的（这部分泥板缺失了），尼努尔塔还是把命运石板还给了恩利尔，为自己赢得了尊贵的地位和良好的声誉，从此他成为一名受人欢迎的男神。

第六节

医疗女神谷菈

谷菈（Gula）是古代美索不达米亚神系中的医药之神，是医生、治疗和制药技术的保护神，也常与阴间和转生联系在一起。在一些留存至今的古代泥板和碑文中，她常被描绘为一名坐着的女性，头顶绘有星辰，身边总是带着一只狗，狗既是她的起源，也是她的圣兽。

谷菈源自苏美尔神系，根据目前出土的考古资料，对她的崇拜最远可以追溯到大约公元前2047年至公元前1750年乌尔第三王朝，这一时期正是苏美尔文明趋于极盛的时期。谷菈最早被称为芭乌（Bau）或芭芭（Baba），是狗女神。后来可能是人们注意到狗舔舐自己的伤口后伤口愈合更快，便把狗和治愈联系在了一起，狗女神芭乌也成了治疗和医药女神。

谷菈的意思是"伟大的"，通常被理解为"伟大的治疗术"。她在苏美尔被称为"黑发人，也就是苏美尔人的伟大医生"，一位为人们带来健康和幸福的大女神。谷菈有时也被称作宁卡拉克（Ninkarrak），意为"卡拉克城的女士"，卡拉克或许是狗女神芭乌的早期崇拜中心；有时还被称作"护墙女士"，意指她像屏障一样保护人们的身体健康；后来对芭乌的崇拜传到了以苏美尔月神命名的城市以辛，她又被称为宁以辛亚（意为"以辛城女士"）。她还有许多不同的称呼，可能是对她的信仰在传播过程中与其他城市的疗愈女神同化所致。到了古巴比伦后期（前2000—前1600），她的名字最后固定为谷菈，这是她今天广为人知的神名。她的主要崇拜中心在以辛，不过对她的崇拜从南部的苏美尔蔓延到阿卡德，最终蔓延到整个美索不达米亚地区。

在巴比伦神话中，谷菈被视为神王安努的女儿，是安努在创世之初创造出来的几个孩子之一，她的丈夫/配偶有不同的说法，比如作为治疗神时的尼努尔塔，神圣判官帕比尔萨（Pabilsag），或是农业神阿布（Abu）。她的配偶中至少有两位与农业有关，可能象征着药用植物的应用。

谷菈有两个儿子和一个女儿，分别叫作达穆（Damu）、尼那祖（Ninazu）和古努拉（Gunurra），都是治疗之神。达穆是苏美尔人主要的康复男神（也有人说是女神）："达穆可以治疗撕裂的韧带。"他以魔法和"科学"结合的方法来治疗疾病，在治疗咒语中，他常和谷菈一起出现：谷菈是至高无上的治疗之神，她的神力以达穆为中介传导给医生。古努拉可能代表药草或是健康女神。尼那祖则和蛇、冥府、康复有关，他的符号是一根与蛇缠绕在一起的权杖。这个符号也被埃及人用来代表他们的魔法和医药之神赫卡（Heka），后来又影响了希腊魔法、治疗和书写之神赫耳墨斯手持的双蛇杖（不过双蛇杖也与埃及神透特有关），可能还影响了阿斯克勒庇俄斯的单蛇杖。今天，作为医学之父希波克拉底（Hippocrates）的象征，蛇杖在世界各地的医疗机构中随处可见。

无论疾病是由神、鬼还是恶灵引起的，谷菈通常都可以使病人恢复健康。作为医药女神，谷菈也经常被请求帮助受孕，常出现在祈求生育的碑文中。然而谷菈并不总是那么善良和热心，她的脾气很暴躁。女神在诅咒中被召唤的次数几乎和她在治疗中被召唤的次数一样多。人们认为她被激怒时会带来地震和风暴，她的绰号包括"暴风雨女王"和"让天堂颤抖的女士"。或许是因为，在古代两河流域，疾病被认为是来自诸神的惩罚或对个人的警诫。

谷拉常被描绘为一名坐着的女性,身边总是带着一只狗。

当初众神创造了人类代替他们劳役，因此众神照顾人类，为人类提供福祉。然而，由于人类有犯罪的倾向，因此众神有时需要以疾病或痛苦的形式加以提醒，把人类引领回正确的道路上。一个神打算让病人恢复健康，但另一个神可能因此被冒犯，不管病人献什么祭品他都拒绝接受。

更复杂的情况是，生病可能还有其他超自然的原因，诸如冒犯了妖魔或愤怒的鬼魂，特别是冒犯了那些非自然死亡或没有被妥善安葬的人的鬼魂，例如溺水者或阵亡者。如果未向死去的亲人献祭，死去的亲人也可能给生者带来麻烦。更糟糕的是，一个无辜的人也有可能生病，虽然他们只是被殃及的池鱼。即使医生正确地施行每一个咒语，使用适当的药物，但病人还是会死。

不难想象，对当时的人们来说，获得医药女神谷菈的庇佑多么重要。她的疗愈能力受到了极大的尊重，就像她的脾气受到了极大的敬畏一样。她被称作"大地的疗愈者""能让破碎变得完整"和"恢复生命的女士"。谷菈给大洪水后众神创造的生灵注入了生机，使它们有了生命。她为人们带来治疗的手段，庇佑着拥有大量令人印象深刻的医学知识的医生，指导他们照顾病人、安抚神灵和亡灵。

为了表示对谷菈的崇敬，国王们会为她竖起纪念石碑，一块由尼布甲尼撒一世（前1125—前1104）竖起的石碑上铭刻着："如果有人要污损或移走它，愿天地之王尼努尔塔和舍拉的新娘谷菈摧毁他的地标，抹去他的后裔。"到了汉穆拉比统治期间，大部分的女神失去了威望，男神主宰了神系，但谷菈继续以同样的方式受到崇拜，受到同样的尊重。她被称为"药草种植者"，这将她与农业联系在一起，人们崇拜她，希望有一个好收成，有生育力，以及身体健康。

对谷菈的崇拜一直持续到基督教兴起初期，她在近东地区和伊希斯、雅典娜等许多更为人熟知的女神一样受欢迎。后来，随着基督教流传得越来越广，谷菈崇拜逐渐衰落，到公元1000年末，她已经被人们彻底遗忘。

「扩展阅读」

实用主义的美索不达米亚神庙

与人们通常想象的烟雾缭绕、整日祈祷的神庙景象不同,古代两河流域的神庙非常实用,人们频繁来到这里,不仅是为了拜神,还因为日常生活的许多方面都受到某位神祇的庇护,而神庙是相关活动的中心。美索不达米亚的神庙在很大程度上类似于现代社会的某些部门或机构,许多与人类衣食住行有关的活动,比如生老病死、食品加工、经商贷款、休闲娱乐、学习进修等都在神庙里进行。已出土的考古资料表明,至少有以下神祇的神庙在人们的城市生活中发挥着重要的作用。

○医疗中心——医疗女神谷菈神庙

医疗女神谷菈的神庙常有医疗中心的功能,女神的祭司会用药草、药膏和咒语治疗病人。考古学家们甚至还发现了类似柳叶刀之类的器械,说明可能曾有祭司或医师进行过简单的外科手术。人们常在她的神庙献祭、祈祷和献上供品,在那里她的圣兽狗可以自由地游荡,作为她神圣的伙伴得到了很好的照顾。许多赞美谷菈的颂诗都称她为"赋予生命的人"或"大治疗师",强调她富有同情心,"乐于回应病痛者的哭喊",其中或许有一部分是女神毛茸茸小伙伴的功劳。

谷菈神庙也提供狗形护身符,亚述王城尼尼微等地出土过这种陶狗。

谷菈神庙举行的仪式和其他神祇的仪式有一个显著的区别,那就是狗会以某种方式参加仪式。考古学家们发现有 30 多条狗被埋在通往以辛城谷菈神庙的大道下。这些狗可能在祭祀仪式中被献祭给女神,好把病人的疾病转移到它们身上;也有可能它们只是神庙的护卫狗，被作为护卫灵光荣地葬在神庙的入口处。

除了真狗外，谷菈神庙也提供狗形护身符，最著名的一种护身符是20世纪50年代在尼姆鲁德市发现的尼姆鲁德（Nimrud）犬泥陶浮雕。这种陶狗身上通常会被刻上谷菈的名字，埋在谷菈神庙门口和门槛下，用以保护献祭人免受伤害。除了尼姆鲁德，亚述王城尼尼微等地也出土过这种陶狗。神庙的出土碑文说，埋葬的这种陶狗就像埋葬的真狗一样，会成为强大的护身符，用以保护家庭免受邪恶侵害。

○ 借贷处与审判庭——太阳神沙玛什神庙

古巴比伦王时代民间借贷十分兴盛，活跃的商业活动刺激了资金流通，一年之末青黄不接时需要借钱应急的人也可以纾解一时之困。不少神庙都可以放贷，但在这方面，沙玛什神庙比其他神庙更显重要，这可能是因为沙玛什象征着太阳、公正和立法，故从他的神庙借钱对双方而言都很放心：对借贷者来说，沙玛什神庙提供一定的"慈善贷款"，即允许平民从神庙借少量钱或粮食，让他能撑到下一次丰收，并允许他在财务状况好转后再偿还；对神庙来说，管理者一般不担心平民不还钱，因为向神庙借款相当于与沙玛什订立契约，一般人担心会受到神罚，不会赖账。即使面对有些胆大妄为、不把神罚放在眼里的家伙，神庙也有对策：沙玛什神庙兼有审判庭功能，可对赖账行为做出裁决，神庙的附属建筑监狱还能把赖账的人关押起来。

众神借给凡人的钱，即神庙的贷款资金大致来说有两个来源：一是神庙的贵金属，比如属于神祇的金银珠宝，可能会被熔化或拆解借出；二是人们去神庙祭拜时捐的钱。神庙大祭司的主要工作之一，就是对这些资金进行严格的精算，确保神庙收支平衡。

神庙会不会借钱给商业机构，通过利息来增加收入，这点还不太好说。不过从出土的黏土板来看，巴比伦的神庙借钱给商业活动的投资案例要比给平民发放救助贷款的案例少得多，看起来巴比伦神庙的宗教性质决定了借款的主要目的是帮助不幸的人。亚述神庙倒是投资商业活动，借钱给帝国商人进行近东贸易。

沙玛什神庙的另一项功能是审判。沙玛什神庙与古代美索不达米亚的司法体系关系密切，尤其是在西帕尔城，考古学家们在那里的沙玛什神庙遗址中出土了一份王家法令的副本，它主要用以指导当时的判官做出公正的裁决。

用"审判"或者"法庭"来形容沙玛什神庙的这一功能或许并不合适，不过无论在苏美尔语还是阿卡德语中都没有对应的词，而且这一功能也并非神庙的永久功能。一般来说，只有在当事双方对产生的纠纷无法达成和解时，他们才会在沙玛什神庙里设一个审判庭，判官们会轮流审问当事双方，要求他们提供书面证词或证据，如果不能，则要对沙玛什发誓自己所说的都是真话。神庙在神誓这一点上扮演的角色十分重要。

一块出土的黏土板记载了一桩当时的离婚案，事情发生在西帕尔城的拉尔萨人的聚集地。一名拉尔萨妇女因为父亲的债务问题进了监狱，出狱后发现丈夫已经另娶，于是她要求离婚并索回嫁妆。但这名妇女无法以书面形式证明她嫁妆的数额，参加过她婚礼的亲戚也没有确切的记忆。她的丈夫则坚持说，她当初带来的嫁妆很少，并且为了她被抓的那起案子，他还倒贴了好几块银子。

双方僵持不下，事情闹到了沙玛什神庙。判官们有些为难，因为婚礼是在拉尔萨城举办的，纠纷却发生在西帕尔城，所以丈夫拒绝按照西帕尔的规则行事。最后判官们提出了一个折中方案：妻子得到了一个奴隶和十舍客勒的钱，并有权按照自己的意愿再婚。

○ 监狱——冥府女神农伽尔神庙

在西帕尔的沙玛什神庙遗迹中，考古学家发现了一个副殿被用作献给女神农伽尔（Nungal）的神庙，它的功能有点类似现代的监狱，用来关押审判后的犯人。农伽尔是冥府女王艾莉什基伽勒的女儿，她的父亲或先祖是天神安。"农伽尔"一词的意思大致是"牢狱女王"，也有人说是"大公主"。她的神庙被称作地网庙，也就是监狱庙的意思，这一点从苏美尔人献给农伽尔的颂诗中可以看出端倪。颂诗第一节把监狱庙描绘成一个无法逃脱的黑暗之地：

> 这殿堂，充满天上地下的风暴，朝着恶人猛冲而去，
> 这监牢，承载天上地下的威力，众神把它用作监牢，
> 光线如黄昏般阴暗，人人心中充满恐惧，
> 犹如海浪巍然耸起，谁知汹涌波浪拍向何处？
> 这陷阱能震慑邪恶，让恶徒战栗着自投罗网，

这细网，织得如此巧妙，把罪人如蝗虫般灭亡，

这神庙，既不辜负义人，也不曾放过任何恶徒。

它有着崇高的名字，没人能冲破它的樊篱。

颂诗第二节大力赞美农伽尔，称她为强大的女神，居住在巨大崇高的祭坛上，她的光环能覆盖天地；她在神庙中坐定，就能监管整个国家，因为她时刻保持警惕；她在议事会中服从王的指示，压制王的仇敌，诸如此类。

这样看来，不难理解为何农伽尔神庙会和沙玛什神庙修建在一起：犯人会先由沙玛什神庙的审判庭宣判罪名和应受的惩罚，然后被审判庭的衙役（被称作"伽拉"）带到旁边的农伽尔神庙关押，从此囚犯们只能"带着愤怒的心，却在泪水中度日"。囚犯们还会被勒令诵读献给女神的哀歌，倒不是为了消遣，而是为了改变他们的心，让他们皈依和重生。

○ 钱币标准局——公正女神基图姆

贵金属的重量标准不论古今都十分重要，古代美索不达米亚也是如此，贵金属称重需用专门的标准砝码和秤，由专门的人员，在专门的女神监督下进行。女神基图姆在古巴比伦神系中的地位并不高，她的神庙在日常生活中却有很重要的地位。她是太阳神的女儿，苏美尔人称她为尼吉娜（Nigina）。她是公正女神，也是掌管度量衡的女神，在古巴比伦王国时期，基图姆的神庙被称作埃伊娜（E'ina），意思大致是"称重中心"，也可能是一种称重仪式的名字。

基图姆神庙的员工不多，目前唯一一个已知姓名的员工叫辛-乌瑟利（Sin-useli），他是乌尔城埃伊娜神庙的称重员，他的印章显示他是"国王萨姆苏-伊卢纳（Samasu-iluna）的仆人"，而非"基图姆女神的仆人"，这或许是因为他是在国王控制之下履行职能的。实际上，国王作为神圣正义保护者必须使用贵金属和钱币的标准度量衡。基图姆女神神庙不仅是保存标准度量衡的地方，也是附属于这座神庙的称重员工作的地方，他们会给碎银碎金称重，然后将之装进袋子密封，在袋子上写下这袋贵金属的重量。宫廷支出必然需要使用这些贵金属付费。

○学校/图书馆/档案馆——书写女神尼萨巴/纳布神庙

文字是古代美索不达米亚最主要的发明之一。最初书写文字的保护神是书写女神尼萨巴,她在美索不达米亚神系中是一位独特的神祇:起初是谷物女神,后来逐渐成为掌管书写、计算、建筑和天文等学问的女神,这可能是因为书写脱胎于记录产量的技术(神话中则说,是尼萨巴女神向人类提供了在黏土板上写字的芦苇)。

作为书记员的保护女神,尼萨巴的神庙中有一些用来储存文档和教授书写的附属建筑,功能类似于现代的档案馆和学校。许多苏美尔书写学校的教学作业里有献给尼萨巴女神的颂诗,在某些学校抄写练习作业的末尾,人们还能看到"我是尼萨巴"的字样,意思是"我终于写完了,不是因为我有多厉害,而是多亏女神尼萨巴帮助才能做到"。这是美索不达米亚人的一个重要观念,即颂诗在创世之初就是由神创造和传播的,非人类所能造就。据说最早是风神恩利尔吟诵了这些赞美诗,女神尼萨巴集合了这些词,抄写在她手中的黏土板上,正如用绳子把美丽的宝石串在一起。

到了古巴比伦王国时期,尼萨巴的地位和神职逐渐被一名晚近出现的男神取代,那就是纳布(Nabu),新任主神马尔杜克的儿子。纳布问世的时间可明确追溯到汉穆拉比统治的第16个年头,即公元前1777年。在接下来的一段时间里,尼萨巴曾和纳布同时在颂诗里出现,但很快纳布就取代尼萨巴成为书记员的守护神,这一点在印章中表现得尤为明显。在古巴比伦王国早期,许多书记员在印章里都自称是尼萨巴的仆人,但在国王萨姆苏-伊卢纳统治期之后,大多数书记员就自称是纳布的仆人了。此后,纳布神庙取代了尼萨巴神庙成为书记员学校,书记员的学徒们也开始把习作献给纳布,就像他们的前辈把它献给尼萨巴一样。

最初书写文字的保护神是书写女神尼萨巴,她在美索不达米亚神系中是一位独特的神祇:起初是谷物女神,后来逐渐成为掌管书写、计算、建筑和天文等学问的女神,这可能是因为书写是从记录产量的技术中形成的。神话则说是因为女神向人类提供了在黏土板上写字的芦苇。

随着文字的演化，抄写工作逐渐从最初的测量、计算和赞美诗扩展到各种各样的作品，纳布神庙也不再仅限于充当学校和档案馆。考古学家们在尼尼微、豪尔萨巴德（Khorsabad）、卡尔胡的纳布神庙中发掘出一些图书馆。当然，这些图书馆并不像今天的图书馆那样对公众开放，而是王家私人收藏，不过里面的藏书数量和种类还是令人欣喜的：占卜书占比最高，主要是天象占星术或畸胎占卜术，还有魔法和医学文本，各种献给神祇的祈祷、颂诗和祭祀仪式记录，神名表和他们的圣所，甚至还有一些技术类的文本，如各种香水的制作配方、各类谷物和药草的种植方法，有时还会有一些文学作品。

○ 啤酒作坊——啤酒女神宁卡西神庙

啤酒在古代美索不达米亚非常受欢迎，一方面是因为它美味，另一方面也是出于实用考虑：未经煮沸的水可能含有细菌，煮沸又太费柴火，相比之下，低度酒就安全得多。不用说，古代啤酒和今天啤酒爱好者们所品尝的口味有很大不同，不过工艺原理是一样的：从冷发酵的麦芽中提取，无须蒸馏。

许多神庙都有专门为神准备食物饮料的区域，啤酒女神宁卡西的神庙更胜一筹：她有一整间啤酒作坊。20世纪末，考古学家们曾在叙利亚西北部巴齐丘（Tell Bazi）发掘出一些半掩在地下的古代大型陶罐，并证明陶罐中的残留物被用来酿造啤酒。

对古代美索不达米亚人来说，麦芽发酵无疑是一种非常神秘的现象。发酵的过程在今天仍然很难被完全控制，因此不难理解为何古代酿酒人需要一位女神来保佑发酵过程顺利。后来啤酒女神宁卡西被啤酒男神西拉什（Siraš）所取代，正如书写女神尼萨巴被书写男神纳布所取代，不过神庙酿啤酒的传统延续下来。今天许多修道院都出品优质的精酿啤酒，或许也是对这一古老传统的无意识延续。

○ 马厩和奶牛场——月神南那/辛神庙

月神南那/辛的神庙与奶酪黄油的生产密切相关，或许会让一些读者感到惊讶。不过，自古以来牛就被认为与月亮有某种天然的联系，或许是因为牛角和新月月牙相似。据说，在满月时分牛奶凝结得比平时快。这也是南那/辛不仅被视作月神，也被视作牛的保护神的原因。

从古巴比伦王国时起，月神庙就以大量饲养牛群和生产乳制品而著称，甚至有一座神庙被命名为"有无数牛的神庙（e-ab-lu-a）"。从一首献给南那/辛的颂诗来看，这座南那/辛神庙似乎拥有一个准工业规模的奶牛场，颂诗说它的母牛和牛犊有10.8万头，小公牛有12.6万头。虽然神话里的数字一向以夸张而著称，不过也能从侧面反映月神庙附属牧场里饲养的牛数量之多。

除了南那/辛神庙外，还有一些神祇的神庙也经营乳制品加工，比较出名的还有女神宁埃伊伽拉（Nin-E'igara）的神庙和牧神杜牧兹的神庙。他俩的神庙字面上都是"充满乳脂的圣地"的意思，非常具象地指出神庙进行的活动与神职领域直接相关。这两位的神庙都可看作收集牛羊奶、加工乳制品的中心。

○ 香水工坊——不知名女神的神庙

香水与香料从神话时代就与神族和祭祀仪式密不可分。很难说清人类是何时开始使用香水的，不过想必从非常久远的年代就开始了。古代美索不达米亚人已经会提炼香水香膏用于祭祀活动，也会熏香王宫和神庙内的各种物品，尤其是皮革。他们还会用香膏进行身体护理，当然，地位不同的人用的香膏可能品质有所不同。

提炼香水的原料通常很昂贵，除了各色鲜花外还有乳香没药这类昂贵的香料，自然成品价格不菲。香水制造在美索不达米亚是一项很重要的专业活动，通常在专门的神庙由专门的工人从事。考古学家们就曾发掘出一座这样的香水神庙，铭文显示它的名字可被读作"优质香油之家"，或"香水之家"。掌管这座神庙的神祇可能是一名叫宁埃伊拉拉（Nin-E'ì-Rá-Rá）的女神，是否真的有这样一名女神存在目前还无法证实。不过无论这座神庙是献给谁的，这段铭文都是用以纪念香水圣殿的建成。

古代两河流域人民的日常生活的许多方面都会受到神祇的庇佑，神祇的神庙则是这类活动的中心。两河神祇的功能性大于神话故事性，神庙并非只是宗教活动中心，更具有实用功能和社会意义。神的概念围绕着人类相关的社会活动而产生，其属性随着作为活动中心的神庙功能的发展演变而进一步延伸。

第四章

**令人畏惧的冥府
诸神们**

第四章／令人畏惧的冥府诸神们

第一节

美索不达米亚冥府漫游指南

美索不达米亚各民族对冥府有许多称呼——埃尔卡拉（Irlalla）、库尔努基（Kurnugi）、库图（Kutu）等，或者直接称作"那不归之地"。凡人下到冥府是非常容易的，任何人都可以轻松前往，但想要走回头路逃回人间那可就困难了。只有少数天神才能做到这一点，但要付出很大的代价。

冥府入口

神话中没有提到冥府的具体位置，不过可以通过一些古代文本拼凑出来。《伊南娜下冥府》提到，为了夺取冥府权力，天堂女王伊南娜曾启程前往那有去无回之地，她朝着位于东北方的扎格罗斯山脉进发，冥府的入口甘泽尔（Ganzir）就在那里——倘若翻过扎格罗斯山，就会来到后来称为波斯的地方，对于最早开始享受城市生活的苏美尔人和阿卡德人来说，那里就是异邦蛮族的黑暗未知所在。

也有人说，伊南娜先是在地表沿着幼发拉底河及其运河向西北方行进，一个城市接着一个城市巡游，前往冥府之神纳戈尔所在的城市库图。当她准备踏入冥府时，守门人说："请进，女士，冥府欢迎你。"如果库图并不确指冥府，那至少也起到象征冥府的作用。

正如天堂之门有两名守门人，冥府之门的守卫配置也是两名，分别叫作梅斯朗泰阿（Meshlamtaea，意为"从冥府升起者"）和卢伽利拉（Lugalirra，意为"强大的主"）。他们是一对孪生兄弟，负责拆解踏入冥府之门的亡灵，防止他们从冥府逃脱。后来，他们被视作冥王纳戈尔的两个神相，同时是巴比伦占星术中的双子座。

亡灵之路

伊南娜当然不会受困于两名守门人，她威胁他们开门放行，否则她就要"打碎大门，粉碎门闩，砸烂门柱，搬走门楣，提升死者，让他们吃活着的人，让死者数量超过活人"。守门人或是害怕工作单位的财物损坏（维修费很贵），或是畏惧死者数量超标（工作量大增），立刻就放行了。

伊南娜轻松踏入死亡的领域，但接下去的旅程就不那么好对付了。那是一段垂直下降的路程，应当是陆路，因为《伊南娜下冥府》里没有提到过冥河或船只之类的字眼，不过文中提到，从冥府之门到她姐姐冥府女王艾莉什基伽勒宫殿的路上设有七重大门。女王的总管纳穆塔奉命接待伊南娜，恭敬而坚定地指出，想要通过那些门，她就得遵照冥府的法则：每通过一扇紧闭的门，就除去身上的一件衣物。就这样，她出发时佩戴的各种护身符被一一除去，等她来到姐姐面前时已是赤身裸体，毫无护身法宝了。

可以想象，来到这里的凡人的命运也是如此，在通往地下世界的旅程中，每个灵魂必须通过七扇紧闭的大门。每扇大门都有看守，防止他们走错方向——那意味着被怪兽吞噬或被恶魔踩躏之类的可怕下场。只有向看守缴纳通行费后，鬼魂们才能继续前行。因此死者在下葬时需要衣着华丽并尽可能地装饰珠宝。即使是穷人也会带上一些钱币，方便缴费。但不论穷鬼还是富鬼都会被剥除全部装束。每除去一件衣物就意味着魂魄丧失一点阳性，重返人间的希望也越渺茫。

死者世界

赤身裸体的鬼魂好不容易到达终点，但这里也没有什么好运等着他。埃尔卡拉是个黑暗世界，没有一丝光亮，鬼魂的眼睛马上会失去视力。这里弥漫着令人无法忍受的恶臭，这是死去的生灵的躯体腐烂造成的。逃离这恐怖之地的方法只有一个：在人间另找一人以填充死者在阴间的位置。

鬼魂在埃尔卡拉艰难地生活着。苏美尔人认为，鬼魂大部分时间都是在黑暗中苦苦挣扎。因为这里没有食物，鬼魂只能以泥土为食，在尘土中爬行蠕动；他们永远口渴，因为没有清水可以喝。苏美尔人之后的巴比伦人和亚述人还担心鬼魂受到半神、怪兽和魔鬼的袭击。这些半神、怪兽和魔鬼有时还会逃到地面世界，把苦难和死亡带给人类。

美索不达米亚地下世界的居民中还有死去的神，因为永生不死是很难做到的，连神也会被杀死。伊南娜、杜牧兹和他的姐姐吉什亭安娜都曾经死过，伊南娜只在冥府待了短短几天，杜牧兹和吉什亭安娜则每年各要待半年之久，日子想必非常难熬。

灵魂审判

在较早期社会中，每个人死后的命运并不取决于其生前的道德水平，而取决于一些较为偶然的因素，比如尸体的处理方式是否符合标准，葬礼的仪式是否详尽周到，死者生前的表现也会影响灵魂在另一个世界的命运。在古代美索不达米亚也是如此。苏美尔人认为，艾莉什基伽勒女王很少评价新来鬼魂生前的行为，只是命令她的书记官登记鬼魂的名字。坏人多半不会受到惩罚，好人也不会得到什么奖赏。虽然生者世界有种种不公，死亡倒是特别平等，国王的鬼魂和普通人的鬼魂得到同等待遇。人死后唯一的希望，就是有活着的亲属替他们向神进行供奉，因此在苏美尔人的观念中，多子多孙的人死后的命运相对会好一些。

一个早期苏美尔版的神话《吉尔伽美什、恩基杜与冥府》提到，恩基杜为了替吉尔伽美什拾取掉落在冥府的鼓和鼓槌，曾只身前往那黑暗之地，虽然吉尔伽美什嘱咐了种种注意事项，但恩基杜一条也没遵守，果然被困在地下世界无法回来。幸好后来太阳神乌图奉智慧水神恩基之命打开了一条缝隙，让恩基杜的魂魄能沿着小缝一溜烟地上升到地表与吉尔伽美什会合。能够与密友重逢，吉尔伽美什自然很高兴，还详细地打听了冥府的风貌。据恩基杜的反馈，冥府情况大概是这样的：

在地上竭尽全力过日子的、子女多的人，在冥府会受到优待。有三个孩子的人在冥府可以得到充足的水，有五个孩子的人可以过得像书记官，有七个孩子的人会被看成神一样的人。而夭折的孩子会在一张由金银铸就、上面摆满黄油的桌子上玩。其他人的命运就比较凄惨了，只有一个孩子的人时常落泪；战死的人不能动，只能由他的父亲抱在怀里扶着他的头，他的妻子则成天为他哭泣。一个没有好好被安葬的人则永远无法安息。

总之，苏美尔的地下世界是个荒凉阴暗的地方，难怪恩基杜会说："如果我告诉你，你就会坐下来哭。你触及了我的身体，便会心生喜悦，可是它实际上全是尘土，就像墙上的一条缝一样。"这或许可以解释，为何吉尔伽美什会竭尽全力地避免死亡，因为它的前景委实不妙。

鬼魂的命运可能由太阳神乌图、月神南那或冥府判官组成的审判团裁定。晚一些年代的人们相信，月神南那在白天，太阳神乌图在夜里，会对死者进行审判。他们没空的时候则交由七名冥府判官裁决。判官团的性质有点像长老会，他们有权驱使冥府衙役行事，追捕那些企图从冥府逃脱的家伙，或是去抓那些命里该死的人。这些衙役被称作伽拉魔鬼，伽拉是现实生活中法院官吏的名称，类似现在的警察。伽拉魔鬼冷酷无情，因为他们缺乏人类的感情和需求，既不吃也不喝，既不懂得饮酒也不懂得作乐，不知道天伦之乐，更不喜欢和孩子玩耍。相反，他们从父母膝下夺走孩子，从产床上夺走产妇，从病房夺走老人，从战场夺走勇士。伊南娜和杜牧兹都曾和这些冥府衙役打过交道，知道他们有多难缠。

生者漫游

尽管绝大多数进入冥府的人有去无回，还是有少数幸运的家伙由于小心谨慎，没引起冥府守卫的注意，成功地潜入又返回。在《伊南娜下冥府》中，眼见伊南娜迟迟未归，她的侍女去求智慧水神恩基帮助。恩基虽然嫌伊南娜老是找麻烦，还是从指甲缝里刮出一些泥来，捏出两个无性别的家伙，吩咐他们像苍蝇一样利用门轴处的缺口通过七重大门，带上恩基特制的复活之水和食物悄悄潜入地下世界。考虑到恩基是主管淡水与农用水渠运河的神，他手指缝里的泥可能是修筑水利工程时嵌进去的，复活之水和食物可能是农业灌溉用水和肥料。由于缺乏人类的性别属性，这两个家伙只要不作声就能进入地下世界不被发现。

与此相对的反面典型是《吉尔伽美什、恩基杜与冥府》中的恩基杜。在恩基杜下冥府为朋友拾取鼓和鼓槌之前，吉尔伽美什一一列举进入冥府的注意事项，不厌其烦地教给恩基杜：到冥府去不能穿漂亮的衣服，不能穿草鞋式的好凉鞋，不能用香膏涂抹身体。不能与鬼魂起争执，不能动武，不论是用标枪还是手杖都不行。不能同人亲吻，不管是爱妻还是爱子都不行。看到冥府女神赤身裸体躺着的时候，不可大声说话，也不要用布去遮盖她。但来自山野的粗犷之人恩基杜没把这些禁忌放在心上，下冥府时身穿漂亮衣服，用香膏涂抹身体，拿着手杖，穿着好鞋，还在冥府大声喧哗，这便引起了冥府诸神的注意，于是他们抓住恩基杜，不让他再返回地上了。

　　冥府提供的任何东西都不能碰触，尤其不能喝冥府的水，吃冥府的食物，这一点许多神话里都曾有提及。在《伊南娜下冥府》中，恩基在两名无性特工出发前特别叮嘱，哪怕女王"让你们喝整条河流的水，吃一整块田地的谷物"，也不能接受。这两名泥人没有打破禁忌，成功地回来了。不过另一个也受到恩基忠告的家伙就没这么好的运气了。战神纳戈尔踏上去冥府的黑暗恐怖之地前，曾答应智慧水神他绝不会接受冥府的任何东西——食物、水、王冠，尤其会抗拒女王艾莉什基伽勒的魅力。但纳戈尔只做到了前面的部分，在面对最后一点时却没能把持住自己，于是就产生了本章下一节《冥府女王艾莉什基伽勒成婚记》的神话故事。

第二节

冥府女王艾莉什基伽勒成婚记

美索不达米亚各民族对待死亡一般持宿命论态度：富人也好，穷人也好，它都会同等对待，谁也不放过。有两篇不同的史诗提到，人类祖先曾差点得到永生的机会，最后却功亏一篑。于是，在史诗的结尾，作者深有感触地将人类追寻永恒的努力比作水中月、镜中花，美丽而遥不可及。

尽管死亡不可避免，但不同的人死后会有不同的命运。人们一般相信多子多孙的人死后会享有较好的待遇，过着衣食无忧的日子；战死沙场的将士们也能受到其他灵魂的尊敬。但大多数人死后所能期望的最好结局只能是前往阴森恐怖的地狱，那是一个名叫埃尔卡拉的有去无回之地。

在美索不达米亚神话中，普通魂魄的命运判决书由冥府判官们裁定，超凡脱俗或罪大恶极的魂魄还会受到冥府最高统治者的亲自审判。冥府管理员是冥王纳戈尔（也叫厄拉）和冥后艾莉什基伽勒——一对黑暗、暴力的神灵，但他们之间的爱情故事却充满娱乐性。几块4000多年前的泥板上留下一个叫《冥府女王成婚记》的故事。尽管已残缺不全，它仍充满阴谋、波折与背信弃义。更重要的是，它还是个有圆满结局的爱情故事，使冰冷的冥府似乎也洋溢着一股奇妙的芬芳。

冥后艾莉什基伽勒本是生活在天界的女神。作为天神安努之女，爱神伊什塔尔的姐姐，她的美貌与高贵的身份十分相配，但一场灾难使她失去在天界的地位。深海巨龙库尔（Kur）将艾莉什基伽勒劫持到深海，并囚禁在地下世界。

智慧之神埃阿率领众神追至海洋，想要夺回被绑架的女神。但库尔马上躲进深海大量修建防御工事，同时设下重重陷阱，准备突袭埃阿的船队。很快，埃阿的船队进入了凶险多漩涡的深海区，静静埋伏在礁石背后的库尔见时机来临，猛然跃起，用巨大的石块向众神的船队砸去。顿时只见石块如雨点般飞来，船头和船尾都破漏进水。眼看船队很快就要沉没，埃阿镇定下来，组织众神回击。众神愤怒的攻击使库尔疲于奔命，很快身受重伤，窜回深海洞窟中藏起来。埃阿把船弄沉，在船头装上利器，对准库尔的藏身之处撞去。库尔的防御工事被破坏殆尽，他只好在水中负隅顽抗。埃阿充分发挥水神的战斗力，利用洋流对库尔发起猛攻，很快杀死了已是强弩之末的库尔。

埃阿见强敌已除，准备去冥府拯救女神。然而为时已晚，艾莉什基伽勒滞留在死者世界太久，沾染了死者的污浊气息，神性被腐蚀殆尽，无法返回天界。众神之王安努见状十分痛惜，无可奈何地任命艾莉什基伽勒为阴间女王。至此，艾莉什基伽勒孤身一人待在阴冷漆黑的冥府，成为所有魂灵的统治者。智慧之神埃阿还制定了天界和冥府的管理条例：除信使外，天界诸神不可下降至冥府，同样，冥神也不可升至天界。

时间如流沙流过指缝一般，在众神的愉悦与欢宴中过得飞快。对艾莉什基伽勒来说则是另一回事，她在孤独寂寞中度过少女时代，身边除了面目可怖的冥府诸神和妖魔外没有其他人。不过，冥府在她的管理下秩序似乎还不错，死者的鬼魂安分守己地待在阴间，魔鬼和疾病也只有在她的命令下才会扑向人间，消灭一定量的人口。这等政绩自然引起父亲安努的关注。此时天界正在举行一场盛宴，每位神灵都可以根据其地位享受相应的美食。

这幅浮雕中的女性究竟是哪位神祇尚无定论,有些人说她是女神伊什塔尔,或是冥府女王艾莉什基伽勒,或是女魔拉玛什图。不过从她双手的手势、鸟爪形的双脚及身旁的两只夜枭来看,比较有可能是冥府女王艾莉什基伽勒。

为表彰冥府女王的地位和功绩，神王安努派信使卡卡前往冥府，通知艾莉什基伽勒让她的使者前来天界领取她的那一份美食。诸神之使者卡卡顺利地通过冥府的七重大门。他在冥府女王的宝座前弯腰行礼，向她转达安努的邀请。艾莉什基伽勒高兴地接受宴请，任命瘟疫之神纳穆塔为她的使者。

冥府使者纳穆塔随着卡卡沿天梯来到天界，受到众神的欢迎，他们纷纷从筵席上起身向他弯腰，以示对冥府女王的尊敬。突然，一个傲慢的声音打破了和睦的气氛："向散发恶臭的瘟神行礼可不符合我的作风，哪怕他是什么女王的使者。"闻言，纳穆塔本就毫无血色的脸一下子白得发青，他循声望去，发现对他出言不逊的是战神纳戈尔。"好啊，冥府会记住你。"纳穆塔盯着纳戈尔咬牙切齿道。

两位神灵之间剑拔弩张，眼看冲突一触即发，智慧之神埃阿急忙出声呵斥。他命人带神使去天国花园休息消气，又把纳戈尔拽到一边痛批一顿。"你这有勇无谋的匹夫，你难道不知道冥后是谁？她是神王的宝贝女儿。当年我虽然杀死了绑匪——深海巨龙库尔，艾莉什基伽勒却回不来了。安努对我都一直耿耿于怀，你怎么敢得罪她的使者？如果因此造成天界和冥府的对立，你要先考虑如何应对安努的怒火，然后想象被鬼魂吞噬的下场吧。"

埃阿的预言很快变成现实。纳穆塔返回冥府后，安努的处罚决定批示下来：纳戈尔必须亲自下降至冥府向冥府女王赔罪。这是很重的惩罚，很可能会有去无回。纳戈尔只好向埃阿求助。埃阿建议他在动身之前先去神林选材，为他、安努，还有守护生命之树的蛇神宁基什兹达（Ningishzida）各制造一顶王冠，以取得他们的庇佑。估计那是类似护身符的东西吧。埃阿还忠告纳戈尔绝不可接受冥府献给他的任何东西——食物、水、王冠，最重要的是，抗拒来自艾莉什基伽勒本身的魅力。纳戈尔虚心接受忠告。此外，他还秘密制定了某种防护措施，这点除了埃阿外没人知道。就这样，战神走下天阶，踏上前往冥府的黑暗恐怖之路。

经过第一重大门时，看门人请纳戈尔稍候，他好向冥后通报高贵天神的到来。其实艾莉什基伽勒早知道此事，正和纳穆塔在王宫里静候。为防止出差错，艾莉什基伽勒指示纳穆塔先去看看来者是否就是慢待他的战神。纳穆塔从门缝窥视，认出正是此人。奇怪的是，他在纳戈尔身上隐隐看到另一重身影，它存在于纳戈尔体内却又不与之重合，使战神的面貌显得有些模糊。纳穆塔向艾莉什基伽勒如实汇报他的所见所疑，冥后感到诧异，但想要惩罚纳戈尔的怒气占据上风。于是她下令打开七重门放纳戈尔进来，让人把他带上宫殿，她要在那里亲自处罚他。

在冥府的漆黑之中，目光锐利如战神者也只能隐约看到艾莉什基伽勒在王座上凝视着他，她的周围满是令人生畏的死亡气息，脚下则跪着瘟神纳穆塔。火暴的战神这回谨记埃阿的教诲，在冥府最高统治者的王座前行礼。"您的父神安努派我来见您。"他说，"我不想向您解释我失礼的原因，那不是我的风格，但我愿意接受对我个人的处罚。"

"任何处罚？"艾莉什基伽勒嘴边掠过一个冰冷的微笑，"你慢待我的使者，侮辱了一位应得尊敬的女神，那是战神的高傲之心在作祟吗？"一道黯淡的火光蹿起，在地面凝结成一把漆黑的匕首。"我在想，如果去掉这颗心，以后你会知道如何正确对待冥府的荣耀。当然，你要是不愿意，也可以选择向我求饶。"

听了她的话，战神的眼里冒出怒火，但他尽力克制着自己。他把一只手按在额上，瞪起眼睛，朝纳穆塔望去，只见后者脸上露出诡秘的笑容。埃阿的嘱咐在耳边回响："记住，你是去赔罪的。收起火气，不要把事情搞砸了。"纳戈尔深吸一口气，拿起匕首刺向胸口，切断连接心脏的动脉，把一颗跳动的心脏呈送给艾莉什基伽勒。当然了，他平生的第一次自裁并没导致死亡，因为黑暗女王只想挫伤他的傲气，但失败了。

"好啊，你把心给我了。你是我的了，我英武的战神。"艾莉什基伽勒轻声道，声音小得只有纳穆塔能听见。"你平息了冥府的怒火，受到了冥府的尊敬。现在，根据冥府的法则，我会称你为厄拉。"女王说道，然后挥手改变场景，黑暗的宫殿随即变成富丽的宴会厅，源源不断的美酒佳肴摆上餐桌。美酒当前，佳人在侧，这情景固然赏心悦目，不过纳戈尔没忘掉埃阿的忠告。他拒绝接受呈献给他的美酒、食物和王冠等冥府物品，即使是艾莉什基伽勒亲手递给他的。

几天后，情况就不太妙了。饥饿会在一定程度上削弱人的意志力，哪怕它顽固如纳戈尔的脑袋。最后一击来自女王本人。沐浴后，艾莉什基伽勒换上美丽的长袍，它使她的容貌更加娇艳。纳戈尔并非没见过美丽的女神，正相反，在天界，女神不计其数。但艾莉什基伽勒与之完全不同，她的美貌由死亡赋予安详静逸，由黑暗赋予妖艳妩媚，由冥府赋予雍容高贵。在容貌上大概只有爱神伊什塔尔可与之一较高下。所谓英雄难过美人关，纳戈尔失去了理智，智慧之神的话被抛在脑后。两人坠入情网，共同度过六个快乐的夜晚。

第七天，这对恋人的激情平息下来。纳戈尔终于想起他的神职，于是告诉艾莉什基伽勒他要返回天界解决一些问题。当然他承诺他会回来的。艾莉什基伽勒恋恋不舍，但纳戈尔去意已决。趁艾莉什基伽勒还在休息，他偷偷起身走向七重门。"你们的女主人派我去天界，让我转告父神安努一些事情。现在，让我出去。"看门人的种种阻留诡计在战神眼里是小菜一碟，他轻易地说服他们放他返回天界。

在漫长天阶的尽头，天界的门口，纳戈尔发现三位主神安努、恩利尔和埃阿正在等他。他们看到他回来欣喜万分，三人讨论后决定让智慧之神埃阿为战神重塑一个身体，洗去阴间的污秽和记忆，恢复战神纳戈尔的荣光。同时制造种种伪装，好让艾莉什基伽勒无法认出他，因为冥府女王必定会派人上天界搜索他。

此时在冥府，艾莉什基伽勒正兴高采烈地盼咐手下将府邸装饰一新，以

描绘冥府女王艾莉什基伽勒
的一张插画。

迎接即将到来的婚礼。冥后的喜悦很快被人打断，瘟疫之神纳穆塔告诉她，厄拉在拂晓时分已不声不响地回到天界。艾莉什基伽勒闻言一阵眩晕，竟从王座上跌落至地。"我的爱走了，他把我的欢乐都带走了。我愿意放弃一切以求他回来。"接着，她号啕大哭起来，高高在上的女王形象顿时荡然无存。

"派我去天界吧，我的女王。哭泣无济于事。"看到这种情景，纳穆塔请求道，"我会把背叛的天神抓回来给你，你将重新得到他。"

"你说得对，我的重臣。"艾莉什基伽勒拭去眼泪，咬牙切齿道，"你去告诉我的父神安努。我从小就孤零零地生活在这阴暗冰冷的地方，嫉妒地看着我的妹妹们在天界自由玩耍。现在我终于抓住一丝幸福，它却又从指间溜走。去，告诉安努，厄拉必须回到我的身边。他现在和将来都是我的。如果我的要求得不到满足，我将打开冥府大门，把所有的鬼魂放回人间。到时候人间的亡灵数目将超过生灵，一切生灵都将被亡灵吞噬，一切生机将被摧毁。请他好好考虑下我的要求，因为我是冥府女王艾莉什基伽勒。"

纳穆塔第二次出使天界，同样受到诸神的热烈欢迎，所有的神都向冥后的使者弯腰行礼。埃阿告诉纳穆塔，因为天神数量太多了，名字也差不多，所以他不知道纳穆塔说的那个背信弃义干坏事的"厄拉"到底是谁。最好的方法是让众神排成一排，让纳穆塔一个个看过去，看到了就把人抓出来。不了解天界编制的纳穆塔一听有道理，就同意了。

纳穆塔审视众神。出乎意料，他没有发现纳戈尔。纳戈尔本来应该很好辨认：身材魁梧，高度超过天界平均水平；相貌不凡，满脸大胡子。他眼前的天神们都很英武，但都不是惹恼女王的那家伙。他还留意到其中有个秃顶、斜眼、干枯瘦小、长相怪异的家伙，简直难以相信他也是天神之一。埃阿的计谋十分成功。当然，面对纳穆塔时，他装出十分惋惜的样子，小心翼翼地把笑容藏在肚子里。

一无所获的纳穆塔眼看出使时间过去得差不多了，只好返回冥府，向冥后汇报他的失败结果。艾莉什基伽勒伤心归伤心，脑子还没糊涂。她令纳穆塔把会面经过毫无遗漏地向她汇报。她意识到埃阿在搞鬼，说不定那猥琐得不想让人多看一眼的神就是厄拉。她命令纳穆塔立刻将那个神带回冥府。"把他带回来，并告诉埃阿，如果他敢再破坏我的好事，那就等着人间被亡灵吞噬吧。"

第三次出使天界的纳穆塔再次站在诸神之间。埃阿又让众神排排坐，由纳穆塔一个个看过去。纳穆塔的运气比上次更糟，连猥琐神都不见了。原来上次纳穆塔走之后，埃阿知道那个神太显眼，就给他变换形貌。反正天界的俊男美女多的是，多一个也看不出来。

纳穆塔一日找不到厄拉，就一日不敢回去。因为不用担心伙食问题，他就天天在天界转悠，反正天界的食物不会像冥府的那样腐蚀神性。他在等待机会，一旦厄拉露出马脚，他就立刻拉其下冥府。就在他找诸神麻烦的同时，一场针对他的阴谋也在悄悄酝酿。纳戈尔已经忘了他在冥府的经历，只觉得这个家伙碍事，便把埃阿拽到一边密谋，建议在下一场宴会上往纳穆塔的酒中混入天神的圣水。纳穆塔的身体和思想都会因此得到净化，从而获得天界的神格，冥府神格就会被自动剥除，他将永不返回冥府，天神们也用不着担心遭到"第三次突击检查"。埃阿觉得此计甚妙，同意了。

眼看纳穆塔的冥府神格就要不保，艾莉什基伽勒的威胁救了他。在宴会上，闷闷不乐的纳穆塔觉得这样拖下去不是办法，于是他采取最后一招，把艾莉什基伽勒的威胁原封不动转达给三位神：安努、恩利尔和埃阿。正在笑眯眯喝酒的三位主神傻眼了。如果人间被亡灵吞没，天界也无法维持，天神将被魔鬼打败。这将是一场空前的灾难。天界集体利益面临危险，纳戈尔的利益算得了什么呢？于是埃阿果断放弃了针对纳穆塔的纯净水计划，派人找来纳戈尔。神王安努在纳穆塔和埃阿、恩利尔面前宣布他的裁决：纳戈尔对冥府无礼，有罪。他将被剥夺天神资格，必须跟冥府使者纳穆塔回到冥府，永不许返回天界。因为他的命运已和冥府女王纠缠在一起。

安努的最后一句意味深长（但对失去记忆的纳戈尔来说莫名其妙）的裁决宣布后，纳戈尔恢复了战神本来的威武面貌和全部力量。埃阿再次为纳戈尔佩上了强有力的护身符。纳戈尔扛起战斧，和纳穆塔一起走下长长的天阶，走向通往冥府的道路。

由于什么也不记得了，纳戈尔只觉得自己倒霉无比。一名骁勇善战的武士因为一个女人的威胁，因为所谓"天界的利益"，被剥夺神格，驱逐到冥府，他的怒火没把纳穆塔烧死真是奇迹。

通过七重门时，看门人试图从纳戈尔身上取走天界护身符。纳戈尔怒不可遏，他展示出战神的威力，挥舞战斧砍倒所有看门人，冲入艾莉什基伽勒的宫殿，一把抓住她的头发，把她拉下王座。锋利的战斧在艾莉什基伽勒美丽的脖子上闪耀，纳戈尔纵声大笑："你加在我身上的侮辱我会加倍奉还。现在跟你的王位说再见吧！"

艾莉什基伽勒哭喊起来："请等一下，我的爱人。请听我说。"接着，她倾诉她的思念之情，并把纳戈尔上次来冥府的始末统统告诉他。在这些话语、这些呜咽、这些眼泪中包含了那么多的爱情，它和一个女人因为看见一只老鼠或者打破一个杯子发出的声音真是有天渊之别，以至于纳戈尔因迷惑停了下来。"你说这些曾经发生，但我毫无印象。"他把战斧挪开了一点，仍紧盯着艾莉什基伽勒，"拿出证据来，证明你所说的，否则我的怒火不会平息。"

艾莉什基伽勒拿出了他的心。"如果你愿意留下来，你将是我的丈夫和主人。我会把统治冥府的智慧石板放在你手中，你将成为冥府之王，统治这广袤的领地和所有的地下诸神。"这断断续续的声音中包含了如此动人的魅力、如此强烈的诱惑，让纳戈尔情不自禁地接过心脏。手刚接触到仍在跳动的心脏，他的记忆就恢复了。他想起上次在冥府的欢乐，以及回去后如何饮下天神牌纯净水而忘掉一切。他放下战斧，扶起艾莉什基伽勒，拭去她脸上的泪水。"其实我也有个秘密。"他笑着说，"第一次来冥府之前，我真担心自己遭到冥府恶魔的惩罚回不去，就把神性分成两份。即使我不得不留在冥府，至少也能有一半神性返回天界。这个计划原本进行顺利，不过我万万没料到竟会被你迷住。看来我就算有一百个分身，都会统统留在冥府了。"

"难怪我在您身上看到另一重身影，冥王大人。"赶来救驾的纳穆塔见状急忙改口道，转身走出大殿，布置上次中断的婚礼事宜去了。宫殿里的两只爱情鸟又拥抱在一起，这回可不是六个夜晚，而是永远了。

看到这一幕，神王安努意识到纳戈尔的命运已无可避免地与冥府紧紧纠缠在一起，于是他顺水推舟地派出使者卡卡前往冥府，祝贺纳戈尔与艾莉什基伽勒成婚，永久地定居在冥府。

  我派来的这位天神

  他将永居埃尔卡拉

  以天国之神的名义

  以冥府诸神的名义

第三节

死神厄拉毁灭巴比伦

纳戈尔是苏美尔神话中的战争、死亡和毁灭之神，最初可能是库塔城的地方神祇，代表炙烤大地的盛夏骄阳和阻碍农作物生产的午后烈日。后来由于他与巴比伦人的战争、瘟疫与死亡之神厄拉（Erra）有许多相似之处，这两位神祇逐渐融合，成了同一位神。

纳戈尔通常被描绘成一个身着长袍，大步行走的强壮战士，手持一把弯刀和一柄双狮头的狼牙棒，前进的步伐能踩碎一个人的躯体。他常被与公牛或狮子联系在一起，因为这两种动物都代表了强大的自然力和超自然力。他是自然界和人性中毁灭性力量的象征，他经常挥舞着他的狼牙棒和弯刀，随心所欲地进行破坏，却从不会表现出懊悔，因为"毁灭是他的天性"，他这么做并非"为了惩治罪恶"。这一点在《厄拉摧残巴比伦》这个神话中表现得尤为明显。

纳戈尔现在已经是冥王了，人们把他称作厄拉。眼下他正斜躺在卧榻上无所事事，感到昏沉又迟钝，"就连他的武器都在抱怨，因为它们在仓库里积满灰尘"。他的武器一柄叫乌鲁穆（Ulmu），另一柄叫塞巴（Sebittu），它们冲纳戈尔大呼小叫："起来，厄拉！你怎么好像没打过仗似的，不敢面对血肉横飞的场面了？别睡了，振作起来，跨上坐骑出去闯荡，去吞噬来往的行人！快行动起来，看到别人在你面前俯首帖耳岂不美滋滋！让高山为你震动，让大海为你汹涌奔腾，让勇士为你断头折腰。行动吧，厄拉！"

武器的话很合厄拉的心意，于是他招来他的使臣以舜（Ishum），要他安排战备物资，准备打开冥宫大门出去大肆杀戮一番。但以舜虽然是厄拉的心腹，性格却较他的主人仁慈镇静许多，他见主人又要出发，心知人类又要遭殃，顿生怜悯之心，便劝说道："主人，之前大神们对你大肆杀戮已经不太满意了，你再度席卷大地杀死无数人类的话，不知又要惹来怎样的怒火。"

"住嘴，以舜！"听闻此言，厄拉很不高兴，"你是我的手下，得听我的话。我是天上的公牛，是地上的雄狮，是一切的征服者。所有神祇里数我最牛，地上的人敢不听我的话，不把我放在眼里，就应该受到惩罚。至于天上的大神嘛，你几时见我放在心上？你看着，让我来鼓动马尔杜克离开他的巴比伦，把他从御座上轰下来，我会惩治他手下的那些逆民。"

厄拉一行径直来到巴比伦，走进众神之王马尔杜克的神庙"埃沙克伊拉（E'sag-ila）"，对高坐在王座上的马尔杜克说道："我的主神，你王权的象征笼罩着神圣的光环，亮得像天上光芒十足的日光，还镶嵌着亮晶晶的星星珍珠。"马尔杜克心中欢喜，把王冠和王座的来历对厄拉一一细数，但厄拉的心思哪里在这上头，他对马尔杜克说："我的主神啊，你的王权象征现在有遭人偷取的危险，快离开这个地方，让火神吉比尔净化你的衣服，然后你再回来。英勇无畏的厄拉会把那些凶横的恶魔赶到一去不归之国，为你消灭那些谋权篡位的家伙！"

马尔杜克半信半疑，他担心他不在的时候，人类会被冥府的鬼魂趁机吞噬。但厄拉向马尔杜克保证，在他离开的时候，厄拉会守在神庙门口，像天界公牛守护安努和恩利尔一样保护人类不受侵害。厄拉的话令马尔杜克很满意，于是他离开王座,启程前往阿努纳启的居所。

马尔杜克前脚刚走,厄拉就急不可耐地向以舜下了命令:"打开大门,我要出征。期待已久的时刻终于来了,我要打败太阳,让世界陷入黑暗;我要摧毁城镇,让黑头发的阿卡德人尸骨堆积如山;我要翻江倒海,断绝海中的生机;我要血洗大地,让凡间生灵涂炭。"

厄拉滔滔不绝说得起劲,以舜却心急如焚,暗自思忖:"能对抗厄拉的勇士神正在病中,眼下的情形就像当初尼努尔塔追捕鸟怪安祖时没能把网展开,真是要命。"他极力劝说他的主人:"你对黑头发的人类和神祇其实没啥坏心思吧?你已经抓住了天的缰绳,你已经成了国度之主,伊吉吉和阿努纳启们都在你面前瑟瑟发抖。或许你已心满意足?让我们转换思路,干点别的吧!"

但正在兴头上的厄拉哪里听得进去,他手持狼牙棒和弯刀血洗了巴比伦,杀光了城中的居民,留下一地尸骸后又扑向乌鲁克,扑到伊什塔尔的神庙,把它夷为平地。然而他还是不肯罢休,喃喃自语道:"杀戮令我热血沸腾,我要杀死一切活人,让他们暴尸荒野;我要摧毁一切房屋,让大地满目疮痍。"

以舜对主人的暴行实在无法忍受,他一遍又一遍地劝说道:"我的主人,有罪的和无罪的,忠诚的和不忠诚的,献祭的和不献祭的人,统统被你杀掉了。长寿的老人、温柔的少女、啼哭的婴孩,也纷纷做了亡魂。你连休息一下也不成吗?让一切都归于黑暗,甚至连众神的宫殿都崩塌,对你有什么好处呢?众神只会厌弃你,人类只会诅咒你,没有人会向你献祭,没有人会为你供奉,这对你又有什么帮助呢?你恣意妄为地害人,反倒会害了自己。请你回想下,你有多少天没有嗅到人类献上的麦饼和烤肉的香味了?难道你自己还没有感觉吗?"

以舜的话像一盆冷水浇灭了厄拉心头的邪火,他冷静下来,答道:"不错，眼下巴比伦的邻国正野心勃勃、虎视眈眈，蓄意挑起争斗，我会助巴比伦人一臂之力，帮他们打败敌人。"于是厄拉改变方向，征服了诸城镇，将它们夷为平地；粉碎了山，斩杀了那里的兽群；搅乱了海，把水里的海兽毁灭；践踏了芦苇，放把火烧为灰烬。然后他走向天神和地神的居所，伊吉吉们和阿努纳启们看到这个凶神恶煞到来，个个噤若寒蝉，厄拉却开口道：

"诸位，别怕，我之前确实经常作孽，干尽坏事，脑子里全是杀人，但现在我已改过自新。以舜不是在我之前开路吗？他跑到哪里去了？咦，你们的埃恩大神官怎么还不端上供品？你们是嗅不到香气的吗！"以舜应对道："主人啊，在你发火的时候，谁敢到你面前来呢？现在你心情平静了，大家就能聚过来听你说话了。"

厄拉听闻此言心中颇为愉悦，脸色发着光，当众发誓并许诺道："在大灾之后，大地上的人类将会重新兴盛，人们会再次过上幸福快乐的日子。软弱的巴比伦人将再次强大，巴比伦的妇女将再度多产。城镇会在废墟上重建，牧畜将在草甸上繁衍。消失的神灵会回归巴比伦，毁坏的大神庙会重生光辉。幼发拉底河和底格里斯河将再次河水充盈，巴比伦会再度崛起，成为诸城之王。"

过了几年，一切果然像厄拉许诺的那样逐渐好了起来，大地生机盎然，草甸六畜兴旺，田地五谷丰登，巴比伦人安居乐业，城邦实力蒸蒸日上。百姓齐颂赞歌，感谢神灵的恩德，还编写了一首颂诗，赞美以舜如何抚平厄拉的杀心，使厄拉改邪归正，将功补过。厄拉听到这支颂歌十分高兴，对人们表扬他的谋臣以舜也满心欢喜，祝福道："让这首歌千秋万载，代代流传。让所有的国度侧耳倾听，每寸土地都把我的名字颂扬。"

这个神话可能反映了公元前 12 世纪到公元前 9 世纪之间的部落、游牧民族（如阿拉姆人）对巴比伦的入侵。因为厄拉，人们把敌人入侵、城镇毁灭、平民遭受屠戮的悲剧归结到某些神祇毫无理性的暴怒上。因为如果诸神真的掌控一切，关心自己的造物，把人类的利益放在心中，那么人间就不该有那么多痛苦。虽然人们经常遭受损失、失望、病痛和死亡的折磨，那都只是纳戈尔的错，其他神祇还是关心人类的。

「扩展阅读」

美索不达米亚冥府的常驻魔鬼

总体来说,两河流域的城市居民过得还不错,因为他们毕竟是第一批享受城市生活种种好处的人,但他们认为自己的繁荣和生命时时刻刻都暴露在超自然力量的威力之下。因为人类生活的世界充满了神灵和各种超自然生物,后者大致又可分为魔鬼、怪物、恶灵等等。对古代美索不达米亚的图像学研究显示,恶灵指愤怒的鬼魂,即那些非自然死亡、或没有被妥善安葬的人的鬼魂,例如溺水或阵亡的死者;怪物是半人半兽、四肢着地的生物;魔鬼则通常指直立行走、半人半兽的生物,他们的威力和破坏性也相对最大。

在现代人看来,"魔鬼"一词总是与邪恶相连,给人类带来种种灾难,但在古代世界,人们的认识并非如此。英语中的"demon"翻译自希腊语中的"daimon",原义为"精魂"。一个魔鬼可能是邪恶的,也可能是友善的,这取决于它来访的意图和造成的后果;它可能自行其是,也可能受神灵派遣来惩罚某人,或是前来提醒某人履行某项对神或社会的义务。

在阿卡德人的大洪水神话《阿特拉-哈西斯》中,人类由于寿命过长,繁殖速度又快,出生的人远比死去的人数量多,很快这个群体就变得太多太吵。

人类的喧哗声吵得暴躁风神恩利尔头痛欲裂,他决定用一场大洪水来清除人类。但由于智慧水神恩基事先通风报信,人类中的一小部分幸存下来,再度繁衍生息。洪水退去后,恩基提出一个人类"补丁计划",即创造一种寿命较短的人,并释放各种疾病、不举不孕、野兽袭击,还有各式各样的灾难和不幸。魔鬼就是这个补丁计划的一部分,只要某个神认为应该派出它们,它们就会扑向那个倒霉的家伙。以下是古代美索不达米亚冥府的一些知名魔鬼(大部分魔鬼都住在冥府)。

○ 帕祖祖

诸多魔鬼中,帕祖祖(Pazuzu)可能是最知名的一个,它是美索不达米亚成千上万的魔鬼中唯一一个成功打入好莱坞的，在经典恐怖片《驱魔人》中担任了大反派。不过有一点《驱魔人》搞错了，虽然帕祖祖毫无疑问是邪恶的，但并不是会伤害儿童的那种邪恶，相反，他能保护儿童和孕妇免受其他魔鬼的伤害。

帕祖祖起初是亚述—巴比伦神话中的一个魔鬼，他是冥府魔鬼之王汉比（Hanbi，也叫作汉巴，Hanba）之子，也是苏美尔史诗《吉尔伽美什与永生之国》中守护永生之国雪松林的森林管理员胡巴巴（Hubaba）的兄弟。与生活在地表森林的兄弟不同，帕祖祖生活在地下世界。他能控制西风和西南风，在旱季带来饥荒，在雨季带来暴雨和蝗灾。不过若是人类祈祷和运用的方法合宜，帕祖祖也能发挥积极的功效，将他的自然毁灭能力转为仁慈的保护力。

帕祖祖的造型很好地反映了他所代表的破坏性风向及附带的危险特质。在《驱魔人》的开头场景中，牧师在哈特拉古城中看到的真人大小的雕像很准确地还原了帕祖祖的模样：狗脸凸眼，身上长满鳞片，还长有猛禽的爪子、蛇头形的阳具和巨大的翅膀。不过，古代美索不达米亚人并不会真的雕刻这么大的帕祖祖——实际上，当时的人们极少描绘与地下世界有关的恶魔或神灵，因为他们担心那样做会吸引他们的注意。这也是为何很少有人刻画冥府女王艾莉什基伽勒的雕像，因为没人会有兴趣和她碰个正着。不过帕祖祖的小雕像或护身符效果就完全不同了：它们会把帕祖祖的注意力吸引到佩戴者或小雕像所在的房间，这样当帕祖祖前来，因为个头较小，就不容易让凡人害怕，相反，凡人可以请求它的保护，请它把破坏力转向别的什么东西。帕祖祖小雕像主要放在孩子的房间里，或是靠近门口或窗户的地方，它可以像医疗女神谷菈的守护犬尼姆鲁德小雕像一样保护孩子，以防恶灵、魔鬼或鬼魂，尤其是帕祖祖的死对头拉玛什图的伤害。

○ 拉玛什图

拉玛什图是古代美索不达米亚神话中的女魔鬼，也有可能是女神，因为她是天神安的女儿。不过如果以女神的标准来看，拉玛什图的外表不同寻常：她全身覆盖乌黑粗糙的毛发，狮头驴牙驴耳，手里握着蛇，该长腿的地方长着鸟爪，长长的指甲弯曲而锐利。她的身边常有一堆狗和猪相伴，据说它们是她的仆役。在一些出土的经文里，她有时还被描绘为跪着或站在驴子旁喂猪。

拉玛什图经常夺走新生儿，令产妇难产，或令孕妇失去孩子。据说她抢走婴儿后，会吸他们的血，啃他们的骨头，还会吸食人类的血液，带来噩梦、污染和疾病，因此人们对她非常恐惧。

帕祖祖是拉玛什图最大的对手，但在某些神话里，他也被说成是拉玛什图的情人。他们关系亲密，直到拉玛什图为了更多权力杀死了一位重要的神。目睹这些暴行后，众神把相反的力量送给帕祖祖，让他成为她的敌人。在拉玛什图可能危及孕妇和婴儿的地方，帕祖祖作为护卫将孕妇与婴儿从拉玛什图的魔爪中拯救出来，因为他知道她如何下手，能在她到达之前先行找到她们。

○ 阿扎格

在前文《武士国王尼努尔塔》中，我们曾提到天神安与地母基生下巨大的石魔阿扎格，阿扎格通过与库尔（山脉）不断交配，繁衍了许多后代。

一些美索不达米亚治疗符文提到，这些阿扎格的后裔能以让人发高烧的方式袭击人类，进而将人杀害。

○ 吉丁

吉丁（Gidim）是死者的鬼魂。由于他们在地下世界的日子凄惨，亲属们必须定期为他们供奉食物和饮料。如果不喂饱他们，他们会变得焦躁不安，可能会从地下世界回来，通过耳朵进入人体，危害人的身体健康。不过有时也会有法师故意把他们召唤出来询问未来。

○ 伽拉

冥府衙役，负责把不幸的人拖到地下世界。美索不达米亚人幽默地把这些冥府爪牙称作伽拉，这是现实生活中法院官吏的名称，类似现在的警察。他们在某些方面很像猎人，在关于杜牧兹之死的故事中，杜牧兹祈求妻兄太阳神乌图把自己变成羚羊，也是为了说明伽拉魔鬼的这一特性。不过伽拉魔鬼毁坏杜牧兹的羊圈、踢翻他的奶桶等行为，说明伽拉魔鬼的形象中还融合了一部分土匪的特质。对美索不达米亚人来说，土匪是一个实实在在的威胁。

○ 莉莉图

莉莉图（Lilitu）属于一个魔鬼家族，家族里有一个男妖利路（Lilu）和两个女妖——莉莉图和阿尔达特－莉莉（Ardat-lilî，意为少女利路）。利路出没于沙漠和旷野，对孕妇和婴儿尤其危险；莉莉图是利路的女性版本，而阿尔达特－莉莉没有性器，无法进行正常的性活动，因此她以攻击性行为作为补偿，因此她会导致男性不举和女性不孕。阿尔达特－莉莉常在魔法文本中出现，和希伯来人的莉莉丝有一些相似之处。不过人们对她的形象并不了解，一块出土的牌匾上，一头长有蝎尾的母狼即将吞噬一个年轻女孩，据说这头母狼代表阿尔达特－莉莉。

○ 七魔与七神

七魔是一组魔鬼的总称，他们是天神安和地母基的后代，也是冥王纳戈尔／厄拉的得力助手。在一组魔法咒语中，七魔被称为翁杜格（Undug），后者是一类特定魔鬼的专属称谓，既可以是邪恶的，也可以是友善的魔鬼。与七魔相对的是七神，他们是一群仁慈神灵的总称，人们可以用魔法咒语召唤他们对抗邪恶的魔鬼，不过咒语得重复七次，因为每次只能招来一名神祇，驱逐一个魔鬼。七神的象征是七个圆点，或是七颗星辰，也就是我们所指的昴宿七星。

○ 萨马纳

妨碍人类繁衍的魔鬼尤其令人恼火，萨马纳（Samana）就是其中的典型。据说他长有龙牙、鹰爪和蝎尾，会影响农作物和牧群的丰产，他还对婴儿和人类的性事有特殊的胃口。有一个针对他的苏美尔防护咒语列出了他如何妨碍年轻女子的月事，让年轻男子不举，等等。具有如此毁灭力量的魔鬼本应被诸神牢牢束缚，但萨马纳却常受健康与医疗女神谷菈的驱使，因为以人类的性生活为攻击目标，众神可以把人口数量控制在一个他们能容忍的范围内。

第五章
大洪水神话

第五章/大洪水神话

第一节

祖苏德拉——最古老的苏美尔大洪水神话

第七天终于来了。

傍晚，天色阴沉，落着丝丝苦雨。人们惊慌失措，乱作一团。成群结队的平民背着包袱，拖儿带女，匆匆忙忙向停泊在河边的一艘方形大船跑去。孩子们哭着拽住母亲的衣襟，磕磕绊绊地跟着父母跑着。老人、妇女摔倒了，又爬起来急奔，顾不上拭去满身泥污。

人们渐渐集合在河岸边，望着站在船上的中年男子。他身材高大，衣着朴素而高贵，头发在火把的映照下闪烁着跳动不定的灰色，但离变白还很远。他就是方舟的建造者、苏美尔国王祖苏德拉。他注视着慌乱的人群，挥舞双手向等候的百姓喊道：

"让我的亲属过来！"

"把飞禽走兽、粮食种子搬上来！"

"让工匠们都上来！"

在他的指挥下，许多人和动物上了船。跳板被火光照得雪亮，被点名的幸运儿拥挤着往上走，许多人走得很慌忙。剩下的人还有很多，黑压压的一片。他们仰着脸，静静地站着，脸上充满渴望。一种死亡即将来临的恐怖气氛，

从目前出土的考古文献来看，现存最早的洪水故事是苏美尔的祖苏德拉洪水故事，它记录在一块约公元前3000年写成的泥板上。美索不达米亚有三个大洪水故事文本：苏美尔人祖苏德拉（Ziusudra）的洪水故事，阿特拉-哈西斯（Atra-Hasis）史诗，及史诗《吉尔伽美什》中人类始祖乌特纳皮什提（Utnapishtim）的故事。

像云雾一样荡漾在他们头顶。此刻，这艘方形大船不再是普通的船，它的名字是逃亡、是拯救。

船已经快满了，国王又念出一批人名。最后这群人奔跑着冲上船，最后一批货物也被搬运上去。国王哽咽着挥挥手，跳板被猛然抽离，船旋即离开河岸。一开始，它似乎并没有动。陆地仿佛在倒退，但不容易察觉。绝望的人们蜂拥向前，试图跳上船舷，然而一条只有几步宽的水流将他们和船分隔开来，这也是得救和灭亡的分野。随后在幽暗的夜空下，船完全脱离河岸，浮在混浊的水面上，已经不可能接近了。岸上的人发出悲惨的呼号，无助的双手向苍天伸出，竖起了一片手臂的森林。

天亮前雨停了，大船慢慢驶向江面。大河死气沉沉的，仿佛已在即将来临的厄运中窒息。

破晓时分，天边又涌起层层乌云。浓密的云团飞驰，迅速将天空抹黑。群山被遮蔽了，太阳不见踪影，天地间昏暗得像午夜来临。惊雷滚滚掠过天空，那是风暴之神阿达德飞过天空，向人类预告暴风雨就要来临。闪电炸出血红的光，落在瑟瑟发抖的大地上，引起大火。山林和田野都燃烧起来，整个国土上烈焰腾空，猩红的火光映衬着黑沉沉的乌云，更显得阴森可怖。懒洋洋的江面因为疾风而变得生气勃勃，汹涌着动荡起来。从水底发出凄厉的呼啸，简直可以说是淹死者的亡魂在人们脚下哭号。接着大雨从天而降，熄灭大火，世界顿时又变得一团漆黑。

鸟怪安祖撕裂天幕，天上的水倾泻下来。冥后艾莉什基伽勒拔掉地下深渊的支柱，冥王纳戈尔打开了深渊的闸门，地下深渊的水汹涌倒灌，在地面与天水融合，连成一片。狂风挟着惊涛骇浪扑向大地。浊浪排空，一座座芦苇搭成的泥屋一下就没了踪影。大树被连根拔起，随着波涛横冲直撞。人哭喊着奔跑，洪水却在他们身后哗哗狂笑。大浪涌来，人像小草一样被冲上半空。大水肆无忌惮地吞没大地上的一切，在这人类的最后时刻，茫茫水面上只有一艘大船，承载着人类延续的希望，随波逐流……

　　黑洞洞的船舱里，祖苏德拉与众人挤作一团，他的目光穿过狭小的船窗，投向雾茫茫的窗外。他唯一能看到的生灵是甲板上裸着上身、赤脚站定，拼尽全力扳住木舵的舵手。狂暴的雨打得舵手睁不开眼睛，冰凉的水冻得他微微打战，呼啸的风吹得他站立不稳，滔天的浪更是摇晃着船板，几乎要把人颠落水中。方舟像叶子一样被抛上波峰，摔下浪谷，但舵手还是紧紧握住船舵，躲避湍流和洪水中的各种物件，竭力避免船被撞得粉碎的命运。除此之外，舱外一片混沌。祖苏德拉望着眼前的景象，不由回忆起以前的日子。

　　那时候的生活是多么美好啊！阿努纳启大神们创造了天地，众神各司其职，世界秩序井然。后来恩基和宁玛赫在安和恩利尔的倡导下创造了黑头发的苏美尔人，又将王冠和王座赐给人类。人们也不负期望，建立了五大城市，包括祖苏德拉自己的舒鲁帕克（Shuruppag）。那时天蓝云白、风和日丽、水草丰美、土地肥沃，大麦小麦堆成了金黄色的小山丘，冒着泡的啤酒装满了一个又一个木桶，美味的黄油和奶酪堆满了一艘又一艘平底船。人们在畅享丰收喜悦的同时也不忘按时向众神献祭，包裹在牛皮里的脂肪在火上灼烤的香味直冲云霄。

　　然而一夕之间风云突变，阿努纳启大神们突然翻脸，只因人类的喧哗打扰了他们的嬉戏和安眠，他们便在众神会议上议决，要用大洪水淹死人类。一想到众神的无情和在大水中丧生的同胞，祖苏德拉不由潸然泪下："最狠心的便是恩利尔，他竟然要我们悉数灭绝，若非恩基偷偷向我们报信，让我们赶制一艘大船，我们也难免要葬身鱼腹！"祖苏德拉仿佛又听到恩基——那位创造人类的善神——焦急的呼喊："庐舍啊！泥墙啊！你听好了！快快逃命！快拆毁房屋，修筑大船，清点能拿的财物。要快，七天后，天降苦雨，洪水就会到来！"恩基还说，要建造一艘宽度和深度一样的大船，还要给船身涂满松油，才能抵御大水的冲击和浸泡，人类才能度过这场劫难。

船舱中的空气污浊，凄风苦雨间夹杂着妇孺低低的哭泣声。恍惚间，祖苏德拉感到自己又回到了城里，和众人一起建造大船。全城的人都赶来出力，他宰杀牛羊，请众人吃饱，打开酒窖，让众人喝足。人们砍伐木材，打造船板，拆毁房舍，抱来茅草。男子架起锅炉，叮叮咚咚地敲打龙骨；妇女奔跑着，运送造船材料和食物；老人忙着点燃锅炉；孩子们搬来一块块燃料，投进冒着泡的熔炉，手和脸都被烟火熏得黑漆漆的。

第五天，船的骨架搭建起来了。

第七天，大船完全竣工准备下水。

就在这天傍晚，天色转阴，不一会儿竟飘落苦雨，祖苏德拉知道，末日终于到了。如今，大船在风雨中飘摇，造船的人中有多少已葬身鱼腹？逃出生天者寥寥无几，人类的出路又在哪里？祖苏德拉越想越伤心，越想越觉得前途渺茫，不由也哭泣道："众神啊，为何要抛弃忠诚于你的人类？恩基，宁玛赫，人类的父母，你们在哪儿呢？"

此时，恩基正和众神一起挤在天神安的宫殿外廊上，俯瞰着大洪水发呆。诸神都没料到大洪水竟然如此凶猛，把他们在地上的住所也全部冲垮，他们不得不火烧屁股般地从神庙跑到安的居所来避难，平时宽敞巍峨的天界神殿被挤得没处下脚。有许多神跑得过于匆忙，连自己的神权象征都来不及带，眼下他们望着人间汪洋，心中悔恨不已，痛恨自己轻率之下盲从了恩利尔的决定。人类之母宁玛赫等女神更是哭得涕泪交流，痛恨自己没有竭力反对恩利尔的计划。一片混乱中，唯有极力主张消灭人类的恩利尔丝毫不为所动，冷酷的眼眸中闪动着一丝得意的光。

大洪水足足肆虐了六天六夜，一处处城镇、一座座神庙、一片片草场、一块块田地，都被浸泡在黄油的泥水中，万物犹如创世之初一般混沌，只有风在哀声地低号。舵手见浪头逐渐变小，水中杂物也变得稀疏，自己的体力也已如强弩之末，便回到舱内休息，与众人挤作一团。

《创世记》中说,上帝为了惩罚人类的罪恶,决定毁灭人类,由于只有诺亚是个善人,所以上帝传授了造方舟的方法,让他逃避灾难。诺亚一边造船,一边聚集各种动物,最后在洪水来临之际带着一家人和雌雄成对的动物上了船。

第七天，随波逐流的船终于不再摇晃，水面完全平静下来。祖苏德拉打开舱门，雨停了，太阳已经出来了，温暖的阳光洒在舱内，雾蒙蒙的水汽一扫而空。大河平静得仿佛前几天排山倒海的暴风雨只是一场噩梦，但除了方舟内的幸存者，所有的生命已葬身水底。

　　船在一处高地搁浅，放眼望去，远处还有一连串小小的土丘冒出水面，但还看不到成片的陆地。祖苏德拉打开鸟笼，放出几只鸽子。鸽子扑扇着翅膀飞上蓝天，渐渐远去，身影越来越小，消失在云中。但过了一会儿它们又飞了回来，因为找不到落脚地。

　　过了一段时间，祖苏德拉又把燕子放了出去。燕子轻盈地飞上蓝天，快活地叽喳着，享受阳光和微风的轻拂。可是过了一阵子，它们也回来了，因为找不到可以筑巢的地方。

　　太阳西沉，橙红的日轮在昏黄的水域投下跳动的光晕。祖苏德拉放出两只大乌鸦，它们哇哇叫着飞向落日，在燃烧的晚霞中变成一对黑色的剪影，再也没有回来。它们找到了栖身地，大地已从洪水中再次诞生！

　　祖苏德拉兴奋极了，他打开舱门，迎接清新柔和的风，放走所有的飞禽走兽，然后带着幸存的人走下大船，在洪水退却后黝黑的淤泥上开始耕作，重建家园，安居下来。

　　有人说，他们来到了大河汇入波斯湾的入海口，来到为水神恩基所喜爱的人间乐园、永生之地迪勒蒙。祖苏德拉也被众神接纳为神，世世代代享受后人的祭拜。

第二节

阿特拉－哈西斯——巴比伦大洪水神话

古代美索不达米亚人认为，大洪水是一件具有历史意义的重大事件，苏美尔的王表便根据这场洪水分成洪水前的王和洪水后的王两部分。阿特拉－哈西斯是大洪水之前舒鲁帕克城的王，他在大洪水中侥幸逃出生天，并幸运地获得众神授予的永生。流传至今的完整版本主要是巴比伦版，因此下面出场的神祇使用的是他们在巴比伦神话中的名字。

很久很久以前，大地上还没有人类，天上地下只有众多神灵各司其职。宇宙的工作由抽签或者推选确定，安努掌管天空，恩利尔掌管大地，埃阿掌管地下的淡水和海洋。除了三位主神，还有月亮、太阳、金星等几位大神，他们统称为阿努纳启，管理着被称作伊吉吉的小神。伊吉吉负责开掘底格里斯河和幼发拉底河以完成灌溉。

伊吉吉们整日劳作，开凿河渠，修筑堤坝，掘地烧砖，耕种田地，全年无休，苦不堪言。就这样过了3600年，小神们终于累得受不了了，开始消极怠工，聚在一起七嘴八舌地发牢骚。

"我真吃不消了，整天连轴转，我的胳膊都酸得抬不起来了。"

"我也是，我的腿累得都快断了，这样下去我就要报废了。"

"可不干活，我们就会没饭吃，没衣服穿了。要是能不用干活就吃穿不愁就好了。"

"说真的，这样下去不是办法，兄弟姐妹们，我们得一起去找恩利尔。他是众神的统领和顾问，得替我们解决问题。"

"有道理，也许我们应该写个陈情书之类的东西，把我们的意见反馈上去，让大佬们帮我们解决问题。"

但是，事情并不像伊吉吉们所想的那么乐观，他们上报的意见书不是只回复了个"已阅"就再无下文，就是反馈"正在讨论"就不了了之。总之，过去了好长一段时间（以神的标准来说），情况依然没有任何改善。最后，伊吉吉们终于受不了了，一天晚上，他们收拾收拾能干架的家伙，聚众前往恩利尔神殿门口游行示威，把能烧的都烧毁了，把能砸的都砸碎了，恩利尔神殿被围得水泄不通。幸亏有门卫阻挡，他们才没有冲进神殿。

当时恩利尔正在呼呼大睡，突然听到近臣努斯库通报，说他的后代起来反抗他。恩利尔听闻消息脸色惨白。努斯库劝说道："我的主人啊，包围神殿的都是你的孩子们，不用害怕孩子们。还是派出使者去请安努神和埃阿共商大事吧。"

恩利尔立刻派出使者秘密请来安努和埃阿，召开阿努纳启大神会议。恩利尔首先站起来发表意见："这到底是怎么回事？是谁带头闹事，都拥到我神殿门口，这也太不像话了！"安努神劝抚恩利尔道："还是让努斯库去门口调查一下是谁在引领罢工，他为什么这么做。努斯库啊，打开门到外边去，以阿努纳启的名义询问他们，罢工是谁搞起来的！"

于是努斯库走到神殿门口，以阿努纳启的名义询问是谁发起的叛乱。伊吉吉们异口同声地回答："是我们一起宣的战！是我们要休息！我们的活太累、太苦了，要把我们折磨死了！"努斯库就这样回复了恩利尔，但恩利尔并不满意，仍想找出罢工的领头人，再运用阿努纳启的权威和力量将其处决，这样剩下的伊吉吉们就会乖乖去干活。

安努和埃阿指出，伊吉吉们的话也不无道理，他们的工作确实太累了。安努说道："我们不应该处死任何一个伊吉吉，他们负担很重，抱怨也合乎情理。"埃阿也在一旁插话："我们也应该为孩子们着想，应当承认他们确实挺辛苦的，怎么能反过来加害他们呢？"

"漂亮话谁都会说。"恩利尔反唇相讥，"你倒是想个招啊，能让伊吉吉们不辛苦，又不用干活。"

几位男神争来辩去，左思右想，始终找不出解决之道，神殿外的喧哗声却越来越大，眼看情况就要不可收拾。努斯库突然感慨道："要是降生女神在这里就好了，也许她可以让大家多创造点伊吉吉，然后轮班干活，轮班休息。"

这时，埃阿突然有了主意，觉得与其多创造伊吉吉，不如开发一种他们的替代品，这种生物要既能像伊吉吉一样工作，又能为众神定期献祭，还具备快速大量繁衍的能力，足以弥补他们损耗的速度。

大家都觉得这个主意不错，着实可行，便派人请来了众神的产婆玛米（Mami），她也被叫作宁图或子宫女神贝勒特-伊莉（Belet-ili）。恩利尔道："大女神玛米，你是负责繁育的女神，我们准备创造一批全新的物种，这些生物要既能像伊吉吉一样干活，又能快速大量繁衍，以便接手恩利尔分配的任务，替神灵们承担繁重的劳役。"

埃阿在恩利尔的基础上补充说明了制作方法：首先，他会在每月的一日、七日和十五日设置圣池举行沐浴仪式，以便使众神的身心得到净化。"届时我们要在年轻的伊吉吉里挑选一个杀掉，让玛米把他的血和智慧与泥土混合，这样神性就能和人性混合在一起，我们将会永远听到鼓点声。"这里鼓点声可能指后来人类祭祀众神时在神庙里击鼓的声音，也可能指人类的心跳声。

众神一致同意埃阿的建议，于是玛米和埃阿一起前往一个秘密所在，杀死了一位叫作伊拉威-伊拉（Ilaw-ela）的神，又召集了十四位降生女神，把

希腊神话中也有一则人类受劝诫后造船躲避洪水的故事：宙斯因为对人类的罪行万分厌恶，就在地上大放洪水，除了丢卡利翁和皮拉夫妇之外的人全都变成了鱼。

神的血肉与泥土混合后踩实，由她们创造出七名女性、七名男性，人类就这样产生了。

一开始时，人类计划运作良好，人们日出而作，日落而息，承担了众神的许多工作。伊吉吉小神们无不欢天喜地，因为他们再也不用累死累活了。阿努纳启大神们也暗自高兴，因为他们再也不用担心半夜睡觉时被孩子们堵门围攻了。

这样度过了愉快的六百年，神的创造活动引发了意想不到的麻烦。恩利尔发现这个计划并不是那么美妙，因为人类数量实在太多，山川田野、平原丘陵、城镇乡村，到处都是人类，人类的喧哗声已成了一种无法忽视的噪声污染，"太闹，就像牛在吼叫似的"。或许是因为空气和水都是良好的隔音材料，天神安努和水神埃阿倒还没感觉到多大的纷扰，居住在埃库尔神庙的恩利尔却经常被吵得失眠。于是，就像巴比伦创世神话中始祖神阿普苏想杀死吵得他睡不着觉的后代一样，恩利尔也想消灭吵得他无法安睡的生物，至少清除那么一部分，降低那么一点噪声。

恩利尔至少尝试了三次。第一次他指派瘟疫之神纳姆塔拉（Namtara）去大地巡游，人间立刻瘟疫肆虐，成千上万的人死去了，剩下的人也在恐惧中呻吟："难道众神要让我们毁灭吗？"若不是埃阿和舒鲁帕克城的王阿特拉－哈西斯关系特别密切，保持着一种特殊的保护与被保护的关系，恩利尔的计划本可以成功。埃阿找机会悄悄联系阿特拉－哈西斯，告诉他瘟疫的由来，还指示他一个破解之法：让人民不要再供奉其他地方的神祇，专心供奉瘟疫之神，向他献上鲜花、啤酒和面饼，这样他就不好意思再降下瘟疫了。

埃阿的指示立刻得到执行，阿特拉－哈西斯安排长老团组织人手修筑瘟疫之神的神庙，城里居民也殷勤地供奉各种鲜花、美酒、面饼取悦瘟神。果然，瘟神因为接受了人们超出常规的供奉而沾沾自喜，不再前往大地巡游。人们逃过了一劫，再度繁衍起来。

过了六百年，人口数量再一次膨胀起来，噪声问题重又困扰众神。恩利尔有了经验，知道瘟神不靠谱，就派出雨神阿达德（Adad），让他滴雨不下，让田地荒芜、水渠干涸、庄稼歉收。就在人们快要饿死的时候，埃阿又通知阿特拉－哈西斯，让他安排人们依照此前供奉瘟神纳姆塔拉的规模大事敬拜阿达德。阿达德在得到远超规格的祭祀和供品后便不好意思做得么绝，悄悄地在夜间施舍露水，清晨放出晨雾，让庄稼和牧草能够活下来。人类再次躲过天灾，继续生存。

过了几百年，大地上的人口第三度膨胀，远超之前的数量。恩利尔对人类的厌恶程度进一步加深，发动了第三次袭击。这次他安排天、地、地下深渊联合发起旱灾，还安排神祇进行监督，以确保命令能得到执行，不允许神贪污受贿，擅自改变天命。于是，天降的淡水悉数断绝，咸水渗入田野和牧场，大地寸草不生，牧场变成荒漠，田野结出盐碱。人类耗尽了所有存储的粮食，吃完了所有能捉到的动物，甚至互相交换吃掉自己的孩子。人间饿殍遍野，景象惨不忍睹。就这样过了几年，黑头发的人类几乎灭绝。埃阿实在看不下去，偷偷安排了一些泉眼，让人类能苟延残喘。

见人类清除计划一再受阻，恩利尔怒不可遏，他招来众神，严厉地呵斥他们破坏自己的大计，要求众神合作，严格执行他的下一个计划，最终使大地摆脱人类。恩利尔计划释放一场滔天洪水，毁灭大地上的一切生灵，为此，他要求雨神阿达德、水神埃阿、冥王纳戈尔与艾莉什基迦勒等神配合自己的行动，而且严禁任何神祇向人类透露消息，尤其申斥了三番五次走漏风声的埃阿。

但智慧之神埃阿早有对策，他没有跟阿特拉－哈西斯讲话，而是对着他家茅屋的泥墙发出警告，因为他知道阿特拉－哈西斯正在墙的另一端琢磨自己最近做的一个噩梦。"请注意请注意，仔细听仔细听，拆掉你的房子，改建一艘大船，船要有船篷，船舱要密封，上下擦拭沥青，让阿普苏的水无法渗入。扔掉你的财产，多多储备粮食，专注拯救生命。一切要在七日内完成，大洪水第七天来临。"

生死攸关之际，阿特拉－哈西斯聚精会神地听着芦苇墙转播的天界密报，随后命令他的工匠即刻着手打造大船。由于过分紧张，"他的心急得快跳出来了，呕得连胆汁都吐了出来"。但他坚持聚集各种生物，从最大的野兽到最小的小鸟，每种各一对。他刚来得及让亲眷们上船，封好舱门，解开缆绳，雨神阿达德就开始在迅速密集的暴雨云中大吼起来。接下去的事就和祖苏德拉故事里的一样，地下的水冲到地表，天上的水倒了下来，天地间一片汪洋，除了阿特拉－哈西斯和他的亲属们，其余的人全都被洪水淹死了，"像水里的蜻蜓一样浮了起来"。

埃阿看到自己的造物遭受灭顶之灾，悲痛欲绝，安努和尼努尔塔也心生怜悯，后悔不该同意恩利尔的提案。玛米和十四名生育女神望着大地上波涛翻滚，听到人类呼救哀号，不由肝肠寸断，懊丧自己竟会同意恩利尔的计划。玛米声泪俱下地控诉道："不幸和灾难波及大地，黑暗挡住了光明，我们创造的人类尸横遍野，我在这里哭泣又有什么用呢？他们再也不会生还了。今后，再也没有勤勤恳恳的人类供奉我们了，我们不能高高在上，享受富有又自由的生活了。以后再也没有替我们干活、承担重任的人类了！"玛米越说越气，环顾四周，问道："恩利尔躲到哪儿去了？他出了这个好主意，应当承担这场大屠杀的责任。他看问题不顾后果，你们也盲目服从，现在你们看看遍地的死者吧，我要为他们哭泣，也要为你们哀号，因为你们将重复过往终日无休的命运！"众神一想到以后又得自己干活，不由心生畏惧。这场混乱中唯有恩利尔是例外，他看到自己计划得逞，心中很是满意，但又不想和其他神起冲突，便暂时躲了起来。

七天七夜过去了。阿特拉－哈西斯听到舱外风雨声渐渐减弱，便打开舱门，见方舟已在一处小山丘搁浅，大洪水已经退去。他走出船舱，深吸了一口潮湿然而新鲜的空气,让清风拂过脸颊,然后从舱内取出食品和啤酒,恭敬地向众神献祭,感谢神灵的不杀之恩。已经饿了好几天的众神立刻像苍蝇一样聚了过来,围在供品旁长吸久违了的香气。唯一的例外是恩利尔,他见到自己的伟大计划又失败了,勃然大怒,向众神大发雷霆:"怎么还会有人逃过这场灾难!"他指责众神背信弃义,违背了当初一起发下的绝不泄密的誓言。安努则说:"除了埃阿,谁还能做出这种事?我们可没有泄露天机。"

恩利尔正待发作,众神的产婆玛米已先声夺人,奔过来怒斥道:"恩利尔、安努,你们这两个罪魁祸首,竟然凶残到这个地步。人类确实是吵了一点,但他们供奉祭祀我们,我们怎么能下此毒手?现在众神饥肠辘辘,悔恨不已,悔不该相信你们的话。你们的脸已黯淡无光,怎么竟然还想惩罚埃阿?"

众神七嘴八舌,多数支持埃阿,因为人类活着对他们吃饭有利;少数支持恩利尔,要严惩违背恩利尔誓言的神。恩利尔见舆论对他不利,便不再坚持己见,转而要求埃阿另谋他策。

埃阿表示,阿特拉-哈西斯是受高人托梦指点才准备了逃生的方舟,这说明此人命不该绝,理应将其提升为永生者。不过他也答应恩利尔,他会再度与玛米合作,创造一种寿命稍短的新人类。他俩还携手创造三种人来降低出生率:第一种是不孕不育的人,第二种是专门偷走和杀害婴幼儿的魔怪,第三种是献身宗教、矢志独身、视怀孕为禁忌的妇女。这个神话就这样把某些人的不孕不育归因于对其他人过度生育的补偿,是为了将人类的数量控制在神祇可以容忍的范围内。

「扩展阅读

大洪水神话演化史

许多人或许听过诺亚方舟的故事,《圣经·创世记》中说,上帝为了惩罚人类的罪恶,决定毁灭人类。由于诺亚是个善人,所以上帝给他传授了制造方舟的方法。诺亚一边造船,一边聚集各种动物,还不时劝诫周围的人要行善,警告他们洪水要来了,但谁也不听。

传说诺亚修造了一条庞大的方舟,带着一家人和众多雌雄成对的动物上船,随后大雨如瀑布般从天而降,不分昼夜地下了40天,掀起了滔天洪水,连最高的山峰都淹没了,大地上万物齐喑,只剩下诺亚方舟在万顷波涛中随波逐流。洪水泛滥了150天后才逐渐退去,开始有山头冒出水面,又过了一年多后大地才逐渐恢复原貌。诺亚放出一些鸟类试探,直到确定洪水已真的退却后才带着家人和飞禽走兽走出方舟,在大地上再次繁衍生息。

希腊和印度有与之类似的丢卡利翁大洪水和摩奴大洪水神话,情节与诺亚方舟的故事十分相似:大雨下个不停,把世上的人都淹死了,只有身为主角的好人造船逃过一劫,在洪水退去后开始新的生活。这种相似令人好奇,到底是在几千年前的某个时间里,各地都天降暴雨,洪水泛滥,还是同一类故事在流传过程中出现了变种?

从出土的考古文献看,现存最早的是苏美尔的祖苏德拉洪水故事,它记录在约公元前3000年写成的一块泥板上。美索不达米亚有三个大洪水故事文本:苏美尔人祖苏德拉的洪水故事,阿特拉-哈西斯史诗,及史诗《吉尔伽美什》中人类始祖乌特纳皮什提(Utnapishtim)的故事。虽然细节和名字上各有所不同,但基本描述了同一个事件。

祖苏德拉洪水故事的开篇部分已损坏,残存的碎片中依稀能看到这样的故事:国王兼祭司祖苏德拉正在雕刻一尊木制神像,以便膜拜并祈求神谕,结果他被告知了一个众神的重大决定:"我们将亲手(降下)一场洪水,使人类灭绝。"接下去暴雨倾盆,足足持续了七天,祖苏德拉躲在一艘船中逃亡。当他终于打开舱盖时,发现已到了永生之地迪勒蒙,太阳神乌图出现了。祖苏德拉用一头牛和一头羊向天神安和风神恩利尔献祭,众神在迪勒蒙授予他永生。

祖苏德拉洪水神话中看不到人类的起源，也看不到众神为何要降下洪水使人类灭绝，但在《阿特拉-哈西斯》史诗中这些是非常重要的情节。史诗作者伊皮克-阿雅（Ipiq-Aya）是公元前17世纪汉穆拉比之孙阿米-萨杜卡（Ammi-Saduqa）统治时期的诗人，住在古巴比伦王国的城市西帕尔（Sippar）。他修改润色苏美尔的大洪水神话，形成了阿特拉-哈西斯的故事。

○ 创造人类

按照伊皮克-阿雅的说法，智慧水神埃阿挑选了一位叫伊拉威-伊拉的小神，将他杀死，把血肉交给大母神玛米。玛米将血肉与泥土掺和在一起踩实，创造了第一批人类，用以接替众神承担天地间的一切劳役。这一段故事似乎是苏美尔创世神话"人类的起源"的翻版，但增加了伊吉吉们因为全年无休起而反抗恩利尔的情节。

后来，在巴比伦创世神话《埃努玛·埃利什》中，创造人类的功劳被安在了新生代神王马尔杜克名下，这个版本里没有提到黏土，也没有提到降生女神，只是说马尔杜克在打败众神之母提亚玛特后，借助父亲埃阿的帮助，用叛军首领钦古的血肉创造了人类。创造人类的目的依然是替代神祇劳作，但动机不再是为了安抚伊吉吉，让他们不要罢工，而是为了彰显神威，显示自己神王的地位。

《阿特拉-哈西斯》史诗中造人的神话对周边国度的神话也产生了影响。一则希腊神话提到，雅典娜和普罗米修斯携手创造了第一批人类，正如玛米和恩基或埃阿创造人类那样。雅典娜传授给普罗米修斯建筑学、天文学、数学、航海学、医学、冶金术和其他有用的技艺，普罗米修斯又把这些技艺传授给了人类，正如苏美尔众神委员会决定让谷物女神、畜牧女神等神给人类传授各种技能一样。

这些早期人类的寿命很长，无病无灾、无忧无虑，长期以来一直令宙斯厌恶，在普罗米修斯的恳求下，宙斯才暂时宽恕他们，但人类日益增长的力量和才能令他恼怒。有一天，在一场为人类和神祇分配牺牲的集会上，双方就公牛的哪一部分应该献给神作祭品，哪一部分可以留给人类发生了争论。普罗米修斯受邀仲裁，他用公牛皮缝了两个袋子，把他从牛身上割下来的部分装了进去。他在一个袋子里装满牛肉，但都藏在牛胃下；

在另一个袋子里装满骨头，但藏在厚厚的一层牛油下。当普罗米修斯让宙斯选择时，宙斯选了装骨头和油脂的那个袋子。普罗米修斯在背后嘲笑宙斯。于是，宙斯以拒绝向人类提供火作为对普罗米修斯的惩罚，他喊道："让人类生吞他们的肉吧！"

普罗米修斯立刻去找雅典娜，请她让他从后门进入奥林匹斯山，雅典娜同意了。普罗米修斯一到奥林匹斯山，就用燃烧的太阳车点燃了火把，又从火把上取下一块火炭，藏入一根大茴香秆的中空部分。然后他熄灭火把，悄悄溜下山，把火传给了人类。

宙斯发誓要报复，他制订了一个邪恶的计划，准备让人类付出代价。他命令工匠之神赫淮斯托斯用黏土制作了一个"面如长生不老女神"的美丽少女，让四风赋予她生命；让雅典娜为她穿上美丽的长袍，戴上精巧的冠冕；让所有其他的女神来帮助雅典娜装扮少女。这位有史以来最美丽的女人即潘多拉，宙斯将她作为礼物送给厄庇墨透斯，由赫耳墨斯护送。厄庇墨透斯虽然事先收到了哥哥普罗米修斯的警告，但还是与潘多拉成了婚。不久，潘多拉打开了一个普罗米修斯曾警告厄庇墨透斯不要打开的魔盒——普罗米修斯煞费苦心地把一切可能折磨人类的痛苦，如衰老、苦役、疾病、疯狂、堕落和盛怒，都封在魔盒里（也有人说是宙斯装进去后送给潘多拉的）。现在这些痛苦蜂拥而出，在厄庇墨透斯和潘多拉的身体上到处蜇刺，从此各种各样的灾难和不幸充满了大地、天空和海洋。

普罗米修斯造人和潘多拉的神话复制了《阿特拉-哈西斯》史诗中的主要人物和他们的性格。神王宙斯和脾气暴躁的恩利尔一样严厉而残忍，给人类降下种种灾难；创造人类的智慧水神恩基/埃阿一角被拆分给普罗米修斯和赫淮斯托斯；普罗米修斯如恩基/埃阿一般聪明机智、关爱人类，赫淮斯托斯则承担了工匠神的角色；雅典娜扮演的角色是人类的创造者女神玛米。在古希腊诗人赫西俄德的诗《工作与时日》中，雅典娜是这个故事中的主要女神，其他女神在装扮潘多拉一事上都是她的助手，与《阿特拉-哈西斯》史诗中帮助玛米的生产女神对应。潘多拉魔盒事件的后续也与《阿特拉-哈西斯》史诗类似：魔盒虽然给人类带来种种灾难，却没能消灭人类，于是宙斯决定施放大洪水，从地表上彻底清除人类。

○ 大洪水的起因

《阿特拉-哈西斯》史诗中的大洪水发生在主人公阿特拉-哈西斯生活的舒鲁帕克

城，这座古城大致位于今日两河流域南部的法拉丘（Tell el-Far'a）。这一地区在古时经常洪水泛滥，幼发拉底河的河水有时会冲出河道，漫过两河之间的土地，侵入较低洼的底格里斯河；底格里斯河本身则常常会河水暴涨，冲破河堤。考古和地质证据表明，这样的洪水在当时是相当普遍的现象。

据推测，大约在公元前2800年曾有一场特别令人难忘的大洪水。考古出土的同一时期淤泥层厚达3米，淤泥层之中没有任何人类活动的迹象，要淤积这么厚的河泥，水深至少要达到8米，而且还要停留很长一段时间，由此可以判断当时发生了多么严重的水灾。或许这场洪水正是祖苏德拉洪水神话或阿特拉-哈西斯洪水神话的原型：恩利尔嫌人类太吵闹施放了洪水，旨在彻底消灭人类。幸而阿特拉-哈西斯在埃阿的预警下建造了方舟，与妻子一起坐船逃走，从恩利尔的怒火中拯救人类，使其免于毁灭，最后他在永生之地被众神授予不朽。

○ 大洪水神话的广泛流传

由此，阿特拉-哈西斯成了享有巨大声望的古老人物，人们用各式各样的名字和绰号来称呼他，这些名字和绰号又被翻译成不同的语言，有时是重新释义，有时是缩写，他的名声在五千年里传遍世界。

许多古代神话和宗教作品都试图与阿特拉-哈西斯扯上关系，比如《吉尔伽美什》史诗中就出现了大洪水故事，虽然这一段剧情与主线并无直接关联。当时，吉尔伽美什在失去挚友恩基杜后悲痛万分，决定去请教遥远的先祖乌马拉·图图之子乌特纳皮什提，问他人类要如何才能永生，因为乌特纳皮什提是个被诸神允许获得永生的凡人。

吉尔伽美什经历了重重艰难险阻，跨过蝎人夫妇把守的落日之山，渡过广阔海洋的死亡之水，最终见到了乌特纳皮什提。但是这位人类始祖告诉他，人类是不可能获得永生的。吉尔伽美什不服，问乌特纳皮什提也曾是凡人，却又为什么能够永生。乌特纳皮什提便说出了大洪水的由来，还有自己造船的细节。他听从埃阿的秘密指示，提前收集好材料，在第五天里搭好船的骨架，将船造成平底方舟形，船体空间有一百二十肘高，分为六层，每层有九个房间，房内有消火栓，船壳内外都涂满沥青。他把家眷和所有的生物都装上了船。

太阳神沙玛什曾与他约定："黄昏时黑暗之主降下大雨，那时你们就走进船舱，关闭舱门。"随后大雨下了六天六夜。乌特纳皮什提长篇大段地描述了洪水泛滥时天地间的惨状。到了第七天，雨停了。大地彻底被洪水淹没，目之所及一片汪洋。到了第十二天，洪水开始慢慢消退，乌特纳皮什提的船搁浅在尼仕尔山上。他们搁浅后的第七天，乌特纳皮什提放出一只鸽子，但是由于找不到落脚的陆地，鸽子飞了回来。次日他又放出燕子，燕子也因为找不到陆地而飞回来。后来他放出乌鸦，乌鸦看到了陆地，盘旋着飞走了。于是乌特纳皮什提放走了所有的飞禽。他在山顶摆开七只又七只的酒盏祭祀神灵，又把芦苇、杉树和香木放在祭坛上，于是神灵循着香味来了。

　　恩利尔见到还有人类活着，异常生气，因为他发起洪水就是为了消灭所有的人类。埃阿劝说道："有罪者应该治罪，无罪的应该宽恕。想要减少人类，与其泛起洪水，不如让猛兽逞凶，让饥荒和瘟疫降临……何况有人给乌特纳皮什提托梦，他已经知晓了神的秘密。"恩利尔听从了劝说，便赐福给乌特纳皮什提，让他和妻子获得永生，并在诸河流的河口生活。

　　"乌特纳皮什提"的意思是"找到生命的人"，这在苏美尔语中与"祖苏德拉"含义近似。"阿特拉-哈西斯"的意思则是"格外睿智"，它的名号 ruqu 对应"祖苏德拉"名字中的 sudra，意为"遥远"。"普罗米修斯"名字的意思是"先见之明"，有可能是对阿特拉-哈西斯名字意思的希腊化翻译。而乌特纳皮什提的缩写那什"na-h"很早以前就在巴勒斯坦一带念作诺亚（Noah）。有些学者认为，罗马神话中尤利西斯（对应希腊神话中的奥德修斯），其名 Ulysses 可能来自赫梯神话中的 ullu（ya）s，也就是赫梯人对阿特拉-哈西斯的别名"遥远"的译名。奥德修斯这个名字，以及他为了蒙骗独眼巨人波利斐摩斯所使用的假名欧得斯（Oudeis），都可能基于 Ut-napishtim 的译音文字 UDZI（这部分有点看不懂）。叙利亚的乌加里特迦南神话中，手艺精湛的工匠之神科塔-瓦-哈西斯（Kothar-wa-hasis），其名也与阿特拉-哈西斯有关。在所有这些称谓中，要将真名与名号区分开是非常困难的。

　　希腊神话中也有一则人类受劝诫后造船躲避洪水的故事：普罗米修斯的儿子丢卡利翁听从父亲的劝告，在宙斯毁灭青铜时代的人类前夕制造了一艘方舟。宙斯让天空降下大雨，希腊东部帖撒利的群山裂开，世界陷入一片汪洋。

丢卡利翁的方舟在水上漂了九天九夜，最后停在帕耳纳索斯山峰旁。在安全上岸后，他和妻子皮拉向逃亡者的保护者宙斯之父献上祭品，然后来到忒弥斯神庙祈祷，神庙顶上还残留着海草，祭坛里也都是冰凉的水。他们谦卑地恳求让人类重生，宙斯从远处听到他们的声音，派赫耳墨斯确保无论他们提出什么要求都会立即得到满足。忒弥斯现身道："把你们的头裹起来，把你们母亲的骸骨抛在身后！"

由于丢卡利翁和妻子皮拉的母亲不同，而且都已经去世了，所以他们认为提坦女神指的是地母，她的骸骨就是河岸上的石块。因此，他们裹上头巾，弯腰捡起石头丢到身后；丢卡利翁丢的石块变成了男人，皮拉丢的石头变成了女人。人类因此而重生，从那以后，"一个人"（laos）和"一块石头"（laas）在许多语言中几乎是同一个词。

印度的摩奴洪水神话与阿特拉－哈西斯神话或丢卡利翁神话虽然在许多细节上不同，但基本要素是一致的：某日早上，日神苏利耶之子摩奴在洗手时遇到一条小鱼，小鱼对摩奴说："好好照顾我，我会保护你。"摩奴答应了。他先把小鱼放在陶罐里喂养，一段时间之后小鱼长大了很多，罐子里装不下了。摩奴就挖了一个水塘，把鱼养在水塘里。后来又换了几次容器，每次鱼都长得更大，摩奴就把它放进恒河。最终鱼长得巨大，准备回到大海。它告诉摩奴，洪水即将到来，摩奴必须先造好船，等到水淹没大地时，它会拖着他的船到达安全的地方。

这块出土的黏土板中记录了《吉尔伽美什》史诗中有关大洪水的片段。

后来事情果然如鱼所说，摩奴和七位仙人（印度神话中的仙人依然是凡人，只是通过修行获得了法力）登船，将船系在鱼的犄角上。鱼拖着船航行了很多年，最终到了雪峰下，摩奴等人就在那里上岸，他发现洪水已经卷走了世上的一切生灵。这时鱼现出了自己的本相——毗湿奴。毗湿奴要求摩奴坚持修行，摩奴照办了。他把黄油、牛奶、乳清投入水中，第二年，在他投入祭品的地方出现了一个女孩，自称是摩奴的女儿。这个女孩和仙人们及摩奴繁衍出子孙，人类再次繁荣起来。

这个洪水神话在印度出现得比较晚。《吠陀经》（成书于公元前 1500—前 1000 年）中并没有有关洪水的神话。据考证，印度的这个洪水神话大约出现在公元前 600 年之后，和雅利安人东进入侵恒河河谷以及亚历山大大帝入侵印度有密切联系。

这些古老的洪水故事很可能源于美索不达米亚地区的传说，但细节有所不同，这些细节的多样性说明了民间故事千变万化的特点。其中某些基本元素被广泛地应用于新的组合中，并根据民族利益和不同的文学背景加以改编。比如在《创世记》中，鸽子给诺亚带回了一片橄榄叶子，橄榄是巴勒斯坦的植物，因为美索不达米亚不长橄榄树。

据研究旧约的学者考证，《创世记》是旧约中最晚成形的文本之一，是"巴比伦之囚"末期的作品。巴比伦之囚是指新巴比伦王国的国王尼布甲尼撒二世在公元前 586 年攻入巴勒斯坦，灭亡了犹太国，将大批民众、工匠、祭司和王室成员掳往巴比伦。巴比伦洪水传说和《创世记》中诺亚方舟洪水传说之间的相似性毋庸置疑，而诺亚方舟故事的成形时间无疑要晚于苏美尔的祖苏德拉洪水故事和巴比伦的阿特拉－哈西斯洪水故事。但后者究竟是在何时、通过何种渠道传到希伯来，目前尚无定论。

第六章
英雄国王们

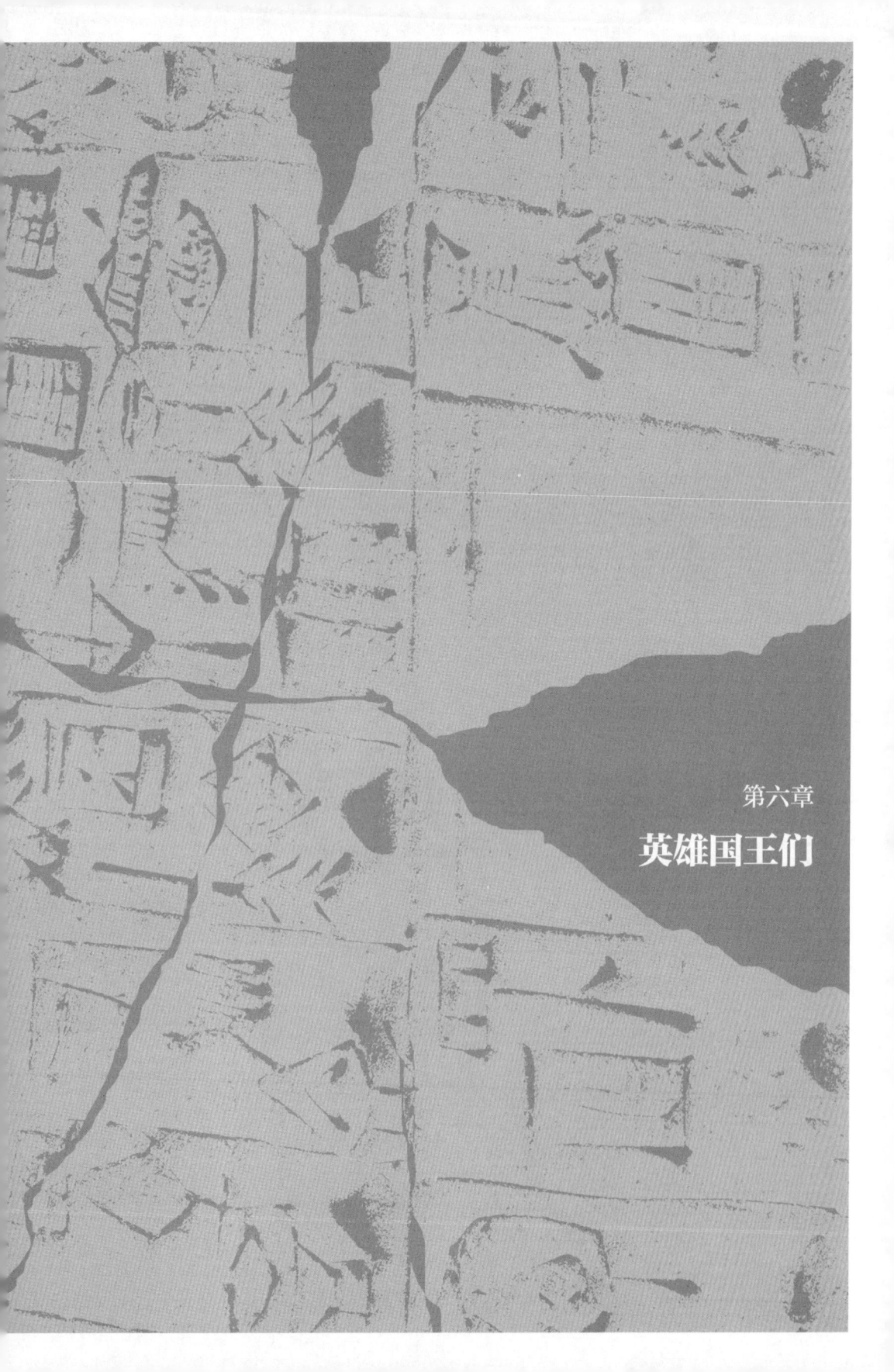

第六章 英雄国王们

第一节

错失永生机会的阿达帕

曾经有那么一段时间,众神的世界和人类的世界并不遥远,人类可以在得到众神许可后拜访神域,阿达帕就曾被邀请到天堂,来到安努和恩利尔面前,还差一点就获得了永生。然而死亡终究是不可避免的,阿达帕的故事就旨在说明这一无可奈何的命运。

阿达帕是智慧水神埃阿之子,在埃利都城担任祭司,副业是打鱼。他像埃阿一样有渊博的知识,能洞察一切,为人也很公正,办事一丝不苟,对神祇非常虔诚,因此深受人和众神的喜爱。每一天,他都会与面包师一起做面包麦饼,亲自摇橹驾船去捕鱼,然后把鱼烧得香喷喷的,配上面包麦饼一起奉给神祇,一日也未曾间断。

某日清晨,众神都还没起床,阿达帕照例起了个大早,先去埃利都的水神庙祈祷,然后摇橹去捕鱼。不料行至半途,南风忽然挟暴雨而至,顿时天昏地暗,风高浪急,阿达帕的小船瞬间被打翻沉没,人也掉进水里,汹涌的波涛卷着他沉入了水中的鱼虾世界,要不是通水性,阿达帕老命休矣。

阿达帕气极了,脱口咒骂:"该死的南风,我可没招惹你,你却打翻我的小船,害我差点溺水。我要折断你的翅膀,让你再也不敢横行霸道,无法无天。"

阿达帕的诅咒刚出口就兑现了，南风的翅膀顿时被折断。南风夹着受伤的双翅落荒而逃，一连七天都不敢露面。

七天过去了，大地不见南风吹拂，天神安努感觉有些蹊跷，便招来自己的心腹使臣问："发生了什么事，怎么七天都没见到南风刮来？"使臣不敢怠慢，派人去查，了解情况后吓了一跳，连忙回复安努："我的主人，是埃阿之子阿达帕诅咒了南风，让南风折断了翅膀，吓得南风不敢出来。"

"荒谬！"素来脾气温和的天神安努发火了，"一介凡人怎么敢这么大胆！"他立刻派人去找阿达帕，让他当面向自己做出解释。

水神埃阿很快从眼线处得知了安努派人传唤阿达帕的消息，抢先一步找来儿子面授机宜："阿达帕，你这番去天上，要小心谨慎、不卑不亢。神王安努已经知晓你诅咒南风，令其双翅折断之事，他会如何降罪于你，连我也不知晓。此行你需梳洗沐浴，剪掉头发，穿上丧服。当行近天门时，你会看到两位大神吉什兹达（Gishzida）与塔穆兹守门，如他们问你为何身穿丧服前来，你一定要回答说，是为了给在大地上消失的吉什兹达神和塔穆兹神服丧。他们二位听了你这话定会高兴，便会在安努面前替你美言，妥善照顾你。安努或许还会让你吃死亡面包，喝死亡之水，你可千万别碰；他若是让人给你穿天国之衣，你倒可以穿上，他也有可能让人给你端来涂抹身体的香膏，你也可以接受。以上这些，你务必牢记。"

埃阿还想再叮嘱几句，安努的使者已经到了。使者厉声对阿达帕道："阿达帕，你诅咒南风，折断它的翅膀，神王命你上天走一趟。"

阿达帕不敢怠慢，赶忙梳洗一番，剪掉头发，换上丧服，跟着使者来到天界。天门旁的两位守门人冲他大喝一声："站住！你是何人？为何这般打扮！穿着一身丧服来到天国，你是想干吗？"

阿达帕抬头一看，是吉什兹达和塔穆兹两位神祇。吉什兹达双肩各长有一蛇，塔穆兹则是一副牧人装扮，脖子上挂有牧笛，很好辨认。阿达帕故意装作不认识他们，谦卑地答道："大地上两位尊神消失了，我是为他们穿起丧服的。"

"那两位消失的尊神是谁？"

"吉什兹达神和塔穆兹神。"

这两位神听到自己的名字，脸色马上好转，相视一笑便放行了，自己也尾随进去。

安努从王座上俯瞰阿达帕，面露不豫之色，问道："阿达帕，你要说实话，你为何让南风翅膀折断？"

阿达帕如实告知当时的情况，尤其强调说，南风把他吹落水里倒不要紧，但打翻他的小船，让船沉入海底却万万不可，因为没了这条船，他就没办法出去打鱼，也就没办法向众神献上香喷喷的烤鱼，没法尽心履行他祭司的神圣职责，这如何能忍！情急之下，他才诅咒了南风。只是不曾料想，话一出口，南风的翅膀竟然真的断了。

塔穆兹在一旁插话，称赞阿达帕每天都在为生活奔忙，却不忘按时按质祭祀众神，真是淳朴善良的好人。吉什兹达也帮腔说，这件事他看得清清楚楚，当时风平浪静，阿达帕打鱼正打得高兴，南风突然蹿过来，一下子就把阿达帕的小船掀翻了，难怪阿达帕会生气。

安努听后怒气消散，直夸阿达帕是神虔诚的儿子，非但不再想惩罚他，反而打算给他一些赏赐。安努略一思忖，命人端来永生之水和永生面包，准备让阿达帕成为他们中的一员。不过安努并没有告诉阿达帕端上来的面包和水是什么。

阿达帕牢记父亲埃阿的叮嘱，谢过安努的好意，但对端到他面前的永生面包，他摇头谢绝，对于端到他面前的永生之水，他一口未喝。安努有些不解，又命人给阿达帕端来一瓶涂抹身体的香膏，阿达帕伸手接过，涂满全身；

安努又命人拿来一件工艺精良的长袍，阿达帕也高兴地换上了。

安努有些迷惑，问："阿达帕，你过来。你为何不吃不喝呢？你可知道，我令人端给你的可是永生之水和永生面包，你拒绝享用，这样你是不能长生不老，像众神一样永生的。我听人说你博学睿智，可今天看起来，你怎么这么傻呢？"

阿达帕恍然大悟，急忙解释道："我的陛下，并非我对您不敬，是我的父亲埃阿吩咐我，在您这里不能喝水，不能吃东西，不然就会死亡。"

"既然如此，那你注定无法永生了。这也是没有办法的事。"安努无可奈何地挥挥手，吩咐使者把阿达帕送回人间。但安努始终觉得有一丝遗憾，便令使臣把埃阿请到天界，把事情经过说与他听，又问他为何会有如此离奇的想法。埃阿不敢隐瞒，不得不照实说来。安努听后哈哈大笑，指着埃阿遗憾地说："天下哪有你这等自作聪明的家伙，你交代儿子按你的吩咐行事，结果却断送了他永生的机会！"

阿达帕回到埃利都，望着苍茫的天穹感慨万千，知道自己已无法与天同寿，必须像凡人一样日益衰老，直到死亡，但他接受了自己的命运，在余生中仍像此前一样尽心尽责。安努也没有忘记阿达帕，给予他和埃利都人额外的恩赐，创造了医疗女神宁卡拉克，也就是女神谷菈，以保护人们的健康，让埃利都人尽可能地生活安逸、幸福长寿。

第二节

上天求子的埃塔纳

大洪水肆虐后，人类所剩无几，国王的神冠也被天庭收回，安放在神王安努的王座前。但人类很快又在大地上繁衍生息起来，阿努纳启大神们决定让人类修筑一座城市，城名叫作基什。

随着人类数量增多，行政管理逐渐变得混乱，于是阿努纳启决定把王冠和王权交还人类，让人间自己形成秩序。安努指示女神伊什塔尔，尽可能地为基什城物色一位出色的国王。伊什塔尔眺望大地，四处考察，见有一名牧羊人用巧妙的手法管理着很多只羊，便向安努推荐，打算让他来做基什的王，安努批准了。于是，伊什塔尔命人将王冠和王座都从天上送下来，赐给了这位名叫埃塔纳的牧人。

埃塔纳任职期间兢兢业业，修建了神庙，设立了瞭望台，还组织基什人开凿运河，修筑水渠，大兴水利，开垦荒地，耕耘良田，恰逢风调雨顺，基什兴旺发达，人们的日子颇为顺遂。阿努纳启们十分满意，埃塔纳的威望也很高。美中不足的是，他与王后结婚多年一直没有子女，这意味着日后王权将会旁落。埃塔纳为此经常愁容满面，他多次在神庙里向众神跪拜祈祷，祈求天神能赐予他们夫妇一个孩子，因为他家是真的有王位要继承。

就在埃塔纳为没有孩子而焦虑的时候，他为风暴神阿达德建造的神庙旁一棵杨树上，一只鹰和一条蛇也在为孩子的事争执。起初，蛇一家在树根做窝，鹰一家在树顶筑巢，两家相安无事，还各自孕育出幼崽，交情日益好了起来。两家还约定，一起捕猎，一起养孩子。此后，蛇袭击了野牛野羊后就把肉拖到窝附近，鹰捕捉了老虎豹子就把肉运到巢里，两家分食。这样无论哪一家有收获，孩子都能很快成长起来。

然而，鹰的孩子长得很快，打猎打来的肉不够分了。鹰想了一个坏主意，它思忖：肉就在树根里住着，何必舍近求远呢？拿树根下的小蛇当食物不就好了？然而老鹰刚把想法说出口，小鹰就劝诫父亲说："父亲啊，这可不是什么好主意，违背誓约，是会受到太阳神沙玛什的惩罚的呀！"但孩子的劝告老子一点也没听进去，它一心想着吃肉，就落到树根，把蛇的孩子吃掉了。

晚上，蛇带着猎物回来，把肉拖到窝的入口，却不见小蛇们来吃，心知孩子们定是凶多吉少，多半被老鹰吃掉了。于是它暗中查证，发现果然不出所料，便立刻向太阳神沙玛什控诉老鹰背信弃义，祈求沙玛什惩罚干了坏事的老鹰。

沙玛什很同情蛇，便指示道："蛇啊，跨过高山，越过原野，继续前行，你会在那里找到死去的野牛，你要咬破牛腹，钻进牛肚，把身体隐藏起来。天上的飞鸟想要吃野牛肉，就会飞落下来，你的敌人老鹰也会来的，它一飞来你就咬住它，拔掉它身上的毛，把它扔进深坑里。"蛇照做了，果然，许多秃鹫鹰雕都飞来吃野牛肉。

不久后，蛇的死敌老鹰也带着小鹰飞来。老鹰说："孩子们，我们下去吃牛肉吧。"小鹰劝道："父亲啊，不要飞下去。蛇多半躲在野牛肚子里，伺机伏击我们。"

但老鹰没把孩子的话当回事，它飞落野牛身旁寻找比较美味的部位。由于软嫩可口的肉已经被之前到来的飞鸟吃掉，老鹰便准备对柔软的牛肚下嘴。它刚把喙伸进牛肚，埋伏已久的蛇猛然出击，咬伤了它的脖子，揪下它翅膀上的飞羽，还一边骂道："你不仅让你的孩子吃掉我的孩子，还想杀掉我。太阳神沙玛什让我惩罚你！"老鹰乞求蛇宽恕它，但蛇已经拔光了老鹰身上的羽毛，把它扔进了深坑。

老鹰在坑里苦不堪言，也向沙玛什祈祷，一面祈求慈悲一面说："沙玛什啊，我已经受到了应得的惩罚。请你给我一个赎罪的机会吧。"于是富有同情心的沙玛什指示："因为背信弃义，你受到了痛苦的惩罚。可是，我还是会给你一个改过自新的机会。基什城的王埃塔纳会来这里救你出来，你要尽你所能帮助他。"

在山的另一边，沙玛什指示埃塔纳翻山越岭，找到那个囚禁老鹰的深坑，把它救出来，治好了它的伤，让老鹰带他上天去寻找生育草。埃塔纳照做了。

脱困的老鹰十分感激埃塔纳，说："哎哟，我的恩人，多谢你救了我的命，这些天可难过死我了。我会想办法报答你的，你有什么心愿，我一定尽力帮你实现。"

"我是奉太阳神沙玛什的旨意来救你的。太阳神说，你能帮我解决忧愁。"

"什么忧愁？"

"是这样的。我是基什城人类的国王，我一向对神虔诚，对人公正，神祇信任我，人们爱戴我。我的家庭和睦，身体也健康，唯独有一件事令我忧愁，我没有孩子继承王位。我希望能得到一棵生育草，让我能有个孩子，让我的王位有人继承。太阳神说你能帮我实现这个心愿。"

"生育草啊？我听说只有女神伊什塔尔才有。"

"那我们就去找她？你知道她现在在哪里吗？"

老鹰单脚跳来跳去，一边跳一边还不停地换脚。接着它向埃塔纳说起自己不久前做过的一个梦。

"我俩飞到了天上，走进神安努、恩利尔、埃阿的神殿门口向他们行礼，然后又走进月神辛、太阳神沙玛什、风暴神阿达德、生育女神伊什塔尔神殿门口，向他们行礼。"

"然后我俩走进了一个美轮美奂的宫殿，里面陈设的家具富丽堂皇，尤其是有一个气派的王座，上面坐着美丽的伊什塔尔，一头狮子躺在她脚下安睡，像狗一样温顺。我刚往那边一看，狮子就跳起来，向我这边扑来。我吓得打起哆嗦，就从梦中醒来。"

"太好了！"埃塔纳高兴极了，"快带我上天寻找伊什塔尔女神吧。我要求她赐予我生育草。"

"没问题，我的恩人，我肯定能帮你实现心愿。来吧，让我载你飞到安努的圣殿里。"

埃塔纳于是爬到老鹰背上。鹰吩咐他："我的恩人，紧紧抱住我的脖子，把胸紧紧贴到我的背上，千万别乱动。"

埃塔纳紧紧抱住老鹰的脖子，抓牢鹰的羽毛，安放好双脚，俯在鹰背上："准备好了，起飞吧！"

老鹰于是扇动翅膀，载着埃塔纳飞上天去。飞了两个小时后，老鹰对埃塔纳说："看哪，我的朋友，大地那么平坦，河流就像一条条细带。"埃塔纳向下望去，大地向外伸展，河流在大地上蜿蜒，景色非常美丽。

老鹰继续向上飞去。又过了两个小时，老鹰说："看哪，我的朋友，你看大地那么辽阔，湖泊就像一颗颗珍珠。"埃塔纳向下望去，觉得风有点大，吹得耳朵痛。他努力想分辨他的城市，可是从这个高度只能看到一个很小的点。

又过了两个小时，老鹰还在往上飞："看哪，我的朋友，你看大地开始退缩，大海多么美丽。"

埃塔纳只觉得云匆匆从脸颊边掠过。真奇怪，从地上看起来，云像由柔软的棉花构成，可是飞近时，埃塔纳只觉得冷得发颤，而且浑身被灰色的雾气沾湿了。他睁大眼睛往下看去，只能看到大地和海洋的分野，黄中带有绿点的那一侧显然是大地，蓝色中点缀了几个灰绿点的大概是海洋。

"还没到啊？"埃塔纳感到自己的声音开始发抖了。

"很快了很快了。"

他们继续往上飞着，两个小时、三个小时、四个小时，他们已经快飞出云层了。埃塔纳勉强睁开眼睛，大地和海洋已经看不见了，他只能看到脚下白茫茫一片，不时有一些淘气的云翻腾出云海，像海浪一样高高跃起。他又艰难地扭转脖子向四周望去，但见长风高旋，天幕四垂，阳光也比在大地上看时明亮得多、耀眼得多。

"还要多久啊？"埃塔纳感觉自己嘴巴已快张不开了，声音一出口就会被风卷走。

"很快了很快了。"老鹰说，"看，上面就是安努的天宫了。再飞几个小时就到了。"

埃塔纳感到自己的四肢已经被冻僵了，他全身都在颤抖。他勉强抬头向上望去，天空竟然呈现发紫的深蓝，完全不是从地面上看去的那种清爽可爱的蔚蓝，天穹深邃得像要把人吞没。他尖叫起来："别飞了别飞了，老鹰啊，我们快回去！我要回去！"

于是老鹰改变方向，开始向地面降落。

飞进了云层，埃塔纳紧紧搂着老鹰。

飞下了云层，埃塔纳紧紧搂着老鹰。

飞得更低了，高山和河流已依稀可见。但突然吹来一阵狂风，老鹰和埃塔纳被风吹得跌跌撞撞，不知所终。

泥板到这里就缺失了，我们不知埃塔纳是死是活。不过从别的版本看，埃塔纳似乎幸存下来。后来他做了个梦，梦见他同老鹰一起飞进了天堂之门。

梦醒后他信心大增，决定再来一次鹰背之旅。我们不太清楚那只鹰是原来的老鹰，还是它的孩子小鹰，总之这一次埃塔纳没有惊慌，终于飞进了天堂之门。看来这次埃塔纳成功来到了伊什塔尔女神面前，求取到了生育草，因为按照苏美尔王表，埃塔纳活了1600岁，继位者是他的孩子，名叫巴利赫（Balih）。

第三节

天堂女王的首席宠儿恩麦卡尔

吉尔伽美什是美索不达米亚三大超级英雄中最伟大和最著名的一位,但并不是最早的一位。很久很久以前,在苏美尔的传说时代,有一位伟大的恩,也就是大祭司兼国王,统治着乌鲁克,他就是恩麦卡尔(Enmerkar),苏美尔三大超级英雄中最早的一位。以他的业绩为基础形成了一首史诗,描述了他在一场智斗中如何使用计谋打败了他的对手兼情敌阿拉塔国王,巩固了他作为女神伊南娜首席宠儿的地位。在这一过程中,他给古老的苏美尔带来了书面文字所能写尽的一切好处。

恩麦卡尔作为乌鲁克城的恩,也是苏美尔最重要的女神伊南娜的神夫,也就是仪式上的丈夫。乌鲁克的繁荣与伊南娜的眷宠密切相关。就与伊南娜的关系而言,恩麦卡尔并不是独一无二的,因为伊南娜女神同时还眷顾着其他城市的恩们。但恩麦卡尔是她最宠爱的丈夫,他希望能持续保持这一地位。

为了讨好强大又任性的女神伊南娜,恩麦卡尔打算在乌鲁克为女神兴建一座华丽的神庙,让它在城市的泥砖建筑中如"矿脉中的白银"那般耀眼。不过,要实现这个计划有一个小小的困难:装饰这样一座新的神庙需要大量贵金属和珍贵的宝石,恩麦卡尔却一点也没有。不过,恩麦卡尔知道在哪里可以找到。

在"翻越七座大山"的远方,一座叫作阿拉塔(大约在今天的伊朗境内)的城市,那里的王拥有大量黄金和珍贵的宝石,足以建成乌鲁克的新神庙。

为了使阿拉塔的王臣服,恩麦卡尔使用了他最有力的武器,也就是变化无常的伊南娜的宠爱。阿拉塔的王恩苏赫吉安纳作为一名恩,也是伊南娜女神的丈夫之一——实际上,每一个城邦的王都是伊南娜女神名义上的丈夫,只不过,伊南娜承认她最宠爱的丈夫是乌鲁克的恩麦卡尔,因此恩麦卡尔祈求伊南娜,在阿拉塔的王答应提供乌鲁克建造神庙所需的财宝之前不给那座城市降下雨水,而伊南娜同意了。

之后,恩麦卡尔派出一名特使前往深受干旱困扰的阿拉塔,威胁要摧毁这座城市。但阿拉塔王并没有因为阿拉塔遭受干旱和饥荒的威胁而屈服,他轻蔑地回答:"回去告诉你的主人,他的威胁对我毫无意义,阿拉塔绝不会向乌鲁克屈服!"特使向他表明,恩麦卡尔此举获得了伊南娜的授权,阿拉塔日益困难的局势全是这位任性的女神造成的。

阿拉塔王恩苏赫吉安纳气得七窍生烟,他知道,要是没有伊南娜女神的支持,想要战胜恩麦卡尔是没有希望的。但他又不甘心就这么屈服,于是,他建议双方展开一场智斗。他给恩麦卡尔出了三道似乎无解的难题。

第一项要求是要恩麦卡尔为阿拉塔提供粮食以缓解饥荒,但恩麦卡尔必须用网,而不能用袋子来装粮食。恩麦卡尔很快就找到了解决方法,因为站在他那边的不仅有女神伊南娜。谷物女神尼萨巴把她的秘密告诉恩麦卡尔,根据她的指示,恩麦卡尔把发酵的粮食送到阿拉塔。发酵的谷粒已经变大,所以不会从网眼里掉出去。随同这批粮食一起送到阿拉塔去的还有一个口信,要求阿拉塔按照投降的惯例,接受一根来自乌鲁克的权杖。阿拉塔王同意了,但条件是这根权杖"既不能是木头的,也不能是金子的,也不能是铜的……",接下来是一长串的材料的名称。

恩麦卡尔又找到了办法,这次要感谢恩基的干预。根据他的建议,恩麦卡尔找到一种苏美尔人从来没见过的芦苇，制成一根权杖。于是阿拉塔王的计谋又落空了。

对方又提出第三个挑战："让两个城市的摔跤冠军举行一场比赛来决定胜负。但恩麦卡尔派出的选手身上的服装必须既不是黑色，也不是白色，既不是棕色，也不是绿色，总之什么颜色也不是。"这一次恩麦卡尔不用神的帮忙就找到了办法。他派去的选手身上穿的衣服由未经漂染的布制成，属于无名的颜色。

记录这一故事的泥板到这里破损了一大块，我们无法得知这场比赛的结局，估计是恩麦卡尔的人获得了胜利。不过这位乌鲁克的恩已经失去了耐心。他又派出一名特使到阿拉塔，让他传达以下威胁："你是想让我把这个城邦的人像驱散树上的鸽群一样驱散吗？……你是想让我计算它的居民在奴隶市场上的售价吗？……你是想让我从它的废墟上扫出尘埃吗？"

这一大串威胁长得吓人，恩麦卡尔担心他的特使背不出，便使用一个使朝野大吃一惊的方式——他写了一封信。这是世界上第一封信。

书面文字成了谈判的工具，起了决定性的作用。阿拉塔的王看着那块泥板，深深感受到"口气严厉，事态不妙"，知道他只能认输，奉上恩麦卡尔所需的宝物。于是乌鲁克的伊南娜神殿得到了黄金和珍贵的宝石作为装饰，而恩麦卡尔得到了赞美："人们将永远记住，他为我们城市带来了黄金。"

乌鲁克和阿拉塔之间的竞争由来已久，虽然经常是乌鲁克胜出，但阿拉塔并没有停止反击。苏美尔三大超级英雄之一的恩麦卡尔至少还与阿拉塔王之间发生了另一场斗争，但这次他靠的不是众神的恩宠或自己的狡黠，而是借助了一名魔法师的力量。这次阿拉塔的那位王可能就是恩麦卡尔的老对手恩苏赫吉安纳，也可能是他的继任者，反正恩麦卡尔又获胜了。

这一回，阿拉塔王派一名特使来到乌鲁克，给伊南娜的首席丈夫带来一个口信：恩麦卡尔必须臣服于阿拉塔王，因为只有阿拉塔王才是伊南娜真正的新郎，只有阿拉塔王才能"同她一起甜蜜地睡在一张精美的大床上"。恩麦卡尔也许可以在梦中见到这位女神，但只有阿拉塔王才能面对面地见到女神本人。

这一口信当然激怒了恩麦卡尔。在苏美尔所有的统治者中，伊南娜最宠爱的情人不就是他恩麦卡尔吗？让阿拉塔王留着他"精美的大床"好了，恩麦卡尔将继续在伊南娜那撒满鲜花的床上嬉戏。这件事不仅关系到他的"性"福生活，还与他的权威密切相关，因为苏美尔统治者的权力是以与伊南娜的关系为基础的。于是恩麦卡尔绘声绘色地向阿拉塔特使描绘他和伊南娜女神共度良宵的一些细节，然后打发特使回去向主人转达他的轻蔑。

阿拉塔王碰了个钉子，于是询问大臣们下一步该怎么办。此时阿拉塔恰好有一名来自远方的魔法废墟之城哈马祖的难民，名字叫作乌吉努纳，据说他有很强大的魔法。当时，魔法同医术、占卜之间并没有区别，每一样东西都有相应的咒语，通常形成于久远的传统。已知最古老的咒语出自公元前2400年，有迹象表明，过了一千年之后这些咒语仍在使用，而且使用时有了更多的仪式感，和相当大的规模。这些仪式通常包括准备念出咒语，使用恰当的手势与正确的原料，比如羊毛、面粉、洋葱甚至海水，它们全都含有某种象征性的力量。更匪夷所思的原料还有蝙蝠血和蝎子碎末等，用来在仪式中封住门的四周。之所以使用这种魔法是因为人们想象他们的困难是超自然生物造成的，念咒无疑是获得解脱的正确方法。

对付魔法与咒语，唯一的方法是使用反魔法，包括由精通此道的魔法师详细制定的咒语和举行的仪式，如果应对得当，不仅能让人在危机四伏的环境中幸存，甚至还能发挥积极的功效，吓跑较小的妖魔或恶灵，或是驱使他们反过来保护人类。当然，真正有效的魔法必须由训练有素的魔法师施展才行。魔法师们通常要价不菲，虽然魔法师制作的写有咒语的护身符并不昂贵，但雇用魔法师亲自施法就很贵了，并非人人负担得起。

阿拉塔王接受了大臣的建议,派这名魔法师前去乌鲁克造成尽可能大的灾难,并为他准备了丰盛的食品饯行,"他命令把各种药草给他吃,最好的水给他喝"。

乌吉努纳前往乌鲁克途中在幼发拉底河沿岸的艾利什停留,这地方当时属于恩麦卡尔的领地。乌吉努纳在此停留,是为了展示自己的实力。他进入牛圈和羊舍,诅咒牛羊,又在各处大肆破坏,使得"小牛遭到了厄运"。牧人们饿着肚子,哭着乞求女神的帮助,因为艾利什是属于谷物女神尼萨巴的,而她是恩麦卡尔的朋友。

女神果然帮助了他们。一位年老的女巫师萨格巴鲁出现在河边,和乌吉努纳展开了一系列魔法师之间的激烈较量。情况大致是这样的:把一件铜器扔进河里,命它从河里变出一种动物。第一次乌吉努纳从河里拉出一条肥鱼,可是那位老妇变出一只老鹰,一把抓住鱼飞进山里去了。第二回合乌吉努纳变出一只母羊和一只小羊,而老妇则变出一匹狼把母羊叼走了。第三回合乌吉努纳变出一头母牛和一头小牛,而萨格巴鲁则变出一只雄狮,轻松把它们撕碎。第四回合乌吉努纳从河里变出两只山羊,又被萨格巴鲁的豹子吃掉。最后一回合,乌吉努纳的山羊被萨格巴鲁的猛虎解决了。

乌吉努纳大为窘迫,"他面如土色,不知所措",而萨格巴鲁轻蔑地训斥他:"巫师,你的魔法可能确实有两下子,可是你的脑子在哪儿呢?"他怎么没意识到,对在尼萨巴保护下的东西进行破坏,就是在挑战女神本人啊!

乌吉努纳苦苦哀求女巫师饶他一命,可是她指着被毁坏的牛圈说:"你触犯了禁忌,你使奶油和牛奶都不足了。"于是她当场杀死他,把他的尸体扔进宽阔的幼发拉底河里。

吃了这一次败仗,阿拉塔王自知不受女神宠爱的自己没法抵抗恩麦卡尔,便放弃了先前对乌鲁克的要求,另外派出一名特使。这次带去的信息与上次截然不同,因为阿拉塔王被乌吉努纳的死吓坏了。他卑躬屈膝地表示:"你是伊南娜女神最宠爱的。"接着又自我贬低："从一生下来，我就不是你的敌手，你才是老大，我根本没法跟你比。"

就这样，恩麦卡尔又一次战胜了对手，不过这次他连手指都没动一下，就有女巫师替他打了胜仗。他的确是众（女）神的宠儿。

第四节

吉尔伽美什的父亲卢迦尔班达

上一节我们说到,备受伊南娜宠爱的乌鲁克国王恩麦卡尔与阿拉塔王斗智斗勇好几轮。他们之间的斗争并非总是使用魔法或點谋,有时也会动用武力。有一回,恩麦卡尔派出乌鲁克的一支精锐部队与阿拉塔王交战,吉尔伽美什的父亲卢迦尔班达(Lugalbanda)就在这支乌鲁克精英队伍中担任一名将领。他在去阿拉塔城的途中经历了一番非凡的冒险,这次冒险既为他赢得了威望,也为他后来获得女神宁松(Ninson)的青睐,成为乌鲁克王奠定了基础。这个神话是这样的:

一行人正日夜兼程行走在前往阿拉塔城的山路上,不料卢迦尔班达因为行军疲惫,竟然发起烧来。高烧连日不退,卢迦尔班达身体发冷,不断颤抖,最后陷入昏迷。他的同伴不知所措,军令又不得耽误,只好把他安置在一个干燥凉爽的山洞里休养。

卢迦尔班达躺在山洞中失去神志,同伴们等了小半日不见他醒转,就按照苏美尔人的习俗在他身边放置了水和食物,还把他的武器搁在他身边。这

这块黏土板上的楔形文字记载着吉尔伽美什之父卢迦尔班达在山洞中遇险的故事。

样，如果他活过来，便能用这些东西充饥和防身；万一他不幸病死，这些东西也可算是不失体面的随葬品，同伴们打完仗回来便为他收尸安葬。就这样，同伴们带着眼泪和哀伤离开了山洞，留下卢迦尔班达听天由命。

卢迦尔班达命不该绝，昏迷多时后竟然醒了过来，只是还有点低烧。周围的荒芜寂静令他害怕，他是在富裕热闹的城市乌鲁克长大的，很少在野外久待，陌生的群山在他看来十分恐怖，于是他向太阳神乌图和他的孪生姐妹伊南娜祈祷："迷失了的狗很可怜，迷失了的人更凄惨……请不要把我抛弃在荒芜中！……请不要让我继续在世上最可怕的地方生病，不要让我四肢坏死，在山里像凄惨的狗一样死去。"

乌图和伊南娜听到了他的祈求，使他做了个复杂的梦，作为给他的提示。于是卢迦尔班达又陷入了昏睡，在梦中，他发现群山正沐浴在银色的月光中，而他正在幽深的草木中漫游。这时有一位神化身公牛给他启示，叫他抓住几只野山羊，更要紧的是逮住山里的野公牛作为牺牲，灼烤野公牛的脂肪和骨头献祭给众神。

卢迦尔班达醒来后，梦境依然栩栩如生，他的烧也已经退了。他对神的提示心领神会，立刻拿起战斧和匕首走进深山，抓住山林的野公牛，连同"像麦穗一样成堆的"野山羊一起献给了初升的太阳，连远处的蛇都能闻到空气中的血腥味，香甜的烤肉味直冲云霄，乌图和伊南娜闻到后都心满意足。

不过对卢迦尔班达的考验并未结束，他又遭遇了可怕的安祖鸟。这种安祖鸟就是当年偷走众神命运石板，战神尼努尔塔与之苦战的那种鹫鸟，对它们绝不可等闲对待。因此当卢迦尔班达艰难地攀上悬崖，爬上恩利尔的鹰树，发现鸟巢里只有一只雏鸟时，他也小心翼翼地以礼相待——毕竟谁也没法预料它的父母何时会回来。卢迦尔班达掏出背囊里战友们留给他的麦饼、蜂蜜，还有咸肉和羊油喂给雏鸟，还收集来白色的雪松嫩枝装饰雏鸟的头，用炭粉装点它的眼睛。最后，他还在鸟巢周围安放了很多鲜花，装饰得漂漂亮亮的，再小心翼翼地后退，躲在附近的山里凝神观望。

不一会儿，安祖鸟夫妇带着捕获的猎物回来了。泥板上说，安祖鸟爪子各抓一头公牛，背上还扛着一头，轻松地飞了回来，一边呼唤着幼鸟。公鸟见幼鸟没有回应，急得大吼一声，声音响彻天空，一瞬间地动山摇，山神们都吓得躲进了石头缝。但当它们发现幼鸟安然无恙，端坐在装饰优美的鸟巢中间后，不由大喜，说："不管是谁为我家做了精美装修，我都会感谢你：如果你是一个神，我就视你为友；如果你是人类，我将安排你一生好运。"卢迦尔班达这才从藏身处慢慢地走了出来，向安祖鸟说了一堆奉承话，说得安祖鸟心花怒放，表示会满足他的任何要求。于是卢迦尔班达向安祖鸟要求获得能轻轻松松就到达任何地方的能力。

安祖鸟履行了自己的诺言，卢迦尔班达现在有了这项新的超能力，他健步如飞地跑去参加对阿拉塔城的围攻，他的同伴和国王恩麦卡尔都在那里与阿拉塔人苦战。这场战斗已经持续了整整一年，但阿拉塔的守城者始终不肯投降，箭和梭镖就像雨点一样从城墙上落下，乌鲁克的军队里每天都有很多人阵亡，军粮供给也逐渐成了问题，而城里的粮食、水源和兵力却没有任何要消耗殆尽的迹象。

恩麦卡尔知道这种迹象表明他已失去了女神伊南娜的宠爱，于是决定征求一名快腿的使臣带着他的口信，越过群山回到乌鲁克的神庙去见女神，并许诺说："如果伊南娜能庇佑自己和部下安全返回，那他就放下长矛，让伊南娜亲自砸碎他的盾牌。"

卢迦尔班达暗自思忖，眼下自己有了一双飞毛腿，正是发挥作用的时候，于是他立刻申请这项荣誉。尽管他的同伴提醒他，没有人能独身一人翻过万重群山，他会有去无回，卢迦尔班达还是决定一个人去。多亏安祖鸟赐给他的超能力，他当天夜里就跑回了乌鲁克，正赶上那天乌鲁克人在女神的神庙里向她供奉祭品的祭祀活动，便把口信捎给了女祭司。伊南娜通过女祭司答

吉尔伽美什之父卢迦尔班达在深山中遇到的安祖鸟，与波斯神话《列王纪》中扎尔王子遇到的西木尔鸟，以及《天方夜谭》中的大鹏，有许多相似之处。人类若能巧妙地对待它们，受到了它们的青睐，就能获得很大助力。

复道：她对恩麦卡尔愿意放弃战争的誓愿不感兴趣，她更希望恩麦卡尔能砍倒女神庙圣池旁的一棵孤零零的柽柳树，还要亲手抓住池里的一条大鱼作牺牲。如果恩麦卡尔能做到这两点，她就能切断阿拉塔供给力量的源头淡水深渊，保证恩麦卡尔能战胜阿拉塔的王。

  收到这一重要情报后，卢迦尔班达立即飞速将其传达给恩麦卡尔。恩麦卡尔照伊南娜的指示行事后，战况立刻大为好转，他很快就打败阿拉塔人，满载各种贵金属、宝石，掳走各种工匠凯旋。当初恩麦卡尔之所以出征阿拉塔，为的就是这些珍贵的战利品。这桩功绩也给卢迦尔班达带来很多荣誉，为他日后与女神宁松结合，成为乌鲁克的下一任王奠定了基础。

第五节

追求永生的吉尔伽美什

很久以前，在苏美尔的传说时代，有一位伟大的恩统治着乌鲁克，他就是吉尔伽美什，苏美尔三大超级英雄中最后和最著名的一位。他之所以名垂千古，全是由于那部以他的名字为名的史诗。即使到了今天，史诗中关于友谊、失去朋友和害怕死亡的描述，依然会在人们心中激起共鸣。

吉尔伽美什的原型很可能是一位早期的苏美尔国王，据说他亲手建造了乌鲁克城，但在随后的几百年间，他在苏美尔各地都被当作神来崇拜。在这一地区文明发展的每一阶段，在各种雕塑和浮雕中，他都是一位孔武有力、蓄着胡须的武士。他的出身也因此得到神化——他是半神卢迦尔班达和女神宁松的儿子，"三分之二是神，三分之一是人"。

尽管这位神人王子身材魁梧，膂力超群，面貌英俊，引人瞩目，几乎完美无瑕，他却有个不大受欢迎的缺点，就是好色。按理说他应该是乌鲁克的保护人，但更多时候他就像一头"不受约束的野公牛"。泥板史诗上直截了当地记录着：只要是年轻姑娘，不论她是战士的女儿，还是青年男子的新娘，吉尔伽美什都不放过。

可以想象，乌鲁克人民群众是如何怨声载道，受到骚扰的女人们纷纷向天神控诉，终于惊动了主管创造的母神阿露露。她同意了人们的请求，根据天神安努的建议，创造了一个敌得过吉尔伽美什创造的对手，好让他俩去相互争夺，让乌鲁克享有和平！阿露露取来一堆泥土，从战神尼努尔塔处汲取力气，捏出了一个足以匹敌吉尔伽美什的造物：他在一切方面都与那位居住在城市里的乌鲁克统治者相反：恩基杜浑身是毛，头发卷曲得像波浪，更像野兽而不像人，他与野兽同吃同住，不时施以援手，把它们从猎人设置的陷阱里拯救出来。

后来，一个猎人因为陷阱被毁而发愁，更由于见到这位"人猿泰山"而惊恐万分，便向自己的父亲求助。父亲建议他去找吉尔伽美什申请一位神妓出差，前去对付恩基杜，因为根据他的经验，他知道最强壮的人也可能有一个弱点：他预计恩基杜一旦屈服于女性的魅力，就会失去他对动物的魅力，之后事情就好办了。

于是猎人找到了吉尔伽美什，后者同意猎人父亲的看法，批准猎人把神妓珊赫带去找恩基杜。

于是，猎人带着珊赫来到野外，在水潭边等候。三天后，恩基杜果然来了。神妓解开衣襟，撩起长袍，大胆地从隐藏之所走上前去施展诱惑。

六天七夜，两人的交媾震撼大地。一切如吉尔伽美什所料，恩基杜发现，这个使他失去清白的灾难让他失去了野兽朋友们，但是也有所补偿。珊赫表示，只要他愿意跟她前往乌鲁克，等着他的将是快乐的一生，那里的伊什塔尔神殿里有许多漂亮的姑娘，更重要的是，在那里他还能找到像他一样有野牛般力量的吉尔伽美什，他们一定会成为真正的朋友。

恩基杜又一次接受了珊赫的诱惑，同意随她一起到城里去。但他补充说，如果吉尔伽美什真有野牛般的力量，他非向吉尔伽美什挑战不可。于是珊赫给恩基杜穿上一些她自己的衣服，带他到乌鲁克。吉尔伽美什早已得到一些模糊不清的示警的梦，这些梦告诉他那位野人即将到来。第一个梦里，有一个东西如雷霆般从天而降，砸到了地上，而他无法将它举起。第二个梦里，一把铜斧被扔到乌鲁克的街头，人们团团围观，吉尔伽美什挤进人群后把它取在手中，满心欢喜。宁松为吉尔伽美什解释道，雷霆和铜斧都象征将有一名强有力的人到来，吉尔伽美什要学习和他成为相亲相爱的朋友。

与此同时，恩基杜和珊赫在途中经过一个牧羊人的营地，这名巨人欢喜地发现面包和酒比生肉好吃。为了回馈牧人，他帮助牧人们擒狮猎狼，保护牧群安宁。故事中这一插曲的结尾是这样的：一名年轻男子匆匆跑过，恩基杜问他为何如此匆忙。青年回答：城里即将举行一场婚礼，吉尔伽美什作为乌鲁克的主宰，要对新娘行使他作为统治者的权力。

恩基杜闻言脸色变得青紫，立刻启程前往乌鲁克，在婚礼上，他的到来引起轰动。人们欢欣鼓舞，因为神终于让他们的统治者遇到一位对手。吉尔伽美什一到屋前，两人便展开了一场让观者目瞪口呆的搏斗，他们毁坏了门框，连墙都动摇了。

令吉尔伽美什沮丧的是，他无法战胜这个像山一样结实的人。恩基杜赢得了这场比赛。但得胜的恩基杜慷慨大度地向吉尔伽美什认了输，说："你的母亲生你下来就是要使你独一无二。风神恩利尔规定你成为国王。"他把吉尔伽美什从地上扶起来，他俩彼此亲吻，成了朋友。

对乌鲁克的居民来说，他们的和好让大家得到了解脱。吉尔伽美什不再对城里的女人感兴趣了。正如他的梦所预言的，他终于找到一个强大的同伴，他珍惜和恩基杜的关系，几乎就珍爱婚姻关系一样。但是过了一阵子，恩基杜开始消瘦。城里生活的各种享受，包括神妓们的温情，似乎与他不合，他常常唉声叹气，因愤怒、失望而流泪。更糟糕的是，他的力量逐渐萎缩了。

吉尔伽美什知道怎么来解决朋友的问题：他们需要一次冒险。他早就想好了一个去处。遥远西方浓密的雪松林里，有一只叫作胡瓦瓦的怪兽，把它除掉似乎是一件颇有意思的事。可是恩基杜在森林里过野人生活的时候曾经

吉尔伽美什本想暂时不要杀死胡瓦瓦,可是恩基杜鼓励他斩草除根,于是吉尔伽美什用刀捅死胡瓦瓦,恩基杜一刀砍掉它的头。

见过胡瓦瓦，知道他们此去会遇到什么情况。他问吉尔伽美什："它喷出来的是火，呼出来的是死亡。你为什么想去把它除掉呢？"再说，指派胡瓦瓦看守森林的是暴躁的大神恩利尔。恩基杜认为"这是一桩不可能完成的任务"。

然而吉尔伽美什心意已决，他以英雄的气概宣称："我就是死，也要获得荣耀，让人们牢记我是因为讨伐胡瓦瓦光荣战死的。"随后他又提出一个理由：乌鲁克的工匠们会为两人铸造强大的武器，人们从没见过这样的武器。恩基杜受到吉尔伽美什的嘲弄，加上新武器的诱惑，于是同意参加这次远征。

这次西行漫长而艰难，"从新月到满月，再加上三天"，两位冒险者终于找到了怪兽胡瓦瓦。怪兽轻蔑地说："那个傻瓜吉尔伽美什和那个野兽一样的家伙应该先自问来找我干吗。"它说要咬断他们的喉咙，把他们的尸体扔给鸟兽享用。

战斗中吉尔伽美什差点就要认输了，但恩基杜不断地鼓励他。这场激战伴随着可怕的雷雨，大地也因此而开裂。最后，胡瓦瓦匍匐在吉尔伽美什脚下求饶。吉尔伽美什本想暂时不杀死胡瓦瓦，可是恩基杜忘了自己的顾虑，说："我的朋友，斩草要除根，把它结果了，把它粉碎掉。"于是吉尔伽美什用刀捅死胡瓦瓦，恩基杜一刀砍掉它的头。

这是一件他俩都要后悔的事，因为他们忘了胡瓦瓦是恩利尔指派的森林守护者，暴躁的恩利尔是位睚眦必报的神。不过眼下只有胜利的喜悦，吉尔伽美什回到乌鲁克，换下肮脏的衣服，整个人焕然一新，为他的魅力所倾倒的不仅是人间的女人，连乌鲁克的守护女神伊什塔尔本人也直截了当地向他求爱：

"吉尔伽美什，到我这里，做我的情人！把你的胜利果实给我。"这位女神还说了一长串她作为妻子将送给丈夫的各种好处，特别是国王们都将向吉尔伽美什拜倒。

吉尔伽美什的处境明显不妙，他已经得罪了恩利尔，再得罪伊什塔尔可没什么好处。但是吉尔伽美什被战胜胡瓦瓦的胜利冲昏了头脑，他骄傲地拒绝了伊什塔尔愿意提供的好处。他傲慢地回答："伊什塔尔是什么东西？挡不住风的一扇破窗，一座连她自己的武士都不喜欢的宫殿。"他还进一步把她比作漏水的皮囊、一双挤脚的破鞋。更糟的是，他还提到女神的过去。他残酷地说："来，让我来为你描述一下你的情人。"然后他历数伊什塔尔的情人们，他们都曾经拜倒在伊什塔尔的裙下，后来又都遭到了厄运。

可以想象，听了这样的话，就是最有耐心的女人也会被激怒，任性又自恋的伊什塔尔自然更是恼羞成怒，她冲到父亲天神安努那里哭诉："吉尔伽美什羞辱了我。"安努温和地指出，如果她对吉尔伽美什有气，应该自己去对付他。但是伊什塔尔要用一种特别的方式对付他。她威胁安努，如果安努不把神牛给她，她就让死去的人复活，把活着的人都吃掉。作为交换条件，她已经准备好了应付七个歉年的粮食。

这头神牛果然名不虚传，它在乌鲁克打了一个响鼻，地就裂开一条缝，吞噬了一百个年轻男子；第二个响鼻后，又有二三百个年轻人掉了进去；再一个响鼻，连恩基杜本人也掉了进去。但是恩基杜对牛很了解，哪怕它很凶。他从裂缝里跳出来抓住牛角，使得野牛只能朝着他的脸喷唾沫星子。恩基杜大声叫吉尔伽美什把剑刺进牛角之间，割裂它的颈腱，把它杀死在地。

伊什塔尔气疯了。"那个辱骂过我的人竟把神牛给杀了。"可是恩基杜并不在乎，他撕下神牛的一条腿，扔在伊什塔尔脸上，还威胁说要把她像神牛一样处理掉。更令伊什塔尔不能忍受的是，吉尔伽美什招来乌鲁克的匠人，命他们观赏神牛的巨角。还把角做成镀金的战利品挂在床头，然后在宫中大摆宴席庆祝胜利。

就在沉醉未醒的时候，恩基杜做了个梦，一个十分凶险的梦——众神开会商议，讨论两位英雄日益狂妄的气焰，筹划着如何给予相应的惩罚。天神安努由于痛失强大的公牛，坚持两人必须死掉一个。

女神伊什塔尔派遣金牛——天界公牛去杀死吉尔伽美什，因为他不仅拒绝她的求爱，还狠狠地羞辱了她。

"那就让恩基杜死吧。"恩利尔说,他没有忘掉他那被杀的管理员。恩基杜醒来后,心烦意乱,不仅因为自己要死了,而且因为要同吉尔伽美什分别。按照神的安排,恩基杜并非光荣地战死,而是要罹患一种身体逐渐羸弱的疾病,使他抱怨自己的命运。恩基杜开始怀念在森林中无忧无虑的快乐日子,诅咒引诱他的神妓珊赫把他带到这种地步。这时太阳神沙玛什出来干预了,恩基杜没有权利诅咒珊赫:

> 是谁给了你适合于神祇享用的食物,
> 给了你适合于国王饮用的酒,
> 给了你漂亮的长袍,
> 然后又给了你吉尔伽美什?

恩基杜感到羞耻,的确,这些都是美妙的礼物。由于他日渐衰弱,他收回了对珊赫的诅咒,代之以祝福。但是恩基杜的末日是不可避免的。他日益衰弱,终于在第十二个晚上死去。吉尔伽美什抚尸恸哭六天七夜,拒绝举行葬礼,直到"一只可怕的蠕虫从他鼻子里掉出来"。

吉尔伽美什心态发生了巨大变化,从前他认为只要死后留下美名就够了,现在,面对死亡这个可怕的现实,他开始明白英雄气概没有什么意义。他忧心忡忡地想到自己的末日,"我也会死吗?我同恩基杜有区别吗?我在原野徘徊,我恐惧死亡。"

关于吉尔伽美什的史诗本可到此结束,但故事却由此转入一个新的方向。吉尔伽美什暗自思忖,也许能找到一个战胜死亡的方法,他搜索枯肠,终于想到他的一个远祖乌特纳皮什提的故事,有没有可能像乌特纳皮什提那样找到不死的方法呢?

吉尔伽美什又开始了新的远征,这次远征的目标是征服死亡本身,而冒险的奖励则是永生。他向西行进，越过群山，走向那扇每晚开启以便接纳太阳的地下世界的大门。通往地下世界的大门由可怕的蝎人夫妇把守。吉尔伽美什感到害怕，但仍然有礼貌地向他们打招呼。那蝎人立刻看出这个行人有非同寻常之处，他的妻子则重复了史诗开头的一句话："三分之二是神，三分之一是人。"但是他们一听说吉尔伽美什打算通过太阳过夜的隧道，都劝他不要去，因为这一路上都是完全的黑暗，根本不可能成行。

但他们最终还是允许了吉尔伽美什前往。经过漫长的黑暗，突然间，吉尔伽美什来到光辉灿烂的阳光下，一个魔法世界般美丽的山谷展现在眼前。他沿着长满红宝石般硕果与翡翠般绿叶的树林走向海边，遇到居住在这里的啤酒店老板娘西杜莉。她一看到形容枯槁、衣衫褴褛的吉尔伽美什就把他锁在门外。可是当吉尔伽美什把恩基杜之死和他难以克服的悲痛告诉她后，她开始同情吉尔伽美什，告诉他他要寻找的人类始祖就住在海洋对面。"只有太阳可以渡过这片可怕的海域，任何生物一触及海水就会死去。"老板娘说，"但是有一个摆渡人，他是始祖的仆人，如果可能的话，就让他渡你过海。不行的话，你就退回来。"她补充道，吉尔伽美什一定能认出谁是摆渡人，因为他身边有一些奇怪的"石头做的东西"。

一些学者认为，西杜莉是掌管谷物发酵和酿造的女神，尤其是啤酒和葡萄酒的酿造女神。在较早的巴比伦史诗版本里，她尽力劝阻吉尔伽美什继续危险的永生之旅，建议他转而追求简单确定的现世享乐。在较晚的阿卡德贾占波史诗版本中她的重要性被降低了，变成让乌特纳皮什提去教育吉尔伽美什关于生与死的重大哲学问题。西杜莉可能是伊什塔尔的一个化身，她向吉尔伽美什提供前往永生之地的方法，作为交换，吉尔伽美什回来时要做她的情人。不管吉尔伽美什有没有识破真相，总之他答应了啤酒店老板娘的条件，以此获得了关于前进方向的建议。

和摆渡人的接触一开始很不愉快，急于求成的吉尔伽美什一把抓住摆渡人，在打斗中还打碎了一些石头做的东西。但是后来他们冷静下来，摆渡人坐下来听吉尔伽美什讲述自己的遭遇。摆渡人很同情这位英雄对朋友的爱和对永生的追求，便告诉他怎么才能渡过险恶的海洋。吉尔伽美什刚才打碎的那些石头，就是摆渡人用来撑船过海的桨，所以我们的英雄只得在山谷里砍下三百根树干作代用品，因为每根木头只用一次就会被海水腐蚀，所以必须要准备那么多。

现在吉尔伽美什的远征似乎接近成功了，因为人类始祖乌特纳皮什提就在对岸等着，好奇又困惑地看着陌生的来访者。他尽管年事极高，却仍然生龙活虎，死亡对他来说显然不是威胁。吉尔伽美什的兴致越发高涨，却几乎马上被扑灭了，因为乌特纳皮什提明确地告诉他：你的长途追寻是徒劳的。因为诸神在创造你们的时候，用的是叛神的肉和泥土，所以不管你是吉尔伽美什还是一个傻瓜，在某个时刻都是注定要死的。

"可是我看你跟我没什么不同啊！"吉尔伽美什大叫。"那就让我告诉你一个我从没透露过的秘密吧。"于是，乌特纳皮什提便把大洪水的故事告诉了吉尔伽美什。考古学家发现的同一时期的淤泥层证实了史诗的内容。这个故事同《创世记》里诺亚的故事相似，一定是出自同一源头。

很久之前，乌特纳皮什提还住在古城舒鲁帕克，众神在多次试图减少人类数量都不成功后，决定一劳永逸地用洪水淹没大地。当时由于明令禁止诸神向人类通风报信，智慧之神恩基便用向芦苇草屋说话的办法间接地说出这一计划。"草屋，泥墙，注意听；草屋，泥墙，注意注意。"这时，乌特纳皮什提正坐在墙的另一面，仔细收听转播的逃亡计划："拆掉房子，造一条大船，扔掉财产，在船上装满各种生物的种子。"

这一切都被隐秘而严格地执行了。到了第七天，狂风暴雨从天而降，掀起滔天洪水。天昏地暗间，乌特纳皮什提在船上看到，"所有的人类全都变回泥土。整个洪泛区平得如同房顶一样"。船在茫茫水面漂泊，最后在一处山顶搁浅。乌特纳皮什提放出一只鸽子，但它又飞了回来，因为它无处栖身。第二天他放出一只燕子，结果也一样。但到了第三天，他放出一只乌鸦，它却没有回来，看来洪水在退落。

洪水的创造者风神恩利尔愤怒地叫道："绝不允许任何人逃过这场浩劫！"但是恩基叫他冷静下来："制造噪声的人类的确应该受到惩罚，可是要把地上的一切消灭干净，那太过分了。谁来供奉神灵，谁来献祭供品呢？"恩利尔被说服了，召开了众神委员会。众神看出多亏了乌特纳皮什提人类才没有灭绝，他勇敢的行为应该受到奖赏。恩利尔便把乌特纳皮什提夫妇带到众神面前，并祝福他们获得永生。

但这个故事并不能给吉尔伽美什一丝一毫的希望，因为乌特纳皮什提指出："谁能替你去说服众神呢？"不仅如此，乌特纳皮什提还建议吉尔伽美什先试试能否六天七夜不睡觉，因为如果这位英雄想要战胜死亡，那就得先战胜睡眠。相比永生挑战，睡眠试炼不是一个容易得多的任务吗？

吉尔伽美什坚持了三天，但睡眠最终战胜了他。醒来时，他感到绝望，他的追求以失败告终了。他叹道："现在我到哪里，死亡就跟到哪里了。"他闷闷不乐地再次登上小船，渡过致命的海洋（史诗这里没提到他用什么代替船桨，可能是乌特纳皮什提居住的地方也有树林）。就在他快要消失在海平线上时，乌特纳皮什提的妻子数落丈夫的小气："吉尔伽美什吃尽苦头才来到你这里，你就不能给他点什么东西让他带回去吗？"乌特纳皮什提心软了，就设法告诉吉尔伽美什，在地下深处的淡水之渊阿普苏，长有一种根部像骆驼刺的草，如果能得到这种植物，他就可以返老还童。

吉尔伽美什立刻打开进入阿普苏的大门，在身上绑了一块大石头，然后跳进门去。他终于找到那棵草，兴高采烈地回到地面，这么多辛苦总算没有白费。这一次他格外谨慎，决定把草带回乌鲁克，先给一位老者尝一点，看看它的效力如何。

然而功亏一篑。吉尔伽美什在回程中又热又累，决定在水池边洗澡休息一下。正当他在池中放松时，一条蛇嗅到还童草的香味，悄悄地前来把它偷走吃掉，同时蜕下一层皮。吉尔伽美什看到眼前那毫无用处的蛇蜕，知道自己失去了还童草，不由得号啕大哭："我千辛万苦，为的是什么？我自己一无所获，都为了那条蛇。"从此他放弃了追求永生。以后不管吉尔伽美什还是别的什么人，都不可能永生不死了。

这次失败后，吉尔伽美什设法控制了自从恩基杜死后一直缠绕着他不放的恐惧之感，接受了凡人注定一死的命运。吉尔伽美什的旅程结束在开始的地方，那就是乌鲁克的城墙脚下。据说吉尔伽美什晚年的时光就用来美化这座城市。虽然他没能实现生命的永恒，但他决心要永远活在人们的记忆中。

就这点来说，吉尔伽美什成功了。

「扩展阅读」

吉尔伽美什进化记

有关吉尔伽美什的故事最早大约可追溯至公元前2100年，不过留存至今的文字记录要晚得多。最早的故事是用苏美尔文字写的，可能是乌尔城的官廷诗人根据此前口耳相传了几百年的传说写成的。起先的版本比较简单，与女神伊南娜的首席宠儿恩麦卡尔的功绩、吉尔伽美什之父卢迦尔班达的传说一样，都只是富有想象力和神佑奇迹的冒险故事。

吉尔伽美什是以约公元前2600年统治乌鲁克城的国王为原型的。根据苏美尔王表记载，他是乌鲁克第一王朝的第五位统治者，据说他的父亲卢迦尔班达是半神，母亲则是女神宁松。这种神的血脉是必不可少的，因为在苏美尔，统治城镇的恩是王政和神权一体的化身，恩的意思是"主"，除了是国王还兼任大祭司，是城邦守护神伊南娜的代理者。恩每年都需要与伊南娜举行一次神婚，这场婚礼除了确保他的神夫地位，更重要的是确保土地丰产。恩如果能使五谷丰登、居民富足，那就不仅能在活着的时候享有居民的忠心，死后也能拥有更高的声望，会被视作半神受到崇拜，享受人们的祈祷和献祭。

恩的职责不仅在宗教事务上，他也是城邦的军事首领，需要参与城邦之间针对霸主地位的斗争。当时，两河流域诸城邦的政治形势有点像古典时期的希腊，有许多城邦对霸主地位跃跃欲试，但没有哪个城邦拥有压倒性的力量。要在这种形势下繁荣发展，吉尔伽美什必须精通外交与战争，他在这两方面也确实表现不错。早在史诗成文之前，就已有一些口头流传的颂歌将他神化。有关吉尔伽美什的最早传说是一首称颂他如何战胜临近城邦基什国王阿伽的武功歌，产生的时间要比以他的名字命名的史诗早得多。

基什的国王阿伽派出一名使臣前往乌鲁克，要求吉尔伽美什对他俯首称臣，否则阿伽王便要发动战争。吉尔伽美什召集乌鲁克长老们商议对策，他本人自然极力主张抵抗到底，但乌鲁克的长老们认为基什城实力强大，主张投降。于是吉尔伽美什又召集城里的军事贵族们开会，他们都同意抵抗，并开始着手修筑防御工事。

见乌鲁克不愿投降，不久后阿伽王便率领大军包围了乌鲁克，企图在气势上压倒乌鲁克的守军。但吉尔伽美什丝毫不惧，他命令恩基杜搜集各种武器（在这个故事里，恩基杜是他忠心耿耿的左右手），向阿伽王展示自己的强大武力。阿伽王惊骇不已，"头脑混乱，不知所措"。

吉尔伽美什还派出他的一名近卫出使敌人的营地，但使臣一出城门就被基什的士兵抓住送到阿伽王的营帐，这时恰巧吉尔伽美什的一名侍卫在乌鲁克的城墙上往外张望了一下，阿伽王的士兵就问那位使臣："那位就是你们的王？"使臣轻蔑地说："那人怎么配做我们的王？我们的王容貌如狮般雄壮，眼眸如野牛般威猛，长须如琉璃般闪亮。他一出现，便能将所有外国的军队打败，把你的王在营帐中生擒。"

阿伽王的士兵当然不会因为使臣的一番话就被镇服，反而把他暴打了一顿。但恰在此时，吉尔伽美什"带着威慑人心的闪光"走上了城墙，同时打开城门，恩基杜率领全城的战士全副武装地出征。基什的士兵大惊失色，指着吉尔伽美什问："那人就是你们的王吗？""那人正是我们的王。"使臣答道。他话音刚落，基什士兵就军心涣散，没过多久就被乌鲁克军打败了，国王阿伽也被活捉。不过吉尔伽美什并没有为难他，只是说自己昔日曾受过阿伽之恩，今天在太阳神乌图面前把往日之恩还给了阿伽王，然后就慷慨大度地把他放了。阿伽也表示对吉尔伽美什心悦诚服，今后绝不会再冒犯乌鲁克。根据这一传说，在基什城取得独立后的许多年，巴比伦王国的王们都还自称冠有基什之王的称号。

这个故事大约是以苏美尔历史上各城邦之间的战争为基础的，不带有任何神话的元素，不过随着时间推移，吉尔伽美什传说的剧情和细节都在不断丰富。除了《吉尔伽美什与阿伽王》外，苏美尔人还留下几个文本，包括《吉尔伽美什、恩基杜与冥府》《吉尔伽美什与永生之国》《吉尔伽美什与天界公牛》《吉尔伽美什之死》等。

《吉尔伽美什与天界公牛》残存至今的部分已相当零碎，难以分辨里面的内容；《吉尔伽美什之死》本来是一首长诗，现在只剩下两个片段，大致意思是说：恩利尔告诉这位英雄，他注定无法逃脱死亡，但作为补偿，他将在有生之年享有人类所曾有过的最高荣誉和最强的军事能力。吉尔伽美什就这样度过了很多年，完成了许多丰功伟业。据说乌鲁克坚固的城墙就是他发起修筑的（其实城墙修筑的时间要比他出现早至少一千年），但最后他终于"躺下了，没有再站起来"。

接下来的一段诗文写道：吉尔伽美什已经来到地下世界，处于那些地下神灵和比他早死的前辈英雄之间。不过他不是一个人去的，有一大串妻妾、随从、乐师、侍卫陪着他一起来到幽冥。诗文还描写了吉尔伽美什如何向冥府神灵献祭，希望他们能善待这群新来的家伙。这个文本可能是为了铭记一次大规模的人牲殉葬，追随吉尔伽美什走完他最后旅程的人很可能被依照指令杀死了，以便让他们在死后继续侍奉他们的主人。

《吉尔伽美什与永生之国》始于公元前2000多年苏美尔人的口头创作，是《吉尔伽美什》史诗中"两英雄远征雪松林讨伐护林怪兽胡瓦瓦"的原型故事。两篇故事中的情节非常相似，不过后者有一些明显的改编。

在苏美尔神话中，吉尔伽美什与恩基杜讨论，在决定命运的日子（即死亡）来临之前，他想远征永生之国来提高自己的名声。恩基杜对他说：要去那里要和太阳神乌图商量，因为这一片长满雪松的神域属于神祇——智慧水神恩基让太阳神乌图从大地上取来新鲜泉水，造出了这个落英缤纷、硕果累累的人间乐园迪勒蒙，因为迪勒蒙是"太阳升起的地方"，代表纯洁、干净、光明，是受诸神喜爱的幸福岛和喜乐地。

于是，吉尔伽美什向太阳神献上各式各样的祭品，向他请求入境许可。由于吉尔伽美什流着热泪恳求（加上丰厚的礼物），太阳神勉强同意了，但同时提出，他要派出七个妖魔试验一下吉尔伽美什的能力。吉尔伽美什带着恩基杜和五十个年轻人踏上远征之路，那七个妖魔果然给他们造出种种麻烦和恶劣天气，但他们成功地打败了妖魔，翻越了七座高山。

然而就在翻越第七座山的时候，吉尔伽美什因为疲劳在山谷中沉沉睡去，睡了足足六天七夜。恩基杜感到害怕，多次摇晃吉尔伽美什，终于把他唤醒，接着好几次问他还要不要继续前行，恩基杜还说："我的主人啊，你请继续远征吧。至于我，为了向您的母亲传达您远征和战斗的胜利，请允许我返回乌鲁克吧。"

但吉尔伽美什没有允许恩基杜回去，他说："我的目的地是永生之国，不是乌鲁克。"他还说，他的母亲宁松女神和父亲卢迦尔班达有命令，他不勇敢地战斗到底就不能回去。于是他们继续前进，好容易才走到永生之国的入口，砍倒七棵雪松当梯子，然后冲进了胡瓦瓦的老巢，猛烈地攻击这个守林怪兽。面对吉尔伽美什和恩基杜暴风骤雨般的联手攻击，怪兽胡瓦瓦感到难以坚持，它一边向太阳神求助，一边向吉尔伽美什求饶。吉尔伽美什本想宽宏大量地放过他，但恩基杜劝他斩草除根，于是两人砍掉了胡瓦瓦的脑袋，带着胡瓦瓦的尸体回到乌鲁克，献给了恩利尔和宁莉尔。

相比之下，《吉尔伽美什》史诗中没有提过进入雪松林需要太阳神的许可，也没有提过太阳神接受了入境申请，派出检验人员——龙、蝎人、蛇等七个妖魔考核吉尔伽美什的能力。史诗把永生之国拆分成了两个地方，其一是胡瓦瓦居住的雪松林，那里没有神祇居住，只是普通的森林。史诗砍掉了苏美尔版本中与吉尔伽美什一行人同行的五十名青年，却增加了一些长老们在吉尔伽美什出发前对他的劝告："吉尔伽美什啊，你年轻性子急，你不知道……那胡瓦瓦的吼声就是洪水，它的呼气就是火焰，它的吐息能轻易置人于死地。"这样一安排，杀死胡瓦瓦的吉尔伽美什和恩基杜立刻就从争夺雪松资源的军事首领升级成了史诗级别的神话英雄。其二是吉尔伽美什的远祖乌特纳皮什提居住的太阳神域——乌特纳皮什提是苏美尔大洪水神话主人翁祖苏德拉的阿卡德变体，他在大洪水后来到了迪勒蒙获得了永生。史诗中，吉尔伽美什在恩基杜死后踏上了寻找先祖的漫漫长路，从乌鲁克启程，乘坐一条玛甘船沿幼发拉底河逆流而上，试图到叙利亚的马里这个古代地中海商路的大中转站，再前往迪勒蒙——这里的商路横穿沙漠后一分为二，一条向西南去往大马士革，一条向西通往黎巴嫩北部入口霍姆斯。但他们运气不好，船在风暴中在幼发拉底河倾覆了，只有吉尔伽美什一人逃出生天。他徒步向西行进，越过群山，走向玛舒山下那扇每晚开启以便接纳太阳的地下世界的大门，遭遇了看守大门的蝎人夫妇。不过蝎人夫妇没有像在苏美尔版本中那样为难他，因为他们看出这个行人有非同寻常之处，"三分之二是神，三分之一是人"。

我们还注意到，《吉尔伽美什与永生之国》的结尾祥和安宁，吉尔伽美什和恩基杜带着胡瓦瓦的尸体返回乌鲁克，献给了恩利尔和宁莉尔，没有引来恩利尔的怒火，也没有吸引女神伊南娜的注意。恩基杜更不是因为这桩事件种下祸根，他的死亡另有他故。在前文《太阳神乌图/沙玛什》中，我们曾提到《吉尔伽美什、恩基杜与冥府》的故事。这一诗篇主要介绍两件事：其一是恩基杜为何要进入冥府；其二是恩基杜的魂魄向吉尔伽美什介绍自己在冥府的各种见闻。恩基杜入冥府的原因主要是这样的：伊南娜女神养大了一棵生命树,正待砍伐制作宝座和躺椅,却发现树根盘踞着大蛇,树梢上有鸶鸟筑巢,树中间还住了个女妖。女神为此伤神,吉尔伽美什便请缨为她消灭了这三害。作为报答,伊南娜送给吉尔伽美什鼓和鼓槌,吉尔伽美什高兴地使用了起来。不料一个不小心,这两件礼物从地缝掉进了冥府。恩基杜自告奋勇,愿意为吉尔伽美什下冥府取回这两东西。吉尔伽美什在恩基杜出发前曾仔细叮嘱他在冥府的注意事项,但恩基杜一项也没有遵守,因此被冥神扣住,无法再返回人间。

如果把《吉尔伽美什、恩基杜与冥府》的情节与《吉尔伽美什》史诗的内容加以比较,就会发现两者在恩基杜的死因、吉尔伽美什与女神的关系、吉尔伽美什与恩基杜的关系这几点上都存在明显差异。在《吉尔伽美什、恩基杜与冥府》中,恩基杜是因为没有遵守吉尔伽美什的嘱咐才被永远留在冥府的,而在《吉尔伽美什》史诗中,恩基杜是被恩利尔下令处死的,因为他杀死了恩利尔的护林员胡瓦瓦。

再者,吉尔伽美什与女神伊南娜或伊什塔尔的关系在两个文本里也大不相同。在《吉尔伽美什、恩基杜与冥府》中,伊南娜的个性和战斗力与她平素的强悍大为不同,她竟然无法收拾三个妖魔,而且吉尔伽美什对女神较为恭敬,出手替她排忧解难。但在《吉尔伽美什》史诗中,伊什塔尔(伊南娜的对等神)在吉尔伽美什战胜胡瓦瓦后向他求爱,却遭到了无情的拒绝,而且吉尔伽美什还对女神出言不逊,大肆诋毁,甚至历数女神之前的情人,说他们都因为女神的爱才遭到毁灭。伊什塔尔自然大为震怒,派出天界公牛袭击乌鲁克,公牛却反被吉尔伽美什和恩基杜杀死。天神安努由于痛失强大的公牛,坚持吉尔伽美什和恩基杜两人中间必须死掉一个,而恩利尔决定让恩基杜去死。

《吉尔伽美什》史诗中,恩基杜和吉尔伽美什是生死相依的朋友,没有主奴之分和贵贱之别,而在《吉尔伽美什、恩基杜与冥府》等诗文中,恩基杜称吉尔伽美什为主人,说明恩基杜的地位是仆从、家奴或护卫侍者,而非与吉尔伽美什地位平等的朋友。这些差异都表明《吉尔伽美什》史诗是在之前的版本的基础上再加工、再创造才完成的。

到大约公元前 1600 年,我们现在所知的《吉尔伽美什》史诗已具雏形,以阿卡德文写成。阿卡德人精选了苏美尔人留下来的吉尔伽美什神话,将其编绘为一个完整的故事,并在原来的基础上增补了一些细节,调整了一些人物设定,使情节更连贯。到了公元前 11 世纪,巴比伦书记员辛-勒格-温尼尼(Sin-lege-unini)对《吉尔伽美什》史诗进行了最后一道润色加工，从而创造出了世界上最早的英雄史诗，它代表了旧巴比伦王国文学的最高成就，所使用的史诗模式至今仍为后来的英雄史诗创造者使用。

这些英雄史诗有一个特点，那就是总有一名英雄占据了故事的中心。史诗的目的不是为了阐述某个王国、某座城池或某个民族的命运，而只关注某一个英雄的命运。史诗的目的往往也很单纯，"要么荣耀，要么死亡"。虽然有时也会岔开话题讲述一些别的话题，比如《吉尔伽美什》史诗里会提到人类诞生和大洪水的话题，但总是会回到英雄的命运本身。后来希腊、印度、阿拉伯、西欧、北欧等地的诗人在《奥德赛》《薄伽梵歌》《埃涅阿斯纪》《贝奥武甫》等史诗中所使用的技巧与此有惊人的相似之处。

确实，巴比伦文艺作品的遗产是非常惊人的。可以毫不夸张地说，吉尔伽美什神话群中的许多元素，对西亚地区各民族的文学产生过巨大的影响，其后又通过赫梯和腓尼基人对年代晚得多的希腊神话产生了影响，我们可以在俄耳甫斯下冥府、奥德修斯漂流记等神话中找到对应的情节和桥段。希腊人称吉尔伽美什为吉尔伽毛斯（Gilgamos），在公元前2世纪的《论动物的天性》一书中，吉尔伽毛斯被说成是在命运之神的安排下出生的一名私生子。他的外公是巴比伦的国王，在他出生之前曾得到一则预言，说自己的外孙注定会篡夺自己的王位，于是国王就把女儿关了起来。但由于命运之神的安排，公主还是怀孕了，生的婴儿就是吉尔伽毛斯。看守因为害怕国王惩罚，就把婴儿从囚禁公主的塔楼中扔了下去。幸好一只雕飞过，用翅膀接住孩子，把他运送到附近的庭院里。庭院看守见孩子如此可爱，便收养了他，将他抚养长大，并称他为吉尔伽毛斯。后来这孩子果然成了巴比伦的王。

希腊人非常喜爱《吉尔伽美什》史诗，把其中的许多情节嫁接到希腊神话的英雄事迹中。比如希腊大英雄赫拉克勒斯的十二项功绩就与吉尔伽美什的经历有许多相似之处。像吉尔伽美什一样，赫拉克勒斯也杀死了一头可怕的林中怪兽（第一项功绩：杀死涅墨亚的狮子）；抓住天界公牛的牛角打败了它（第七项功绩：夺取克里特岛的公牛）；找到一种能令人不死的神秘药草（赫拉克勒斯与巨人反叛事件）；沿着太阳每日的路线航行，穿越死亡之海前往遥远的厄律忒亚岛夺取革律翁国王的牛群（第十项功绩：取回革律翁的牛群）；他还造访了女神赫斯珀里得斯姐妹的花园，杀死了花园中一条盘在圣树上的大蛇拉冬，夺走了由圣树出产的战利品（第十一项功绩：摘取赫斯珀里得斯花园的金苹果）。还有人说，推崇同性恋情的希腊人尤为喜爱吉尔伽美什和同伴恩基杜之间的生死情谊，雅典王忒修斯和同伴庇里托俄斯的关系与吉尔伽美什和恩基杜的关系有些类似，两人都去了冥府，但庇里托俄斯没能回来。据说荷马史诗《伊利亚特》中希腊联军英雄阿喀琉斯和他的堂兄帕特罗克洛斯的生死情谊与吉尔伽美什和恩基杜的关系也有些类似。阿喀琉斯和帕特罗克洛斯的情谊又进一步激发了后世的情感，到了古典时代中后期，据说许多希腊同性恋人都会去两人的墓前山盟海誓。

对今人而言，《吉尔伽美什》史诗是有史以来最具有戏剧性和张力的故事之一。在追寻荣耀与永生的过程中，吉尔伽美什遭遇了许多有关性与暴力、爱与死亡、友谊与离别的故事，就像所有伟大的追求一样，他看似以失败而告终，但在失败中英雄增加了对自己的了解，从而日趋成熟。在史诗的最后，吉尔伽美什坦然接受了凡人注定一死的命运，但他决心要永远活在人们的记忆中。

从某种意义上来说，他确实做到了。

尾声

古代美索不达米亚文明的遗产

斗转星移，时光荏苒。曾经水草丰美、城邦林立的土地眼下已是荒芜贫瘠的沙漠，底格里斯河与幼发拉底河之间的滚滚黄沙掩盖着古城墙、神庙和王宫的残垣断壁。站在高坡放眼望去，远方地平线上沙漠与天空的交汇处，矗立着许多废墟形成的巨大风化土丘。那也许是一座摇摇欲坠的塔楼，也许是所剩无几的城墙，被风撕裂得只剩下骨架，残存的泥砖像鳞片一样掉落在周围的沙地上。

这些巨大的建筑物之所以会塌落衰败，主要原因是它们是易遭水蚀的泥砖所建，由于长期缺乏维护，不可避免地会被风沙侵蚀。虽然使用的材质脆弱，但古人所造的一些建筑，即使以今天的标准看都令人惊叹。举例而言，古城乌尔的神庙高达近百米，也就是三十多层楼的高度，完全是用泥砖砌成的。

考古学家们对其中一些遗址进行了细致的修复，尽可能使它们恢复从前的样貌。但总的来说，美索不达米亚的遗迹并不像许多古代文化遗迹，比如埃及金字塔那样令人印象深刻。它们看起来更像是远古荣光孤独悲凉的纪念碑，年复一年、不可挽回地消失在曾经产生了它们的大地上。不难想象，对后来那些在干旱平原放牧牛羊的沙漠游牧民族来说，远方由古代异族修筑的朽烂塔楼是异教神祇的尘世之家。《旧约》中的先知也不厌其烦地宣称，那里是尘世间所有邪恶的发源地，是恶魔的老巢。

很多人听说过巴别塔的故事：大洪水后，诺亚的子孙在新的世界繁衍生息，大家都说同一种语言。由于人类数量越来越多，生活就成了问题，众人决定向东迁居。他们成群结队地往东而行，最后来到一处平原。他们决定在此定居，要修建一座城市，还要修筑一座直通云霄的通天塔，作为留给子孙后代的纪念物。人们取来泥土烧砖，用河泥制作灰浆。烧砖的烧砖，修塔的修塔，日复一日，那塔也越来越高。

此事惊动了上帝，他亲临现场，看到高耸入云的通天塔，又惊又怒，认为这是人类傲慢和虚荣的象征，是对自己尊严的冒犯。于是他决定搞乱人类的语言，让他们彼此听不懂，这样就无法同心协力，统一行动了。就这样，每一个人说话都只有周围的人听得懂，稍远的人就听不明白。塔顶的人向塔底喊话，打了半天手势，塔底的人也听不懂是要做什么，要砖块还是要灰浆。没过多久，人心就涣散了，大家先后离去，通天塔半途而废。

然而，神祇将人类语言搞乱的神话，其实在苏美尔时期就有原型，可能源自苏美尔神话中乌鲁克国王恩麦卡尔的年代。恩麦卡尔派遣特使造访远方的阿拉塔城国王，特使提到，过去曾有一个黄金时代，那时"没有蛇，没有蝎子……人类没有敌人"，那时人人都可以用同一种语言直接与众神首领恩利尔谈话。但后来不知何故，或许是因为司掌魔法与文明的智慧水神恩基不喜欢人类的所作所为，决定"使他们的语言各不相同"，从此人类的语言就变得各种各样，人们失去了与神、与远方民族直接沟通的能力。

巴比伦城的修筑和毁灭也发生过很多次。早在古巴比伦王国时期就有几名国王对它进行过修建。巴别塔这样的阶梯形高塔在当地也并不少见，只是规模和名声远远逊色于通天塔。正如摧毁神庙一样，异族征服者也热衷于摧毁高塔，所以通天塔在历史上经过无数次毁坏，又无数次重建或扩建。

尼布甲尼撒二世之父那波勃莱萨建立新巴比伦王国之后,决定重建被亚述人毁掉的通天塔。他留下的铭文写道:"巴比伦塔年久失修,因此马尔杜克命我重建。他要我把塔基牢固地建在城市之中,而尖顶要直插云霄。"不过据尼布甲尼撒二世所写的铭文来看,他父亲只将塔建到 15 米高,大部分塔身和塔顶的马尔杜克神庙是尼布甲尼撒修建的。他的宗旨是"加高塔身,与天齐肩",为此命人砍伐了许多黎巴嫩优质雪松,并鎏金装饰塔顶神庙,使之熠熠生辉。

大约 150 年后,古希腊学者希罗多德游历巴比伦时,通天塔的整体结构还保存得较为完好。据他说,通天塔建在八层巨大的高台上,愈高愈小。塔基每边大约 90 米,高约 90 米。塔的上下各有一座马尔杜克神庙,称上庙和下庙。墙外沿设有螺旋形阶梯,可以绕塔而上直达塔顶,中腰设有供朝圣者休息的座位。下庙供有神像,上庙则用深蓝色琉璃砖建成,饰以大量黄金,可谓富丽堂皇,美轮美奂,朝圣者们大老远就能望见。

《圣经》上说,高塔修筑者们的语言变乱是通天塔遭废弃的原因,实际上,通天塔的毁灭是因为波斯人的入侵。公元前 539 年,波斯王居鲁士率大军攻占了巴比伦,迦勒底人的巴比伦王朝就此结束。不过,居鲁士并不像前任的许多王那么迷信,他相信的是实力,因此他没有像以前的征服者那样疯狂摧毁战败者的宫殿和神庙,让他们失去神的庇佑。居鲁士甚至要求他的部下把他的陵寝修成小型通天塔的样式。

通天塔被保存下来,但以前定期举行的大规模马尔杜克朝圣活动被禁止了。波斯王虽然能容忍被征服民族保有自己的信仰,但绝不赞成他们时常聚在一起。时间一长,通天塔就逐渐荒废。通天塔的彻底毁灭是在波斯帝国后期。在残酷镇压了巴比伦人的反抗后,波斯王薛西斯下令彻底摧毁巴比伦,通天塔也在劫难逃,彻底变成了一堆瓦砾。

《圣经》对巴比伦或巴别塔都不抱好感,认为它们代表邪恶。"变乱"

一词在希伯来语中读作"巴比伦"。在阿卡德语中,巴比伦却是"神之门"的意思。它还有另一个名字,大致意思是"天地间的基石所在",总之是神圣的。两者比较大相径庭,其奥秘或许要通过历史上巴比伦与希伯来人的关系来解释。在新巴比伦王国时期,国王尼布甲尼撒二世曾多次远征巴勒斯坦,迫使犹太等国称臣。公元前586年,他灭亡了犹太国,拆毁耶路撒冷的城墙,烧毁神庙,把城里的男女老少全部掳走,只留下少数最穷的人。这就是历史上著名的"巴比伦之囚"。亡国为奴的彻骨痛恨,使希伯来人把巴比伦称为"冒犯上帝的城市",对它发出可怕的诅咒:"沙漠里的野兽和岛上的野兽将住在那里,夜枭将住在那里,它将永远无人居住,世世代代无人居住。"

在某种程度上,这个诅咒应验了一部分。因为在19世纪80年代两河流域考古热兴起之前的数千年里,除了零零星星的希腊和埃及文献,我们对巴比伦以及比它更早的苏美尔文明的了解,几乎都来自《旧约》,而希伯来人憎恶比他们富有强盛的苏美尔和阿卡德邻居,自然不会为他们说什么好话。《圣经》中几乎没提到过苏美尔,尽管据说人类祖先亚伯拉罕就来自苏美尔的古城乌尔,而乌尔城即使在当时也已经很古老了。希伯来的先知们厌恶这些秉持多神信仰的邻居,他们相对奢华的生活方式被认为是诱人堕落的邪恶,他们强大的武力也被认为是对四邻严重的威胁。于是,先知们以独特的贬低技巧来讲述他们眼中的异教城镇。以巴比伦为例,《圣经》中好几百处提到过巴比伦,其中有一些是中性的,大部分是辱骂的,而说好话的几乎没有。比如在《以赛亚书》中,以赛亚以得意的心情写道:"巴比伦倾倒了,覆灭了,它一切雕刻的偶像都打碎于地。"(见《以赛亚书》21.9)《启示录》中,巴比伦被说成是"世上淫妇和一切可憎之物的母"(见《启示录》17.5)。虽然作者使徒约翰实际上是在指罗马——在早期基督徒眼中罗马是充满罪恶的深渊,但"巴比伦淫妇"之类恶名从此盖棺论定。

气候变迁也加剧这一诅咒。今天在这一地区的旅行者可能很难相信,这里曾存在过大城市——例如，恩利尔圣城尼普尔城的遗址现在满是流沙，恩基的圣地埃利都也遍地乱石。更多城邦的遗迹湮没在黄土之下，基本不会引起后人的注意。就这样，除了曾被誉为古代西方七大奇迹之一的巴比伦空中花园偶尔还有人提及，两河流域的其他文明遗产几乎被人遗忘，昔日强大的城市被流沙淹没，它们辉煌的成就被人夺走，自身却被大量负面宣传所遮蔽。

尽管如此，古代美索不达米亚文明仍以惊人的韧性留存着。美索不达米亚的灌溉和防洪技术已被广泛应用了几千年；天文学方面，美索不达米亚人根据月亮运行编制了太阴历，能粗略预测月食与日食，将日月和五大行星之名作为星期日到星期六的名称。这些知识被西亚各民族广泛使用，并传播到欧洲，我们今天的生活中也能看到它们的痕迹。我们的计时方式，即一周分为七日，一小时分为六十分钟，一分钟分为六十秒，这并不是因为任何数学或天文学上的需要，而是因为苏美尔人就是这么做的，而几千年后我们还在继续使用。圆周被划分成三百六十度也是同样的缘故。几千年后我们大约还会延续这种做法，因为没有什么重要的理由需要去改变它。

真正让我们认识到美索不达米亚文明庞大遗产的，还属考古出土的文学作品。可以毫不夸张地说，在地中海周围各民族中发现的每一个神话和传说，都能在苏美尔神话或阿卡德神话中找到某种对应，比如此前在《大洪水演化史》中提到过的阿特拉－哈西斯神话对希腊丢卡利翁洪水神话、印度摩奴洪水神话和诺亚方舟故事的影响；《吉尔伽美什进化记》中提到的《吉尔伽美什》史诗对希腊英雄传奇，如俄耳甫斯下冥府、奥德修斯海上漫游、赫拉克勒斯的许多功绩的影响；而吉尔伽美什之父卢迦尔班达在深山中遇到的安祖鸟，与波斯神话《列王纪》中扎尔王子遇到的西木尔鸟，以及《天方夜谭》中的大鹏都有许多相似之处。甚至克里特岛崇拜的公牛可能也与美索不达米亚神牛有千丝万缕的联系。

更有意思的是，虽然希伯来人的典籍对美索不达米亚人极尽污蔑之能事，但其本身却有不少内容来自美索不达米亚世界。美索不达米亚的多神信仰对亚伯拉罕一神教的形成也有影响，尽管前者肯定会让以色列的先知们大惊失色。比如《先知书》中"以我们的形象造人"，《诗篇》82亚萨的诗"神站在有权力者的会中，在诸神中行审判……我曾说：你们是神，都是至高者的儿子"，《诗篇》110中"神对我主说'你坐在我的右边，等我使你的仇敌做你的脚凳'"等，一般都被视作多神教的残留。《创世记》开篇中的"……渊面黑暗。神的灵运行在水面上。神说，要有光……"，与美索不达米亚宇宙观中太阳从月亮中产生，白天从黑夜中出现，光明从黑暗中诞生的概念相似。黑暗的渊面水域也可能与至高天之外的原初水域，即女神南穆（Nanmu）有关。

此外，雅威（旧译作耶和华，近年来的语言考古学研究发音更接近雅威）也显现出美索不达米亚众神之父天神安努个性的一些特征，恩利尔与雅威更是有许多共同之处。《旧约》同苏美尔和巴比伦宗教之间一个比较大的共通点就是神或众神会经常利用灾难惩罚不敬者。雅威多次用非利士人或巴比伦人（视用哪个方便，视人们罪恶多大）的入侵和屠杀来折磨以色列人。恩利尔也时常用这种方式惩罚人类，比如他曾安排一支游牧部落入侵伟大城市亚加底，烧杀抢掠，把亚加底夷为平地。

亚述帝国的宗教观也对亚伯拉罕一神教的形成产生了影响。亚述人崇拜的主神阿舒尔，意为微风或气息，实质上来自马尔杜克的职能，但同时又采用了天神安努的地位。亚述帝国的神学认为，他国的一切神祇都是亚述主神阿舒尔的化身，阿舒尔是至尊神，亚述帝国境内其他各民族的神都是他的化身，可以被直接视作阿舒尔崇拜的本土化。在亚述帝国把版图扩展到迦南之地后，迦南主神厄勒（El）被视作巴勒斯坦地区的阿舒尔崇拜变体，因此厄勒神妻天后亚舍拉（Asherah）被亚述人视作阿舒尔的配偶。雅威起先在迦南一带的神职和地位更近似于当地的风暴之神巴力哈达德，而巴力在迦南神系中是主神厄勒之子，因此无论从辈分还是地位上说都不能匹配天后亚舍拉。后来，由于雅威是以色列人的主神，亚述人逐渐把雅威视作主神阿舒尔在巴勒斯坦地区的变体。也因为这个缘故，他们认为雅威神庙里有权供奉天后亚舍拉。古犹太国后来有一段时间甚至把雅威直接描绘为阿舒尔的样子，出土的钱币显示，大致是"坐着带车轮的宝座，手中持着鹰的王"的造型。

西方一些常用的宗教符号中也有古代美索不达米亚留存下来的元素，比如"希腊十字架"或"圣殿骑士十字架"被一些学者认为是巴比伦太阳神沙玛什的象征，或者是巴比伦书写之神纳布的象征。一些出土的古代两河国王的雕像显示，他们的脖子上就戴着这种形状的十字架。

从历法、计时和经久不衰的神话传说，从国王制、行政官僚体系到舒适的城市建筑，两河流域的古代文明留下了令人目眩的遗产。虽然今日的美索不达米亚荒凉得好像阿拉伯沙漠，但在古代这些土地曾经很肥沃，并被很好地耕种过，这里的人生产了足够的粮食，养活了村落和城镇中成千上万的居民。如今考古学家们已发掘出六千多个城镇土丘遗址，这些土丘被称为 Tell。考古学家估计这一地区古代曾遍地洼地沼泽，水草肥美，人口曾一度达数百万人。这些遗址中只有一小部分被勘察过，可能还会有更多令人惊异的文化宝藏在等着我们进一步发掘。

附录

附录 I

古代美索不达米亚年代简表

文明的源头：苏美尔	
前 4300—前 3500	乌拜德文化时期。它是两河流域远古时代的本地文化
前 3500—前 3100	乌鲁克时期，两河流域的上古文明时期
前 3100—前 2900	捷姆迭特—那色文明，语言为苏美尔语系
前 2900—前 2750	早王朝时期，苏美尔传说中的洪水时代
前 2750—前 2650	中早王朝时期。乌鲁克发展成新的文化中心
后继者：阿卡德与乌尔时期	
前 2650—前 2347	后早王朝时期，阿卡德国王萨尔贡统一巴比伦尼亚，开创阿卡德王国。即乌尔第一王朝（见《苏美尔王表》）
前 2191	阿卡德王国灭亡
前 2113—前 2006	乌尔第三王朝，又称"新苏美尔"或"苏美尔复兴时期"
前 2006	埃兰人和阿摩利人灭亡乌尔第三王朝
前 2006—前 1894	拉尔萨与以辛两个城邦争夺巴比伦尼亚霸权
古巴比伦王国时期	
前 1894—前 1595	阿摩利人苏穆阿布姆建立古巴比伦王国
前 1792—前 1750	汉穆拉比为巴比伦国王
前 1595	小亚细亚的赫梯王国灭亡古巴比伦
前 1530—前 1157	来自扎格罗斯山脉的加西特人进入巴比伦尼亚，建立加西特巴比伦王国

续表

前 1157	埃兰灭加西特巴比伦
前 1156—前 11 世纪	巴比伦尼亚各地方王朝各自为政和争夺霸权时期
前 11—前 8 世纪	阿拉米人进入两河流域，并在前 8 世纪中叶建立国家
亚述帝国时期	
前 729	亚述灭阿拉米国家，巴比伦被并入亚述帝国版图
前 612	巴比伦、米底联军攻破亚述首都尼尼微
前 605	巴比伦军队在王子尼布甲尼撒二世的指挥下与埃及、亚述联军决战于卡尔克米什。这场战争以巴比伦人的胜利告终。亚述帝国灭亡
新巴比伦王国时期	
前 604—前 562	尼布甲尼撒二世为新巴比伦国王。巴比伦进入第二个显赫时期，其间城内建成很多在世界文明史上留名的建筑物。前 586 年的"巴比伦之囚"使巴比伦文明融入《圣经》
前 562—前 556	尼布甲尼撒二世驾崩，王权开始日衰
前 556	那波尼杜被推举为新巴比伦国王
前 550	波斯王居鲁士灭米底，新巴比伦王国后院不保
前 549—前 539	居鲁士先后灭埃兰、亚美尼亚、小亚细亚、一些希腊城邦，平定中亚部分地区，对新巴比伦形成三面包围之势
巴比伦并入波斯帝国版图，结束作为独立文明的历史	
前 539—前 330	居鲁士进军巴比伦，毫不费力地占领了巴比伦城。新巴比伦王国灭亡，结束了两河流域作为独立国家和文明的历史

附录Ⅱ

苏美尔与阿卡德神祇名称对照简表

美索不达米亚的宗教绵延数千年,其间经历苏美尔人、阿卡德人、阿摩利人、巴比伦人、加西特人、亚述人等许多民族的统治。各个民族崇拜的神祇相互影响与融合,使得这里的神明数量之多、谱系之混乱,为其他国家和地区所罕见。国有国神、城有城神、家有家神、门有门神、灶有灶神,总之,凡是人们想象所能及者,都有神祇可供崇拜,连空气中都住满神。

众多神祇中,有不少神祇因为与人们生活密切相关而广受尊敬,人们为他们修建神庙,不时进行供奉祭祀活动,有些神还成为全国性的主神。这些主神源于苏美尔神话,后又为阿卡德人继承。鉴于诸神在各个时代的身世、真名、神职等说法不一,在参考了各种历史文献后,本书予以综合概括,简介常见神灵如下:

地位与神职	苏美尔名	阿卡德名	简介
世界之母,原初之水女神	南穆	—	苏美尔人把天界想象成由三层圆形天穹构成的穹顶,最高一层是天神安居住的至高天,至高天之外是原始水域南穆(Nanmu)。据说安与南穆生下智慧水神恩基
	—	提亚玛特	在丈夫阿普苏被杀死后,复仇心切的提亚玛特化身巨龙,率领怪物军团和长子钦古向以安努为首的众神发动进攻,但被马尔杜克杀死
世界之父,地下甜水(一说是海中淡水)	阿布祖	阿普苏	与提亚玛特结合孕育了世界和众神,但他厌恶众神创造的世界的纷扰,决定消灭所有和自己有宿怨的神灵,但偷袭前消息泄露,阿普苏反被杀死

续表

地位与神职	苏美尔名	阿卡德名	简介
天神与众神之父。三大主神之一	安	安努	与基/安图共同育下众多神祇与魔鬼，因而被奉为众神之父
大地女神与神后	基	安图	苏美尔神话中基是大地女神，与天神安结合生下风神恩利尔。阿卡德神话中安努的配偶为安图，她可能是安努的女性化身，雨是她用云化成的天空的乳汁
风神。三大主神之一	恩利尔	厄勒利尔	恩（En）或厄勒（El）都是主的意思。他是个脾气暴躁的神，给人类带来灾难和瘟疫，他因为嫌弃人类太吵，曾命令雨神给人间降下滔天洪水，以彻底消灭人类
风、谷物女神	宁莉尔	姆莉塔	恩利尔之妻。与恩利尔不同，宁莉尔同情不幸者。她后来逐渐与伊什塔尔同化。希腊人把她等同于自己的爱神阿芙洛蒂忒
地下淡水、智慧和工艺之神。三大主神之一	恩基	埃阿	在苏美尔时代，恩基一度取代恩利尔成为神王。他颁布宇宙律法，创造人类，掌管灌溉技能，给人类传授各种工艺。在巴比伦神话中，埃阿在杀死阿普苏后用老祖宗的身躯创造了自己的宫殿。他同情人类，在恩利尔释放大洪水前偷偷吩咐人类始祖制造方舟，从灭绝边缘拯救了人类
母神、群山女王	宁胡尔萨格，宁玛赫，玛米	达姆基娜	苏美尔神话中的大母神之一，和恩基保持一种同事、情人与竞争关系，曾与恩基携手创造许多女神、人类，还有八种植物。巴比伦神话中她的地位下降，仅提及她与埃阿生下马尔杜克
新生代神王	—	马尔杜克	巴比伦神王、水神埃阿之子。在迎战提亚玛特的战争中获得神王地位，接受诸神授予的50个神名，成为宇宙、光明和命运的主人，同时也是巴比伦神话中人类的创造者
书写、测量、计算之神	女神尼萨巴	—	起初是谷物女神，后逐渐成了掌管书写、计算、建筑和天文等学问的女神。巴比伦王国时期被男神纳布取代
	—	男神纳布	抄写、魔法和书记员的守护神，也是巴比伦占星术中的水星之神

续表

地位与神职	苏美尔名	阿卡德名	简介
月神	南那，苏恩	辛	恩利尔和宁莉尔之子，与配偶宁伽尔生太阳和金星。南那是苏美尔古城乌尔的主神，一度是苏美尔神系中的主神，主持历法和审判，后因乌尔城毁灭在神系中的地位下降
太阳神	乌图	沙玛什	月神之子，也是公正、律法和契约之神，后来还发展出在冥府主持亡灵审判的功能。故《汉穆拉比法典》请他代言，他向汉穆拉比授予法律
金星、爱神、丰饶与战争女神	伊南娜	伊什塔尔	美索不达米亚最重要的女神，她的父亲有很多说法，如天神安、月神南那或水神恩基。没有她，大地将寸草不生，寸草不长。人们认为得到她的青睐可以造就一个王国，因为她能使军队战无不胜，使谷物丰饶，使人间充满情爱，因此人们举行各种典礼赞美她。不过后期由于女性地位下降，女神的战斗力和名誉都有所下滑，在史诗《吉尔伽美什》中她就受到了吉尔伽美什的嘲弄和数落，这在更早以前是很难想象的
牧神	杜牧兹	塔穆兹	伊南娜/伊什塔尔的配偶。他们的故事在本书太阳神乌图、任性女神伊南娜和注定半死的牧神杜牧兹的故事中均有提及
农神	恩基木都	—	伊南娜的求婚者之一，一度是杜牧兹的情敌
战神	尼努尔塔		起初神职繁多，掌管农业、灌溉、狩猎、律法、抄写和战争等多方面事务，后来战神的面貌逐渐被强化，也被称作武士国王，常被描绘为一位身负弓箭的英武勇士
医疗女神	芭乌，芭芭	谷菈	最古老的治疗和医药女神，突出特征是身边总是带着一只狗。狗既是她的起源，也是她的圣兽
冥府女王	艾莉什基伽勒		伊南娜/伊什塔尔的姐姐，统治地下世界的女王。当原本是天神的纳戈尔来到冥府时，二神坠入爱河，但纳戈尔必须返回天界，于是艾莉什基伽勒威胁要释放所有的亡灵，让他们吞吃生者，以此要挟天神们将纳戈尔留在地下。最后她得偿所愿
冥王、死神	纳戈尔	厄拉	艾莉什基伽勒的丈夫，也是战神和死神，统治地下的亡灵世界，但有时也会给人间带来战争和死亡

附录Ⅲ

苏美尔与阿卡德部分神祇谱系图

美索不达米亚历史悠久,城邦众多,不同历史时期或不同地区对神祇身世、配偶、子女等关系说法不一,例如女神伊南娜的父亲就有多种说法,有人说她的父亲是天神安,有人说是风神恩利尔,也有人说是水神恩基,还有人说是月神南那。因此下表仅列出较为常见的说法。

苏美尔神话中的神族谱系图

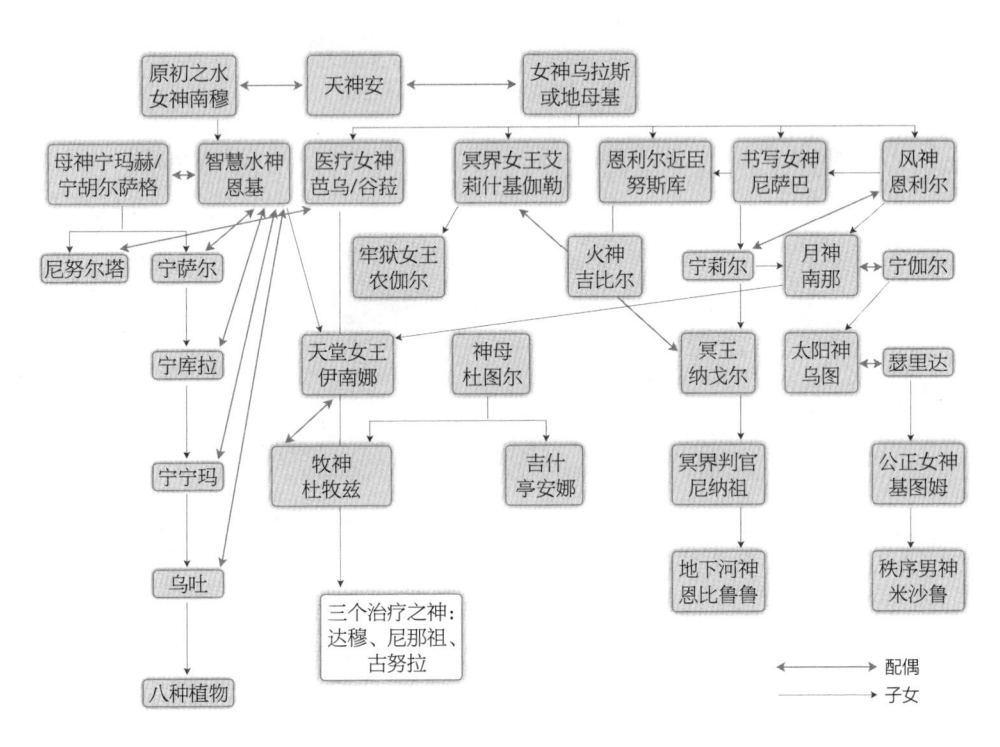

```
                原初之水  ↔  天神安  ↔  女神乌拉斯
                女神南穆                   或地母基

  母神宁玛赫/  智慧水神    医疗女神    冥界女王艾    恩利尔近臣   书写女神    风神
  宁胡尔萨格    恩基       芭乌/谷拉   莉什基伽勒    努斯库       尼萨巴     恩利尔

  尼努尔塔  宁萨尔                   牢狱女王              火神        宁莉尔   月神     宁伽尔
                                    农伽尔               吉比尔                南那

           宁库拉        天堂女王    神母                           冥王      太阳神   瑟里达
                        伊南娜      杜图尔                         纳戈尔    乌图

           宁宁玛         牧神       吉什                          冥界判官   公正女神
                        杜牧兹      亭安娜                         尼纳祖    基图姆

           乌吐                                                  地下河神   秩序男神
                                                                恩比鲁鲁   米沙鲁

                        三个治疗之神:
           八种植物      达穆、尼那祖、
                        古努拉
                                                    ↔  配偶
                                                    →  子女
```

巴比伦创世神话中的神族谱系图

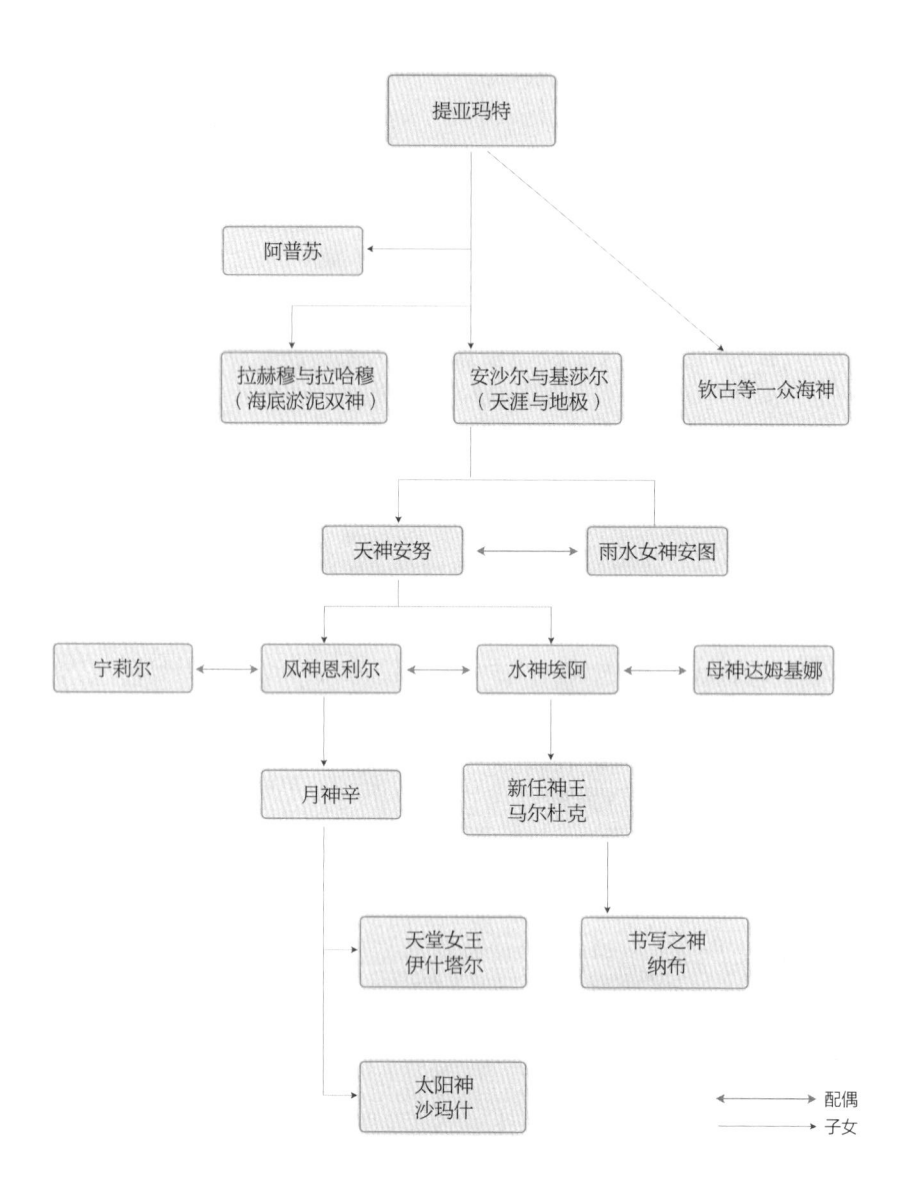

```
                         提亚玛特
                            │
        ┌───────────────────┼───────────────────┐
      阿普苏 ←──            │                    │
                            │                    │
        ┌───────────────────┤                    │
   拉赫穆与拉哈穆       安沙尔与基莎尔        钦古等一众海神
   （海底淤泥双神）      （天涯与地极）
                            │
                    ┌───────┴───────┐
                  天神安努 ←──→ 雨水女神安图
                            │
        ┌───────────────────┴───────────────────┐
   宁莉尔 ←──→ 风神恩利尔 ←──→ 水神埃阿 ←──→ 母神达姆基娜
                    │                    │
                  月神辛              新任神王马尔杜克
                    │                    │
              天堂女王伊什塔尔        书写之神纳布
                    │
                 太阳神沙玛什


        ←──→  配偶
        ──→   子女
```

附录IV

美索不达米亚的十二星座神话

夜正试图将天空笼络到她的怀抱中，在她深蓝色衣襟的缝隙里可以看到一颗颗星星可爱地闪耀着。成群的星占师守候在观星台上，屏声息气地准备观察星象。亚述和巴比伦的王们都曾派星占师彻夜观天，记录并汇报他们看到的天象征兆。当残月完全消失在阴影之中时，星占师们也在焦急地等待着它再次变成新月，因为新月的出现代表一个月的开始，对月历和时间至关重要。如果因为能见度差或疏忽而错过了它的出现，星占师们就会受到国王责难，甚至可能失去自己的饭碗，因为他们的职责不仅仅是阅读天象，更重要的是管理国度的历法。

古代美索不达米亚的星占学是以国家大事为预测对象的。在古人眼中，天与人间的关系密不可分，冥冥之中，那股支配季节更替与群星运行的力量，同时也支配着尘世间的各种事件。星空是人间在天上的投影。王朝更迭，国运兴衰，苍生祸福，皆可从星象中得到映射与预警。

然而，夜空如此广袤，星海如此浩瀚，既要观天，便需对星空加以划分，对星区加以命名。巴比伦人把天穹分成三部分：北方的天空是恩利尔之路，南方的天空是埃阿之路，赤道和黄道带则是安努之路。

我们今天熟知的黄道十二宫及符号也来自巴比伦人：这种对黄道—赤道附近环天一周的星群进行划分的方式最早起源于公元前1000年左右的迦勒底巴比伦。大约在公元前5世纪末，巴比伦的星占师们将黄道分为12个相等的"符号"，每个符号相当于12个月（每月30天），从而创造了第一个已知的天体坐标系。不过与那时相比，由于地球自转方向的改变，一年中太阳所经过星座位置的时间也发生了变化。以下是美索不达米亚与希腊罗马神话及其他文明中十二星座传说的对比，或许我们能从中找到一些古老传说的影响痕迹。

Aries
白羊座

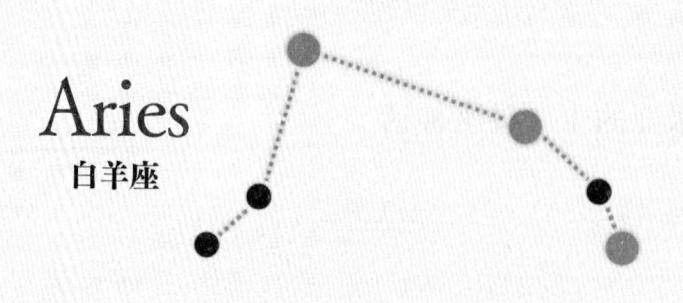

美索不达米亚

古巴比伦人将白羊座视作十二宫中的最后一个星座，这是因为2000多年前太阳在白羊座由南向北穿过天球赤道。在古巴比伦占星术中，白羊座被称为MULLÚ.ḪUN.GÁ，意为"农人"或"雇农"。不过在一块公元前1350—公元前1000年间雕成的石盘上，白羊座以公羊的符号表现，这是白羊座被识别为一个独立星座的标志。从农人到公羊的转变很可能发生在巴比伦后期，因为其形象与牧羊神杜牧兹的联系越来越密切。到公元前1000年左右，迦勒底巴比伦人同时将白羊座视作杜牧兹的公羊与农人，但公羊的形象更普遍一些。

希腊罗马

希腊神话中，白羊座的由来与金羊毛的神话有关。普罗米修斯的后裔、希腊东南波俄提亚的国王阿塔玛斯（Athamas）娶云彩仙女涅斐勒（Nephele）为第一任妻子。他们生有一对儿女，男孩佛里克索斯（Phrixus）和女孩赫勒（Helle）。但后来阿塔玛斯爱上并娶了卡德摩斯的女儿伊诺。涅斐勒发怒而去，波俄提亚遍地干旱。

伊诺嫉妒她的继子女，密谋杀害他们。在某些神话中，她告诉阿塔玛斯，若用佛里克索斯作牺牲便能结束干旱。危急之下，涅斐勒为孩子们派来一只长有翅膀的金羊毛，让他们乘坐金羊毛逃走。孩子们乘坐金羊毛从海上逃了出来，但途中赫勒昏了过去，从羊背上摔下，淹死在欧洲和亚洲之间的海峡中。后来人们用她的名字命名海峡为赫勒斯彭（Hellespont）海峡，也就是今天土耳其的达达尼尔海峡（Dardanelles）。

佛里克索斯一路逃到科尔基斯，在那里将金羊毛献给了宙斯，宙斯把金毛羊送上星空，成为白羊座。科尔基斯国王、太阳神赫利俄斯的儿子埃厄忒斯收留了佛里克索斯，还把女儿卡尔契俄珀（Chalciope）嫁给了他。为了表示谢意，佛里克索斯将献祭剥下的金羊毛送给了国王。埃厄忒斯把金羊毛挂在阿瑞斯圣林中的一棵树上，由一头昼夜不眠的巨龙看守，直到后来伊阿宋与阿尔戈号众英雄来到科尔基斯，在美狄亚的帮助下夺取了金羊毛。

其他文明

在古埃及占星术中，因为太阳进入白羊座的时间在春分前后，所以白羊座常与太阳神阿蒙-拉联系在一起，被称为"重生太阳的象征"，而阿蒙-拉被描绘成长着公羊头的男人形象，代表着丰产与创造。

Taurus
金牛座

美索不达米亚

金牛座和公牛的关系非常古老，甚至可以追溯到旧石器时代晚期。古代巴比伦人把它视作十二宫中的第一个星座，因为在大约公元前4000年到公元前1700年间，它标志着铜器时代和青铜时代早期的春分点。之后春分点变更到了邻近的白羊座。在早期美索不达米亚绘画中，天界公牛与女神伊南娜关系密切，最古老的一幅画描绘显示公牛站在伊南娜的标识前。在史诗《吉尔伽美什》中，女神伊什塔尔派遣金牛——天界公牛去杀死吉尔伽美什，因为他不仅拒绝她的求爱，还狠狠地羞辱了她。据说吉尔伽美什就是邻近的猎户座，面向金牛准备战斗。但恩基杜杀死了公牛，把牛臀扔向天空，形成了后来我们所知的大熊座和小熊座。

希腊罗马

希腊神话中，宙斯化身一头漂亮的小公牛，把腓尼基国王阿革诺耳之女欧罗巴劫持到克里特岛为所欲为。宙斯送给欧罗巴一条由工匠之神赫淮斯托斯打造的精美项链和另外三件精美礼物。据说阿芙洛蒂忒和厄洛斯都出现在欧罗巴身边说服她接受自己的命运。欧罗巴屈服了，与宙斯生下弥诺斯（Minos）、拉达曼提斯（Rhadamanthus）和萨耳珀冬（Sarpedon）。为了表彰公牛诱美有功，宙斯把它升上夜空成为金牛座。

其他文明

金牛座的主星毕宿五在中国古代天文学中属于西宫白虎的毕宿，它的英文名Aldebaran，源于阿拉伯语Al Dabaran，意为"跟随者"，或源于阿拉伯语Na'ir al Dabaran，意为"跟随者中的亮者"，因为它总是在天空中跟随着昴宿星团，即构成猎户座躯干的七颗亮星。

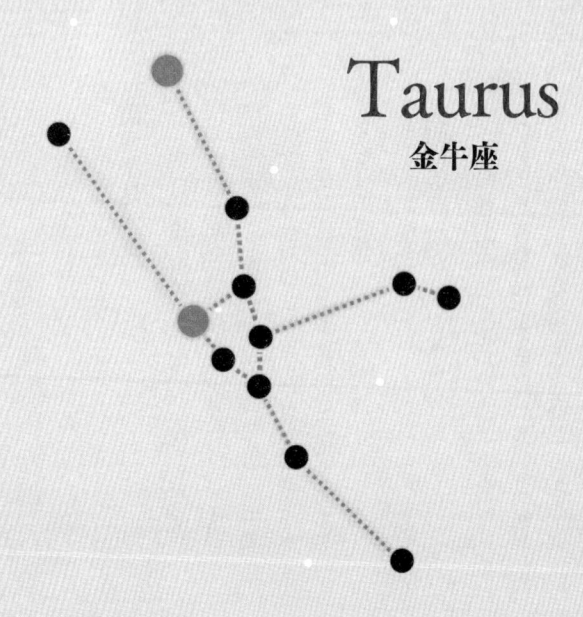

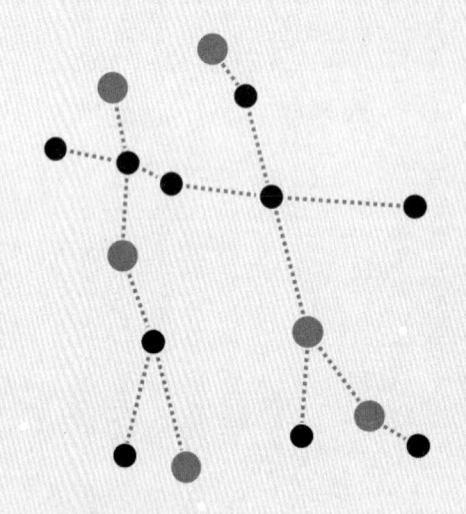

Gemini
双子座

美索不达米亚

在古代巴比伦天文学中，双子座α星北河二和β星北河三被称作「双子神」，分别代表梅斯朗泰阿（Meshlamtaea，意为「从冥府中崛起者」）和卢伽利拉（Lugalira，意为强大国王）两位神祇，这两个名字也是巴比伦冥王纳戈尔（Negal）的称号。

希腊罗马

希腊神话中，双子座与神圣双子卡斯托耳（Castor）和波吕科斯（Pollux）有关。宙斯化身天鹅与斯巴达王廷达瑞俄斯之妻勒达（Leda）幽会，之后勒达生下两对双胞胎，其中宙斯的后代即波吕科斯及美貌绝伦引发特洛伊之战的海伦；廷达瑞俄斯的孩子则是卡斯托耳和特洛伊战争中希腊联军首领阿伽门农之妻克吕泰涅斯特拉。

卡斯托耳死后，波吕科斯请求父亲宙斯让他与卡斯托耳分享永生。宙斯同意了他们的请求，使他们永远在一起。后来他们成为冥府的引路神，负责把灵魂带往冥府。在约旦玫瑰古城佩特拉的卡兹涅神庙基座上能看到他俩的雕像的痕迹。

美索不达米亚

在古代，巨蟹座星域是太阳在天空能到达的最北位置，代表着夏至的来临——尽管现在由于岁差的关系，这一位置已变更到金牛座，此时太阳抵达北纬 23.5°，并折返，因此北回归线也被称作巨蟹座回归线（Tropic of Cancer）。尽管具体细节不清楚，但巴比伦人也把巨蟹座视作螃蟹。

希腊罗马

希腊神话中，大力神赫拉克勒斯在与九头蛇许德拉殊死搏斗时，嫉恨他的神后赫拉派出一只大螃蟹卡基诺斯（Karkinos）去干扰赫拉克勒斯的注意力，企图使他在战斗中处于不利地位。但赫拉克勒斯迅速地用脚踢死了螃蟹并把它踢到了空中。也有人说卡基诺斯用蟹钳夹住赫拉克勒斯的脚趾，但赫拉克勒斯用脚踩碎了螃蟹。为了感谢卡基诺斯的牺牲，赫拉让它在天空中有了一席之地。

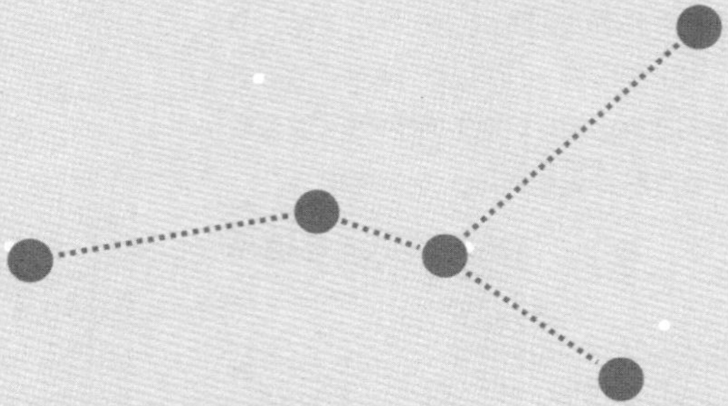

Cancer
巨蟹座

Leo
狮子座

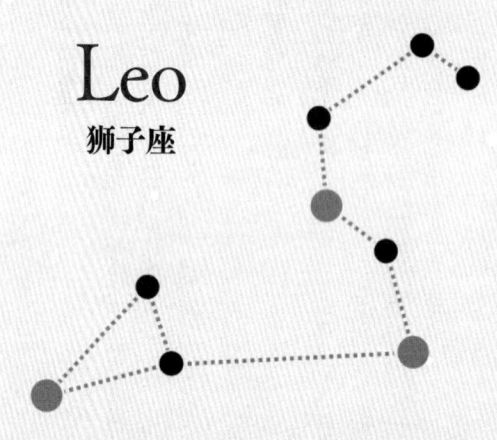

美索不达米亚

狮子座是已知最早的星座之一。早在公元前4000年前，美索不达米亚人就有一个类似名称的星座。有些神话学者认为，它代表吉尔伽美什杀死的风神恩利尔指派的森林守护者、怪兽胡瓦瓦。

希腊罗马

希腊神话中，狮子座是由被大力神赫拉克勒斯杀死的涅墨亚狮（Nemean Lion）所变，这是赫拉克勒斯完成的十二项功绩中的第一项。这头狮子出没于涅墨亚城附近的乡村森林，毁坏林木，伤害村民，肆虐乡里，人们纷纷离家逃走。赫拉克勒斯找到狮子后，向它连发三箭，但发现狮子的皮毛刀枪不入，十分难对付。同时狮子迎面向他扑过来，他举起手中的大棒，往狮头上打去，狮子应声倒下。赫拉克勒斯把狮子勒死后试图用自己带来的匕首剥皮，但无论他怎么磨刀都无法完成这项工作。最后还是雅典娜指点，让赫拉克勒斯以狮爪为工具剥皮。为了纪念儿子单枪匹马杀死一头狮子的壮举，宙斯将狮子升上夜空，形成狮子座。

其他文明

古代波斯人称它为 Leo Ser 或 Shi，土耳其人称它为 Artan，叙利亚人称它为 Aryo，犹太人称它为 Arye，印度人称它为 Simha，总之意思都是指"狮子"。

美索不达米亚

从很久远的年代起，人们就把处女座与谷物女神和谷穗处女座联系在一起。在苏美尔，这个星座的一部分被称作「犁沟」，代表女神夏菈（Shala）与她的谷穗。谷物和慈悲的象征结合在一起，反映了农业对苏美尔人的重要性。苏美尔人认为丰收是神灵慈悲的赐予。

希腊罗马

希腊神话中将处女座与德墨忒耳联系在一起，也有人认为，处女座与手持天平的正义女神有关。后来的希腊神话中，女神珀耳塞福涅也被认为与处女座有关。珀耳塞福涅是宙斯和德墨忒耳的女儿，后被冥王哈迪斯劫持。为了寻找失踪的女儿，德墨忒耳在人间四处苦苦搜索，大地因而荒芜，最后经过宙斯调停，珀耳塞福涅一年中有一半时间返回人间，另一半时间则住在冥府。罗马人则认为处女座与女神刻瑞斯（Ceres）有关，后者是德墨忒耳的罗马对等神。

其他文明

中世纪，人们有时把处女座与圣母马利亚联系在一起。

Virgo
处女座

Libra

天秤座

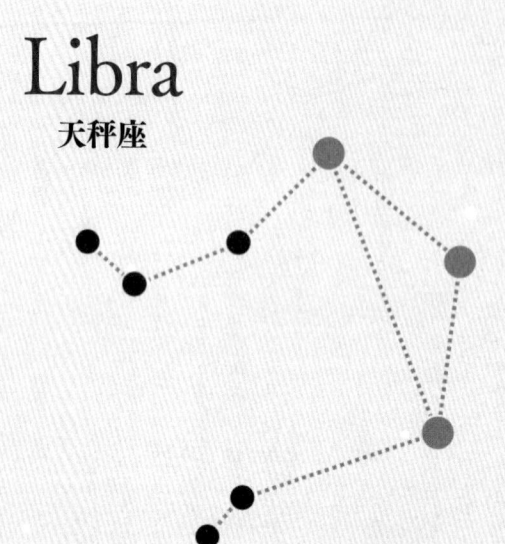

美索不达米亚

天秤座成为一个独立黄道星座的时间比较晚。古代巴比伦观星者们称它为天平或蝎螯，蝎螯被认为是巴比伦太阳神沙玛什的圣物。由于沙玛什也是真理和正义的守护神，所以自那时，天平就与法律、公平和文明联系在一起。也有人认为，天秤座得名是因为在古代，太阳进入天秤座星域时正值秋分，昼夜相等。由于岁差的缘故，早从公元730年开始，秋分点已不再与天秤座重合了。

其他文明

埃及观星者也提到天秤座的三颗亮星，但直到古罗马时期，天秤座才成为一个独立的星座，开始代表正义女神所持的天平。

美索不达米亚

许多世纪以来，天蝎座一直吸引着人们，因为它不仅形状独特，同时也是夜空中最亮的星座之一。Scorpius 这个名字来源于拉丁语的 scorpion，字面意思是「长着燃烧毒刺的生物」。巴比伦人称这个星座为 MUL.GIR.TAB，从字面上可理解为「有燃烧刺的（生物）」，也就是「蝎子」。

希腊罗马

希腊神话中，天蝎座的神话大多与猎人俄里翁有关。一则神话提到，俄里翁向阿尔忒弥斯和她的母亲勒托夸口说，他是最出色的猎手，要杀光地球上所有的动物。虽然阿尔忒弥斯也是一位出色的猎手，但她同时也是保护野生动物、森林山丘与神圣树枝的女神。为了惩罚俄里翁的傲慢，阿尔忒弥斯和母亲派出一只毒蝎攻击并杀死了俄里翁。这场斗争引起宙斯的注意，后来宙斯把蝎子提到天上，是为天蝎座，并在阿尔忒弥斯的要求下把俄里翁也升到夜空，成了猎户座，提醒世人要克制骄傲。

另一则神话称，俄里翁是比阿尔忒弥斯更出色的猎手，因此阿尔忒弥斯爱上了他。这引起了她的兄弟阿波罗的嫉妒，阿波罗派一只蝎子攻击了俄里翁。俄里翁死后，悲痛的阿尔忒弥斯立下了独身誓言，还请求宙斯把俄里翁提升为猎户座。每年冬天，猎户座都会在夜空中狩猎，但当夏季蝎子也爬上星空时，俄里翁便会退下天幕，避开蝎子的毒刺。

还有一则希腊神话把天蝎座和法厄同之死扯上了关系。法厄同是太阳神赫利俄斯与海洋女神克吕墨涅（Clymene）的孩子。在长大得知自己的身世后，法厄同来到太阳神的宫殿寻找父亲。赫利俄斯答应给他任何他想要的东西，而法厄同坚持要代替父亲驾驶太阳战车。一些神话称，赫利俄斯试图阻止法厄同，因为即使强大如宙斯也没有力量驾驭这些马。但由于之前他曾对着冥河斯提克斯（Styx）发誓，会给儿子任何他想要的东西，所以最后赫利俄斯还是答应了法厄同的要求。

当那天来临时，法厄同在攀升天空的途中惊慌失措，失去了对驾车骏马的控制。白马开始在天空乱跑，飞得超出了寻常高度，碰到了天上的蝎子。蝎子举起致命的毒刺准备攻击，恐惧万分之下法厄同急速降低太阳车的高度，不小心把非洲大部分地区变成了沙漠，还把埃塞俄比亚人的皮肤烤成了黑色。大地上的草木在太阳的威力下熊熊燃烧，情况眼看变得不可收拾，宙斯不得不出手干预，用闪电击中太阳车，制止了狂暴的骏马，而法厄同坠入厄里达诺斯河（River Eridanos）淹死了。赫利俄斯一家悲痛万分，法厄同的姐妹们痛哭不已，她们的身体都化成了河边的白杨树，眼泪都变成了琥珀。宙斯为了安抚赫利俄斯，便把厄里达诺斯河移到天界，成了波江座。

其他文明

并不是所有国度都把天蝎座看作蝎子，如印度尼西亚的爪哇人把它称作 Banyakangrem，意为「沉思的天鹅」，或称作 Kalapa Doyong，意为「倾斜的椰子树」。在夏威夷，它被视作半神毛伊的鱼钩。在古代中国，天蝎座是东方青龙的一部分。

Scorpius
天蝎座
（占星术中的天蝎为 Scorpio）

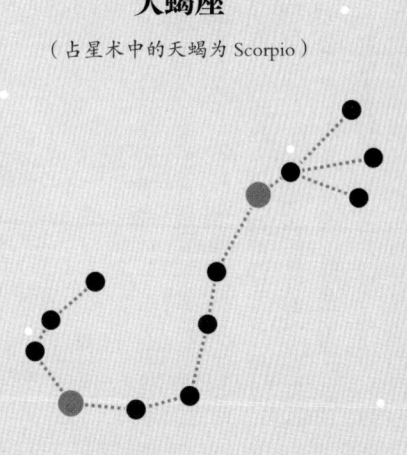

Sagittarius 射手座

美索不达米亚

早在巴比伦时期它已出现在星盘上，当时的人们把它视作冥神纳戈尔或冥府判官帕比尔萨。在星图中它的形象是一种半人半马的怪物，有翼双头，一头为人首，一头为豹头，本来长马尾的地方长有蝎尾，正拉弓射箭瞄准目标。

希腊罗马

星空中有两个和人马有关的星座：射手座和半人马座（Centaurus），这使得人们有时会混淆两个星座的射手。

一些人认为射手座是人马喀戎所变，他是二代神王克洛诺斯（Cronus）化身为牡马与海洋女神菲吕拉（Philyra）所生，因此他与凡人国王伊克西翁和云彩仙女涅斐勒所生的那群粗野伙伴不同——为考验伊克西翁，宙斯把涅斐勒幻化作赫拉的形象，而控制不住欲望的伊克西翁与云彩交配，生下了一群半人半马的怪物。

喀戎被视作人马族中最高贵、最有智慧的一位。在希腊神话中，阿波罗向喀戎传授了医药、音律、射箭、狩猎与预言的智慧，而后喀戎又向伊阿宋、赫拉克勒斯、埃涅阿斯、阿喀琉斯、忒修斯等众多人类英雄传授了各种技艺。有些神话称，出于对盗火者普罗米修斯的尊敬，喀戎与宙斯达成协议，用自己代替普罗米修斯。与他同父异母的兄弟宙斯很可怜他，就把他放在天上的群星之中，成了射手座或半人马座。

另一些神话称，射手座是萨提尔克洛托斯（satyr Crotus）所化。克洛托斯是潘神与缪斯的保姆赞美女神欧斐墨（Eupheme）所生，与缪斯们一起住在赫利孔山上。克洛托斯经常骑马去打猎，也经常帮缪斯干活。为了感谢他的勤奋，缪斯们请求宙斯把克洛托斯升上星空。为了展现他的射箭才能，宙斯应缪斯的要求为克洛托斯增加了一副弓箭，箭头指向「天蝎座的心脏」心宿二，以便随时阻止天蝎攻击附近的武仙座赫拉克勒斯，或是在天蝎试图杀死俄里翁时发起复仇一击。

美索不达米亚

摩羯座是最古老的星座之一，自青铜时代以来便被描绘成山羊和鱼的混合体，这一点可在出土的公元前21世纪巴比伦滚筒印章中得到证实。在公元前1000年的巴比伦，人们把这个星群称作山羊—鱼，视它为智慧水神埃阿（Ea）的象征。

在古代，摩羯座星域是太阳能在天空达到的最南位置，代表着冬至的来临——尽管冬至点自公元前130年后便由于岁差的关系变更到射手座，此时太阳抵达南纬23.5°，并折返，因此南回归线也被称作摩羯座回归线（Tropic of Capricorn）。

希腊罗马

希腊神话中，关于摩羯座有几个不同的神话。有些人说它来自宙斯的乳母——山羊女神阿玛耳忒亚（Amalthea）。瑞亚（Rhea）将宙斯从吞噬子女的克洛诺斯那里拯救出来后隐藏起来，秘密托付给阿玛耳忒亚抚养。阿玛耳忒亚用山羊奶养大了宙斯。为了感谢她的养育之恩，宙斯便她变成了星座，后来折断的山羊角变成了丰饶之角。

另一些希腊神话中，摩羯座起源于海羊神普里库斯（Pricus），克洛诺斯创造了他，因而他们都拥有操纵时间的能力。普里库斯也是半羊半鱼的海羊的祖先。海羊非常聪明，善于思考，但他们一旦踏足陆地便丧失思考和说话的能力，变成普通山羊。普里库斯一次又一次地逆转时间试图挽回局面，但陆地的召唤实在无法抗拒。由于明白自己无法控制小海羊们的命运，而他又不想成为唯一一只海羊，普里库斯请求克洛诺斯让他死去。但由于他是不死的，于是他变成了摩羯座在夜空闪耀，直到时间的尽头。

后来摩羯座被认为是潘所变。有一回众神正在聚会，怪兽提丰突然杀到，畏惧他威力的众神四处逃散。潘也试图变成一条鱼跳进河里逃走，但恐慌之下他忘了变上半身，结果就变成了半羊半鱼的可笑形象。脱离危险后的众神看到这一幕哈哈大笑，宙斯还把他拎上天空向大家展示。

其他文明

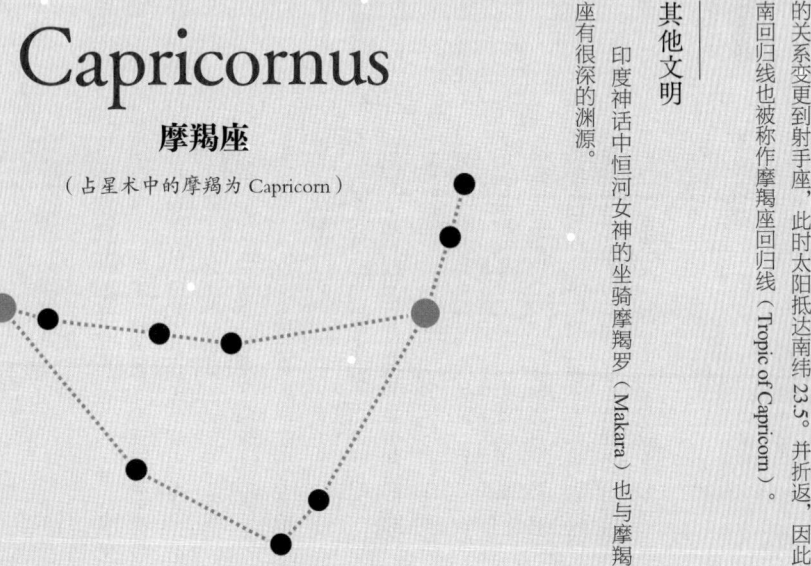

印度神话中恒河女神的坐骑摩羯罗（Makara）也与摩羯座有很深的渊源。

Capricornus
摩羯座

（占星术中的摩羯为 Capricorn）

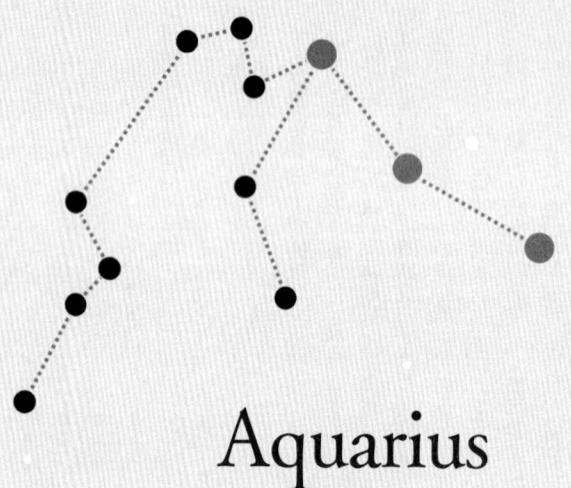

Aquarius
水瓶座

美索不达米亚

在巴比伦星图中，这个星群被视作手持满溢水壶的智慧水神埃阿（Ea），对应冬至前后45天这一时间周期，有时被称作「埃阿之路」，与巴比伦人经常经历的洪水有关。

希腊罗马

希腊神话中，水瓶座常被认为与美少年伽倪墨德有关。据说，在青春女神赫柏嫁给死后封神的赫拉克勒斯后，众神的酒桌前少了个倒酒的侍者。于是宙斯某天外出时捉走了俊美的特洛伊王子伽倪墨德回奥林匹斯当侍酒童子。宙斯对他十分宠爱，还把他的形象放上天空，成了水瓶座。

这个神话还有情节更曲折八卦的版本，称伽倪墨德先是被爱慕其美色的黎明女神厄俄斯（Eos）绑架，之后才被宙斯从厄俄斯处偷运到奥林匹斯山上当酒童。不过另一个不那么八卦的神话版称那个酒童并不是什么美少年，而是曾被宙斯传唤上天，在雅典娜与波塞冬争夺雅典统治权的比赛中当评委的雅典国王刻克洛普斯一世（Cecrops I），他向众神献祭的也不是酒，而是水。

其他文明

在古埃及，水瓶座被认为与尼罗河每年春季的洪水有关，每当水瓶座的瓶子浸到河里时，尼罗河便会开始周期性的泛滥。

美索不达米亚

根据留存至今的古代巴比伦天文学文献记载，构成今日双鱼座的部分星群在古代巴比伦被称为「大燕」与「鱼绳」，另一部分（主要是双鱼中的北鱼）则被称作女天神，即女神伊什塔尔。

希腊罗马

希腊神话中，双鱼座的由来与阿芙洛蒂忒和爱神厄洛斯有关，同样是因为提丰突然闯入众神聚会。在这个神话里两位神祇是母子关系，为了逃离可怕的提丰，母子俩变成鱼跳入水中，但为了避免失散，他们用绳子把尾巴捆在了一起。罗马人沿袭了这个传说，把主人公换成了罗马对等神维纳斯和丘比特。

其他文明

北半球夜空中还有一个南鱼座（Piscis Austrinus）。双鱼座两条较小的鱼有时被说成是南鱼座这条大鱼的后代。南鱼座有一颗著名的亮星——北落师门（Fomalhaut），在中国古代天文学中属于北宫玄武中的室宿。

Pisces

双鱼座

附录Ⅴ

对照简表

A

阿布	Abu	阿芙洛忒式	Aphrodite
阿布祖	Abzu	阿波罗	Apollo
阿喀琉斯	Achilles	阿普苏	Apsu
阿达德	Adad	阿拉伯	Arab
阿达帕	Adapa	阿拉米人	Arameans
阿多恩	Adon	阿拉塔	Aratta
阿多尼斯	Adonis	阿尔达特－莉莉	Ardat-lilî
埃厄忒斯	Aeetes	阿瑞斯	Ares
埃涅阿斯	Aeneas	阿尔戈号	Argo
阿伽门农	Agamemnon	阿尔忒弥斯	Artemis
阿伽	Akka	阿露露	Aruru
阿卡德	Akkad	阿斯克勒庇俄斯	Asclepius
阿拉鲁	Alalu	阿什南	Ashenan
阿玛尔忒亚	Amalthea	阿舒尔	Ashur
阿米－萨杜卡	Ammi-Saduqa	阿司塔特	Astarte
阿摩利人	Amorite	阿塔玛斯	Athamas
阿蒙－拉	Amun-Ra	阿特拉－哈西斯	Atra-hasis
安	An	阿雅	Aya
安沙尔	Anshar	阿扎格	Azag 或 Asag
安图	Antu	阿兹玛	Azimua
安努	Anu	埃沙克伊拉	E'sag-ila
阿努纳启	Anunnaki	埃阿	Ea
安祖	Anzud	埃安纳	Eanna

埃伊娜	E'ina	埃	E-Sharra
埃库尔	Ekur	埃塔纳	Etna
埃兰	Elam	埃尔卡拉	Irlalla
埃努玛·埃利什	Enuma Erish	阿陀斯山	Mount Athos
艾莉什基伽勒	Ereshkigal	埃特纳山	Mount Etna
埃利都	Eridu	奥德修斯	Odysseus

B

巴比伦尼亚	Babylonia	白羊座	Aries
巴别塔	Tower of Babel	半人马座	Centaurus
巴力	Baal	贝勒特－伊莉	Belet-ili
巴利赫	Balih	比尔杜	Birdu
巴齐丘	Tell Bazi	波江座	Eridanus
芭芭	Baba	波吕科斯	Pollux
芭乌	Bau	波斯人	Persians

D

达达尼尔海峡	Dardanelles	狄俄涅	Dione
达甘	Dagan	迪勒蒙	Dilmun
达姆基娜	Damkina	丢卡利翁	Deucalion
达木	Damu	杜恩努神谱	Theogony of Dunnu
达穆	Damu	杜牧兹	Dumuzid
德墨忒耳	Demeter	杜图尔	Duttur
狄俄墨得斯	Diomedes	底格里斯河	Tigris

E

俄里翁	Orion	厄勒利尔	Ellil
俄特律斯山	Mount Othrys	厄里达诺斯河	River Eridanos
厄庇墨透斯	Epimetheus	厄洛斯	Eros
厄俄斯	Eos	厄律忒亚	Erytheia
厄拉	Erra	恩	En
厄勒	El	恩比鲁鲁	Enbilulu

恩基	Enki	恩麦卡尔	Enmerkar
恩基杜	Enkidu	恩沙迦格	Emshag
恩基木都	Enkimdu	恩苏赫吉安纳	En-suhgir-ana
恩利尔	Enlil		

F

法厄同	Phaethon	腓尼基	Phoenicia
法拉丘	Tell el-Far'a	佛里克索斯	Phrixus
菲吕拉	Philyra		

G

革律翁	Geryon	古努拉	Gunurra
谷菈	Gula		

H

哈迪斯	Hades	赫勒	Helle
哈特拉古城	Hatra	赫勒斯彭海峡	Hellespont
海伦	Helen	赫利俄斯	Helios
汉巴	Hanba	赫利孔山	Mount Helicon
汉比	Hanbi	赫斯珀里得斯姐妹	Hesperides
汉穆拉比	Hammurabi	赫梯	Hittite
赫柏	Hebe	赫西奥德	Hesiod
赫耳墨斯	Hermes	胡巴巴	Hubaba
赫淮斯托斯	Hephaestus	胡卢普	Hulupu
赫卡	Heka	胡瓦瓦	Huwawa
赫拉	Hera	豪尔萨巴德	Khorsabad
赫拉克勒斯	Hercules		

J

吉尔伽毛斯	Gilgamos	基	Ki
伽拉魔鬼	Galla	吉什兹达	Gishzida
伽倪墨德	Ganymedes	基莎尔	Kishar

基什城	Kish	加西特	Kassites
基图姆	Kittum	迦勒底人	Chaldean
吉比尔	Gibil	迦南	Canaan
吉丁	Gidim	金牛座	Taurus
吉尔伽美什	Gilgamesh	居鲁士	Cyrus
吉尔苏	Girsu	巨蟹座	Cancer
吉什亭安娜	Geshtinanna	九头蛇许德拉	Sina

K

喀巴塔	Kabta	克罗诺斯	Cronos
喀戎	Chiron	克洛托斯	Crotus
卡德墨亚	Cadmea	克吕墨涅	Clymene
卡俄斯	Chaos	克吕泰涅斯特拉	Clytemnestra
卡尔胡	Kalhu	刻菲苏斯	Cephissus
卡尔女士	Lady of Kar	刻克洛普斯一世	Cecrops I
卡尔契俄珀	Chalciope	刻瑞斯	Ceres
卡基诺斯	Karkinos	库尔	Kur
卡卡	Kaka	库尔努基	Kurnugi
卡斯托耳	Castor	库拉巴平原	Plain Kulaba
科尔基斯	Colchis	库马尔比	Kumarbi
科塔－瓦－哈西斯	Kothar-wa-hasis	库图	Kutu

L

拉达曼提斯	Rhadamanthus	拉姆伽	Lamga
拉尔萨	Larsa	利路	Lilu
拉戈什	Lagash	莉莉图	Lilitu
拉哈尔	Lahar	卢伽尔－埃	Lugal-e
拉哈穆	Lahamu	卢伽利拉	Lugalirra
拉赫穆	Lahmu	卢迦尔班达	Lugalbanda
拉玛什图	Lamashtu	拉姆－辛	Naram-Sin

M

马尔杜克	Marduk	马其顿人	Macedonians

玛甘	Magan	米沙鲁	Misharu
玛米	Mami	密耳拉	Myrrha
玛舒山	Mount Mashu	摩羯罗	Makara
梅	Me	摩羯座（星座）	Capricornus
梅斯朗泰阿	Meshlamtaea	摩羯座（占星）	Capricorn
美狄亚	Medea	摩奴	Manu
美路哈	Meluhha	缪斯	Muse
美索不达米亚	Mesopotamia	穆什达马	Mushdamma
弥诺斯	Minos	姆莉塔	Mulliltu
米底人	Medes		

N

那波勃莱萨	Nabopolassar	宁达	Ninda
那波尼杜	Nabonidus	宁伽尔	Ningal
纳布	Nabu	宁胡尔萨格	Ninhursaga 或 Ninhursaja
纳戈尔	Nergal	宁基什兹达	Ningishzida
纳穆塔	Namtar	宁卡拉克	Ninkarrak
南穆	Nammu	宁卡西	Ninkasi
南那	Nanna	宁库拉	Ninkurra
南舍	Nanshe	宁莉尔	Ninlil
尼布甲尼撒	Nebuchadnezzar	宁玛赫	Ninmah
尼吉娜	Nigina	宁宁玛	Ninimma
尼姆鲁德	Nimrud	宁萨尔	Ninsar
尼那祖	Ninazu	宁舒布	Ninshubur
尼尼微	Nineveh	宁提	Ninti
尼努尔塔	Ninurta	宁图	Nintu
尼普尔	Nippur	宁图拉	Nintulla
尼萨巴	Nisaba	宁西图	Ninsitu
涅斐勒	Nephele	宁以辛亚	Ninisinna
涅墨亚狮子	Nemean Lion	农伽尔	Nungal
宁埃伊伽拉	Nin-E'igara	努斯库	Nusku
宁埃伊拉拉	Nin-E' i-Rá-Rá	诺亚	Noah

O

欧斐墨	Eupheme	欧罗巴	Europa

欧得斯	Oudeis		

P

帕耳那索斯山	Mount Parnassus	珀耳塞福涅	Persephone
帕比尔萨	Pabilsag	庇里托俄斯	Pirithous
潘	Pan	普里库斯	Pricus
潘多拉	Pandora	普罗米修斯	Prometheus
帕提亚人	Parthians	皮拉	Pyrrha
帕特罗克洛斯	Patroclus	毗湿奴	Visnu
帕祖祖	Pazuzu		

Q

钦古	Qingu

R

让·波特罗	Jean Botero	瑞亚	Rhea

S

萨尔贡	Sargon	舍拉	Shara
萨耳珀冬	Sarpedon	射手座	Sagittarius
萨格巴鲁	Sagburru	狮子座	Leo
萨马纳	Samana	处女座	Virgo
萨姆苏-伊卢纳	Samasu-iluna	舒鲁帕克城	Shuruppag
萨珊人	Sassanians	双鱼座	Pisces
塞巴	Sebittu	双子座	Gemini
赛米拉米丝	Semiramis	水瓶座	Aquarius
瑟里达	Sherida	斯提克斯	Styx
沙鲁尔	Sharur	苏恩	Suen
珊赫	Shamhat	苏美尔	Sumer
闪米特人	Semitic	沙玛什	Shamash

T

天秤座	Libra	忒弥斯	Themis
天堂女王	Queen of Heaven	忒修斯	Theseus
天蝎（占星）	Scorpio	帖撒利	Thessalia
天蝎座（星座）	Scorpius	提亚玛特	Tiamat
塔穆兹	Tammuz	提坦女神	Titaness
塔斯米苏	Tasmisu	廷达瑞俄斯	Tyndareus
特舒卜	Teshub	提丰	Typhoeus

W

乌鲁穆	Ulmu	乌吉努纳	Ur-Namma
乌玛城	Umma	乌鲁克	Uruk
翁杜格	Undug	乌特纳皮什提	Utnapishtim
乌尔	Ur	乌吐	Uttu
乌拉诺斯	Uranus	乌图	Utu
乌拉斯	Uras		

X

辛尼拉斯	Cinyras	薛西斯	Xerxes
希波克拉底	Hippocrates	西杜莉	Siduri
辛	Hydra	希罗多德	Herodotus
辛-乌瑟利	Sin-useli	夏菈	Shala
西帕尔城	Sippar	辛-勒格-温尼尼	Sin-lege-unini
西拉什	Siraš	西鲁什龙	Sirrush
叙利亚	Syria		

Y

亚伯拉罕	Abraham	亚斯塔禄	Ashteroth
亚娜特	Anat	亚述拔尼巴	Ashurbanipal
亚美尼亚	Armenia	亚述	Assyria

雅典娜	Athena	伊拉克	Iraq
亚舍拉	Athirat	伊什塔尔	Ishtar
有无数牛的神庙	E-ab-lu-a	以舜	Ishum
幼发拉底河	Euphrates	伊西穆	Isimud
伊比辛	Ibbi-Sin	以辛	Isin
伊吉吉	Igigi	伊克西翁	Ixion
伊拉威－伊拉	Ilaw-ela	伊阿宋	Jason
伊南娜	Inanna	犹太	Jew
伊诺	Ino	尤利西斯	Ulysses
伊皮克－阿雅	Ipiq-Aya	雅威	Yahweh
伊朗	Iran		

Z

扎格罗斯山	Mount Zagros	祖苏德拉	Ziusudra
宙斯	Zeus		

参考书目

[1] 佚名. 吉尔伽美什：巴比伦史诗与神话 [M]. 赵乐甡, 译. 南京：译林出版社, 1999.

[2] [日] 矢岛文夫. 世界上最古老的神话：美索不达米亚和埃及的神话 [M]. 张朝柯, 编译. 上海：东方出版社, 2006.

[3] Stephanie Dalley. Myths from Mesopotamia: Creation, the Flood, Gilgamesh, and Others [M]. New York: Oxford University Press, 2009.

[4] [英] 查尔斯·彭格雷斯. 希腊神话与美索不达米亚：荷马颂歌与赫西俄德诗作中的类同和影响 [M]. 张旭, 祖晓伟, 译. 西安：陕西师范大学出版社, 2019.

[5] Charles Penglase. Greek Myths and Mesopotamia: Parallels and Influence in the Homeric Hymns and Hesiod [M]. London: Routledge, 1997.

[6] Dominique Charpin La vie méconnue des temples mésopotamiens [M]. Paris: Les Belles Lettres, 2017.

[7] Thomas Römer L'invention de dieu [M]. Paris: edition Seuil, 2014.

[8] Jeremy Black. Anthony Green and Tessa Rickards Gods, demons, and symbols of ancient Mesopotamia [M]. Austin: Univ of Texas Press, 2014.

[9] Gwendo Leick. A Dictionary of Ancient Near Eastern Mythology [M]. London: Routledge, 1998.

[10] Michael Baigent. Astrology in Ancient Mesopotamia: The Science of Omens and the Knowledge of the Heavens [M]. Chicago: Bear & Company, 2016.

[11] Don Nardo. Life in Ancient Mesopotamia [M]. San Diego: Referencepoint Press, 2013.

[12] Matthew Rutz. Bodies of Knowledge in Ancient Mesopotamia [M]. Leiden: Brill Academic Publishers, 2013.

[13] Stephen Bertman Handbook to Life in Ancient Mesopotamia [M]. New York: Oxford University Press, 2005.

[14] Jo Ann Scurlock Magico-Medical Means of Treating Ghost-Induced Illness in Ancient Mesopotamia [M]. Leiden: Brill Academic Publishers, 2006.

[15] 于殿利. 古代美索不达米亚文明 [M]. 北京：北京师范大学出版社, 2018.

[16] Allan Lothian Epics of Early Civilization: Myths of the Ancient Near East [M]. Time Life Education, 2000.